本书得到河北省社会科学基金项目资助
项目名称：村级两委书记主任『一肩挑』制度的法制化研究　项目批准号：HB20FX011

新时代中国乡村社会治理法治化研究

XINSHIDAI ZHONGGUO XIANGCUN SHEHUI ZHILI FAZHIHUA YANJIU

兰红燕　著

法律出版社
LAW PRESS·CHINA
—— 北京 ——

图书在版编目（CIP）数据

新时代中国乡村社会治理法治化研究 / 兰红燕著.
北京：法律出版社，2025. -- ISBN 978-7-5244-0245-9

Ⅰ. D920.4

中国国家版本馆 CIP 数据核字第 2025W5S765 号

新时代中国乡村社会治理法治化研究
XINSHIDAI ZHONGGUO XIANGCUN SHEHUI ZHILI FAZHIHUA YANJIU

兰红燕 著

策划编辑 许 睿
责任编辑 许 睿
装帧设计 鲍龙卉

出版发行 法律出版社
编辑统筹 司法实务出版分社
责任校对 晁明慧
责任印制 胡晓雅
经　　销 新华书店

开本 710 毫米×1000 毫米 1/16
印张 16　**字数** 230 千
版本 2025 年 6 月第 1 版
印次 2025 年 6 月第 1 次印刷
印刷 北京盛通印刷股份有限公司

地址：北京市丰台区莲花池西里 7 号(100073)
网址：www.lawpress.com.cn
投稿邮箱：info@lawpress.com.cn
举报盗版邮箱：jbwq@lawpress.com.cn
销售电话：010-83938349
客服电话：010-83938350
咨询电话：010-63939796

书号：ISBN 978-7-5244-0245-9　**定价**：85.00 元

凡购买本社图书，如有印装错误，我社负责退换。电话：010-83938349

前 言

国家治理现代化和全面推进依法治国是党和国家在新时代改革开放进程中提出的重大战略目标和举措。法治是衡量国家治理现代化水平的重要指标之一。党的十八届四中全会提出全面推进依法治国，推进基层治理法治化，并强调基层治理法治化是全面推进依法治国的基础和工作重点。相对于城市社区，乡村社会法治化治理处于落后状态。在中国特色社会主义进入新时代的当下，在未来的几十年内仍将有几亿人生活在乡村社会是我国面临的特殊国情。如若乡村社会治理不能实现法治化，也就无从谈及乡村社会治理的现代化。而乡村社会治理现代化是国家治理现代化的重要组成部分，因此乡村社会治理法治化既是国家治理现代化的重要内容，也是其任务最为艰巨的环节。城乡发展关系的转变是中国特色社会主义进入新时代的典型特征之一。治理现代化和法治化是在城乡发展关系转变，即走向城乡融合发展大背景下推进的。一方面，城乡融合发展正是通过现代治理方式和法治途径得到逐步推进的；另一方面，乡村社会治理的法治化是在城乡融合的各项政策措施形成和实施过程中得以完善的。国家治理现代化、法治化以及党和国家关于乡村社会建设和发展的思想与政策是乡村社会法治化治理的理论基础，三者之间具有密切的逻辑关系。国家治理现代化是目标，法治既是国家治理现代化的必由之路，也是重要内容，而乡村社会治理的法治化则通过党和国家关于乡村社会发展的思想与政策的形成以及实施得以推进。

自改革开放以来，“乡政村治”是我国乡村社会治理的基本模式，党和国家在不同时期的农业农村政策都是通过“乡政村治”的运行得以贯彻和实施的。党的十八大之前，国家通过“乡政村治”机制的运行在乡村社会进行各种法律治理活动。在国家治理现代化和全面推进依法治国的新时代，“乡政村治”模式遭遇新的困境。党的十九大和乡村振兴战略为乡村社会治理建构了适应新时代乡村社会发展的崭新框架。在现代治理和法治理论的制度体系内，乡村社会法治化治理是多元主体依据多样化规则在法治轨道内依法开展治理活动，发挥各自应有功能的有机共治。

在当前乡村社会结构发生巨大变迁的背景下，由乡村基层党组织领导、乡（镇）政府负责、村民自治为主、社会力量积极参与，共同对乡村社会进行法治化治理是与当前乡村振兴战略实施具有高度契合性的治理机制。法治化治理机制的运行首先需要对治理主体进行法治化建设，包括乡村基层法治型党组织的建设，法治型、服务型和民主型乡（镇）政府的完善，村民自治组织的依法产生和法定职责的确定，乡村社会组织和现代乡村精英的培育等方面。我国乡村社会客观存在的复杂差异性和治理主体的多元化决定了乡村社会法治化治理的法律制度体系由多层次、多样化的规则构成。国家立法在规则体系中处于效力最高位阶，行政法规和部门规章是乡村社会治理的重要规则，各地方法规和规章将乡村社会治理的国家法律法规具体化和地方化，使各项治理法律规则在乡村社会得以具体实施。党和政府的规范性文件在乡村社会治理中，尤其是在立法空白领域发挥了重要作用。乡村社会习惯法和村规民约是乡村治理的传统规则，对于乡村社会关系的调整具有不可或缺的作用。多层次、多样化的治理规则体系由于存在缺陷需要进一步完善，特别需要对国家立法空白领域进行立法加强、对关键领域进行法律规则修正。多元治理主体通过法治素养的培育和提升，在多样化法律制度体系内依法进行治理活动，包括基层党组织依法领导和执政、乡（镇）政府依法行政、村民自治组织依法自治和社会组织依法参与各环节。同时，农村法律公共服务体系的完善也是乡村社会治理法治化的重要内容。

本书是笔者 2020 年申报的河北省社会科学基金项目（HB20FX011）下的研究成果。在本书写作过程中，笔者得到单位领导、同事和亲朋好友的关心和帮助，在此表示感谢。本书的出版，得到河北师范大学法政与公共管理学院学术著作基金的资助，在此谨表最诚挚的谢意！

本书的完成，虽有诸多师友的帮助和指导，但文责自负，这是我需要说明的。另外，囿于研究水平和掌握的资料，遗憾和不足在所难免，尚祈有关专家、学者和广大读者批评指正。

兰红燕

2025 年 2 月

目 录

第一章　新时代我国乡村社会治理法治化的理论基础

一、新时代党和国家的治理理论

党的十八大以后，我国进入中国特色社会主义建设的新时代，国家治理现代化在党的十八届三中全会中作为重大战略目标被提出。自改革开放以来，我国关于国家治理的探索实践被理论升华，国家治理在新时代有了明确的发展方向。

（一）国家治理、政府治理和社会治理

党的十八届三中全会报告中，“治理”的概念被多次提及，并且涉及各个领域，但总的来说，都能被纳入或国家、或政府、或社会治理三个范畴中。其中，国家治理是个广义的概念，它既有对政府和社会本身的治理，又有政府和社会主体的治理活动，这些都属于国家治理的内容。政府治理与社会治理密切相关，社会领域中的很多事务都属于政府治理的对象，而社会对于国家治理和政府治理行为具有监督的权利和义务，因此从该层面说，社会主体也是国家和政府治理的参与者。

1. 治理

在阶级出现之前，治理已经在人类历史长河的各种社会形态中出现。早在原始社会，人类就开始对氏族部落进行治理。原始社会氏族部落的治理通过氏族会议、部落首脑、集体议事等机构和机制实现氏族成员全体参与部落公共事务的处理，这种管理方式与现代的公正、民主、公众参与等精神具有异曲同工之处。

国家产生于人类进入阶级社会的阶段。马克思主义国家理论认为，当阶级出现以后，利益冲突无法调和时，一种驾驭社会的力量出现了，这种力量的目标是维持秩序，因此，它具有公共职能，这就是国家。为了维持社会秩序，国家必须进行社会统治。国家实施统治行为，在进行利益调和的过程中，必然代表一定的阶级和阶层。统治的功能，是20世纪60年代之前人类社会的各种社会形态中国家治理的主要表现形式。我国历史上曾经在相当长的时期内都采取统治型的国家治理，虽然在很多历史文献中频繁出现“治理”这样的表述，但从本质上说都是统治。以统治为主要职能的国家治理必须维持一种规矩和秩序的运行，而这种规矩和秩序保证阶级剥削和压迫得以实现。统治型国家治理充分体现马克思主义思想中国家的阶级本色。国家治理理论在西方资本主义发展过程中经历了几次转型：资本主义国家政权稳固后出现的“管制型”，20世纪60年代以“新公共管理”为代表的“管理型”，20世纪90年代强调沟通协调以主体、权力、手段多元为特征的现代“治理型”。

20世纪90年代，西方的治理理论开始弱化政治权力，主张政府与社会分享更多的权力，从政治学角度思考公共权力的运行、资源的分配以及治理价值的选择问题。西方现代治理理论与先前的各种治理模式比较具有以下几个特征：第一，治理主体方面，强调多元共治。政府部门不是唯一主体，不再享有垄断地位，市场组织、社会组织以及各种自治组织等都参与社会的治理。第二，治理规则方面，国家法律不是唯一的治理权威来源和治理规则依据，各种非强制性的契约即“软法”也是治理规则的重要组成部分。第三，治理手段方面，除了强制性的，还有强调各治理主体之间的合作性质的方式。第四，治理权力运行向度方面，权力不再只体现为从政府到社会的单向性运行，还包括从社会到政府的或社会主体之间的运行。西方强调政府分权和社会自治的现代治理理论对于我国国家治理现代化的建设具有可借鉴的成分，但是，其本身存在局限性。

西方现代意义上的治理虽然可以对“统治”、“管制”和“管理”的缺陷有所弥补，但也不是万能的。它并不能像国家一样对强制力具有支配权，也没有能力对资源进行市场化配置。西方现代治理理论自身存在的缺陷容易引发治理的困境，进而导致治理失灵。

首先，权威的流失导致治理失灵。国家要实现对意识形态、公共危机、社会安全等重大问题的有效掌控需要强有力的稳定政权。西方20世纪90年代的社会中心主义范式的治理理论强调主体多元化，特别是主体“去中心化”，势必削弱政府权威，从而威胁政权稳定。

其次，多元主体中的非政府主体参与治理本身就带有自我实现利益的倾向，而治理行为是具有价值追求的，并从公共服务的提供中得以表现，因此两者存在根本的冲突。政府以外的私人企业、社会团体等多元主体作为独立社会力量参与公共服务产品提供的治理体系而不影响治理公共性必须具备一个前提，即在公共产品的生产和分配过程中必须具备完善的市场化机制对非政府主体的行为进行有效规制。否则，通过政府的政策和指令对公共资源发挥应有的影响是实现有效治理的必然选择。参与到治理体系中的各类社会主体的自利性本质必然导致追求自身利益的实现。倘若公共服务产品市场机制不能为各治理主体提供合理的利益调解途径以保证利益平衡，利益冲突的产生将是不可避免的结果。利益冲突是社会矛盾产生的重要根源，不可能仅仅通过治理体系本身的内在协调机制就得到很好的解决。当各治理主体之间的利益冲突产生又无法被及时有效地解决时，治理的整体运行将不再顺畅，治理也就失灵了。

在马克思主义原理关于国家的理论中，国家的政治统治主要表现为社会职能的履行[①]，因此，政治管理行为也是阶级统治的内容。国家职能具有二重性：通过政治形式同时进行统治和管理，这是阶级国家的价值根基和逻辑起点。并且，随着国家的发展和演进，国家的两个职能中，统治职能范围会逐步缩小而管理职能范畴将越来越广阔。[②] 国家在行使越来越多的政治管理职能时，能否很好地协调国家、社会、市场之间的相互关系成为影响国家治理效果的重要因素。虽然现代西方治理理论过分强调各类非政府主体的作用，主张弱化政府权威、消解主权意识的特性难以适应中国国情，但是将民主作为判断治理是否合法的重要根据是具有共通性的治理理念。社会主义国家的治理应该借鉴西方治理理论中的合理因素，特别是国家行使政治管理职能方面，摒弃“全能政府”的旧理念，鼓励社会力量参与国家治理。因此，与国内传统的“统治型”和西方现代的治理比较，中国特色的社会主义治理与两者都存在根本性的不同。

2. 国家治理现代化

2002 年党的十六大报告首次提出社会主义国家治理理念：“党领导人民治理国家。”[③] 2007 年党的十七大报告更加明确要“有效治理国家”[④]。2012 年党的十八大报告中多处提到“治理”，并且强调法治在治理中的作用。[⑤] 2013 年党的十八届三中全会确定国家治理现代化的总目标[⑥]。2014 年党的十八届四中全会提出通过全面推进依法治国以促进国家治理现代

① 参见《马克思恩格斯选集》(第 3 卷)，人民出版社 1995 年版，第 523 页。

② 参见林怀艺：《论国家治理与中国特色协商民主》，载《云南社会科学》2014 年第 5 期。

③ 参见《全面建设小康社会，开创中国特色社会主义事业新局面》，载《人民日报 (海外版)》2002 年 11 月 9 日，第 3 版。

④ 参见《高举中国特色社会主义伟大旗帜，为夺取全面建设小康社会新胜利而奋斗》，载《人民日报》2007 年 10 月 25 日，第 1 版。

⑤ 参见胡锦涛：《坚定不移沿着中国特色社会主义道路前进　为全面建成小康社会而奋斗——在中国共产党第十八次全国代表大会上的报告》，载《求是》2012 年第 22 期。

⑥ 参见《中共中央关于全面深化改革若干重大问题的决定》，载《人民日报》2013 年 11 月 16 日，第 1 版。

化。[①] 2017 年党的十九大报告中再次强调推进国家治理现代化建设，并且确定到 2035 年和 21 世纪中叶"基本实现"和"实现"国家治理现代化的目标。[②]

习近平强调，一个国家选择什么样的治理体系，是由这个国家的历史传承、文化传统、经济社会发展水平决定的，是由这个国家的人民决定的。我国的国家治理体系，是在我国历史传承、文化传统、经济社会发展的基础上长期发展、渐进改进、内生性演化的结果。[③] 国家治理现代化是党在我国社会转型过程中，基于对国情的明察和对国内外政治形势的分析判断，在总结我国几十年社会主义建设的理论和实践经验的基础上，批判性地吸收了现代西方国家关于治理的科学成分而提出的理论思想。国家治理现代化以促进公共利益、维护国家稳定为根本目的，由党和政府引导各种社会力量并通过协商民主机制解决矛盾与冲突，实现多元主体共同对社会进行治理。国家治理现代化是党对现代治理理论的"原创性贡献"[④]，是"马克思主义国家理论的最新发展"[⑤]。

国家治理现代化是我国执政党以马克思主义思想为指导，结合了党的长期执政实践，是符合我国国情、具有鲜明的中国特色的国家治理理论。中国特色在国家治理现代化中有以下体现：党是国家治理的领导力量，政府是执行机关，形成党领导、政府负责、其他力量参与的国家治理主体体系；国家治理与依法治国相结合，法治是国家治理实现现代化的必然要求；强调秩序与利益并重，公共秩序和社会稳定也是治理的重要价值追求；同时，通过协商民主机制来保障人民当家作主。在党和政府的领导和

---

① 参见《中共中央关于全面推进依法治国若干重大问题的决定》，载《人民日报》2014 年 10 月 29 日，第 1 版。

② 参见《中国共产党第十九次全国代表大会文件汇编》，人民出版社 2017 年版，第 23 页。

③ 参见习近平：《坚定制度自信不是要固步自封》，载共产党员网，https：//news.12371.cn/2014/02/17/ARTI1392637889824989.shtml。

④ 赵中源、杨柳：《国家治理现代化的中国特色》，载《政治学研究》2016 年第 5 期。

⑤ 刘秀伦、庞伟：《超越西方治理与走向中国特色的国家治理现代化》，载《重庆邮电大学学报（社会科学版）》2015 年第 2 期。

主导下，多元治理主体通过民主协商形成国家治理合力，使不同社会阶层的利益诉求得以平衡，真正实现治理运行多向度相结合；治理的内容范围宽泛，包括政府、社会和其他领域的治理。

3. 新时代中国的国家治理、政府治理和社会治理

党的十八届三中全会确定的国家治理现代化中，社会主义制度改革的深化包括国家、政府和社会各个层面的治理内容。

（1）国家治理、政府治理和社会治理的基本含义

根据马克思主义国家理论逻辑，政治统治与政治管理都是国家职能。我国新时代的国家治理是统治和治理两个层面的“治”“理”相结合①。我国的国家治理是在党的领导下，通过立法、行政、司法等权力运行实现“治”与“理”的结合。新时代我国国家治理的目标是实现现代化，其中治理体系需满足“公共权力运行的制度和规范化”以及民主、效率、法治等要求②。国家在履行统治和管理职能过程中的公共权力运行必须规范化；国家在进行公共治理和制度安排过程中，应当充分保障人民主权，公共政策体现人民主体地位；统治和管理都应遵循法律最高权威原则；国家的政治统治和管理行为应致力于维护社会稳定和秩序，提高效率和效益；规范国家统治和管理的制度系统应保障国家治理各层级、各领域的相互协调性。国家治理能力不仅受制度的科学性和完善程度的影响，主体素质也是一个重要影响因素。主体素质的提高需要专门的培养和教育，同时保证主体行使权力的过程得到有效监督。

政府治理是指政府作为行政主体对社会公共事务的治理，它包括政府对自身、市场以及社会的公共管理活动。随着人类社会的进步与发展，社会民众越来越多地参与公共事务治理活动。但是，“在人类政治发展的今

① 参见王浦劬：《国家治理、政府治理和社会治理的含义及其相互关系》，载《国家行政学院学报》2014 年第 3 期。

② 参见俞可平：《论国家治理现代化》，社会科学文献出版社 2014 年版，第 4 页。

天和可以预见的将来，国家及其政府仍然是最重要的政治权力主体”①。鉴于政府在公共治理中的核心地位，其是国家治理的引领者，并且，国家“善政”目标的实现，只能由政府完成。我国政府治理主要是由行政体系主体完成，行政体系不仅是党领导社会主义建设的治权体系，是人民民主和有效治理实现的执行机制，还是法治中国建设的运行平台。在社会力量和公民基于行使民主权利而参与政府治理的情形下，它们也成为治理的权利主体。政府治理通常表现为国家行政体系依照国家法律或公共政策，进行公共事务管理和提供公共服务，同时对自身的结构和体制进行优化。

从运行意义上讲，社会治理可以理解为“特定的治理主体对社会实施的管理”②。党的十八届三中全会关于社会治理体制创新的表述是“社会治理”首次在党的重要文件中被提到，意味着它被提升到国家治理的层面。③党的十九大报告中进一步提出“打造共建共治共享的社会治理格局”④。2019 年，中央政法工作会议首次提出“社会治理现代化”命题。⑤ 这些表述的变化标志着党和国家对社会从“管理”理念转变为“治理”理念。因此，社会治理就具备了治理理念所具有的主体多元化、方式多样性和过程多向度等基本特征。党的十八大报告中对党委、政府、社会、公众、法治等在治理中的功能和地位进行了明确⑥，党的十九大报告中再次强调“完善党委领导、政府负责、社会协同、公众参与、法治保障的社会治理体制”⑦。我国社会治理是在党的领导下，由政府主导，社会各界力量乃至民

---

① 参见俞可平：《论国家治理现代化》，社会科学文献出版社 2014 年版，第 60 页。

② 参见王浦劬：《国家治理、政府治理和社会治理的含义及其相互关系》，载《国家行政学院学报》2014 年第 3 期。

③ 参见《中共中央关于全面深化改革若干重大问题的决定》，载《人民日报》2013 年 11 月 16 日。

④ 参见《中国共产党第十九次全国代表大会文件汇编》，人民出版社 2017 年版，第 39 页。

⑤ 参见张文显：《新时代中国社会治理的理论、制度和实践创新》，载《法商研究》2020 年第 2 期。

⑥ 参见胡锦涛：《坚定不移沿着中国特色社会主义道路前进　为全面建成小康社会而奋斗——在中国共产党第十八次全国代表大会上的报告》，载《求是》2012 年第 22 期。

⑦ 参见《中国共产党第十九次全国代表大会文件汇编》，人民出版社 2017 年版，第 39 页。

众参与对社会管理。当前我国社会治理活动主要体现为三种具体形式：政府对社会的直接治理活动、政府与各类其他主体及民众的合作治理活动、基层群众的自我管理活动。社会治理主要以保障民生、完善福利、消解矛盾为主要内容，以最终实现社会公平及和谐稳定。

（2）国家治理与政府治理和社会治理的关系

首先，国家治理包含政府治理和社会治理。国家治理是总体性的，包括各个领域和层面的治理。党是国家治理的核心力量，党领导立法、行政、司法等机构具体行使治权实现各领域的有效治理。因此，政府是国家治理的执行机构，其对自身的、市场的和社会领域的治理活动实质上是行使国家治权的表现形式，是具体落实和实施国家治理。政府治理是国家治理最重要的一个子系统，也是国家治理最重要和最关键的组成部分。国家治理涉及国家建设和发展的所有层面，社会领域是其中的一个具体方面。国家层面的治理规范和引领着社会治理活动的具体实施。国家立法机关制定的法律有些对社会治理进行直接规范，如《公共文化服务保障法》《老年人权益保障法》《村民委员会组织法》《残疾人保障法》《妇女权益保障法》《公益事业捐赠法》等。大部分国家立法对社会治理活动没有产生直接规范作用，但是引领社会治理活动的具体实施。所有关于保障和改善民生的国家立法都是促进社会有效治理的国家治理活动。还有一些国家基本法对一定范围内的社会变迁产生了重要的影响，如国家关于土地和物权方面的立法对农村集体土地的产权设置安排，并不直接规范乡村社会治理的内容，但是国家立法中关于农村集体土地使用权的可流转性，客观上使大量非农民主体进入乡村社会参与乡村的生产生活活动，使乡村社会治理面临更为复杂的情况。因此，乡村社会的变迁会引起国家及政府对乡村社会治理规则和活动也作出相应的调整。

其次，政府治理与社会治理密切相关。当前，我国的社会治理表现为以下形态：政府通过行政管理对社会的直接治理，或者是政府与各类社会团体以及群众协同进行治理，或者是基层民众自我治理。国家对社会的治理主要通过政府具体实施完成。政府治理的重要内容是通过行政行为管理社会公共事务以及为民众提供公共服务。当前我国社会治理的具体内容和主体形态多数由政府完成。对于社会治理的创新，多数也体现在政府主体开展的创新活动中。社会团体以及民众个人与政府一起参与社会治理既是社会变革的产物，又是政治进步的必然结果。政府与社会合作治理的有效性与政府主体行为密切相关，需要政府通过改革理顺两者的关系。在社会治理的所有主体中，政府在其中占主导地位，其他主体的活动在政府的引领下进行。

（二）新时代党和国家的社会治理思想

1. 中国共产党领导社会治理

党在国家社会主义建设中担负着领导的重任①，是整个国家治理的领导力量，在社会治理中具有领导核心地位。首先，各级党组织在社会治理中充分发挥领导作用。党具有“总揽全局、协调各方”的能力，社会治理是党的重要内容之一，党和国家对社会的治理主要由政府具体实施完成。新时代党政关系进一步向党政融合发展，党政融合不但优化和提升了党政机构的设置和效能，还增强了党的执政能力和领导能力。通过在中央设置关于社会治理重要问题的各种领导小组，在各级党政机构中设置与中央“对口”的机构，加强了党对社会治理领域的重要部位和重大问题的把握与集中统一领导。

其次，改善党对社会治理的领导。党的十八大和十九大都强调加强党组织的自身建设。党的自身建设是改善党的领导的前提，“打铁还需自身硬”。提高党对社会治理的领导能力和水平首先需要提高党的干部队伍的整体素质，包括服从党中央集中统一领导的政治素质、新时代的思想素质、法治思维和依法办事的法治素养、过硬的专业素质等综合素质。反腐

① 参见胡锦涛：《坚定不移沿着中国特色社会主义道路前进 为全面建成小康社会而奋斗——在中国共产党第十八次全国代表大会上的报告》，载《求是》2012 年第 22 期。

败是关系党的存亡的重大问题，以“永远在路上的坚韧和执着”[①] 对待反腐败问题，通过完善反腐败法律制度，推动纪检监察机制的高质量运行，加强党员队伍政治建设，提高腐败的防治效率，以提升党对社会治理的领导成效。

最后，加强和改善党对基层社会治理的领导。党领导社会治理不仅通过从宏观上对关键领域和重大问题的统一集中把握，更为重要的是通过基层党组织对基层社会治理的实践。基层党组织坚持群众路线，充分激发社会组织和人民群众社会治理的热情。党领导基层政府、社会团体和群众通过协商民主的方式有效参与社会治理，夯实在基层社会的执政基础。

2. 以人民为中心的社会治理

坚持以人民为中心的发展思想，体现了党的理想信念、性质宗旨、初心使命，也是对党的奋斗历程和实践经验的深刻总结。[②] 党的十八大以来，党的规范性文件和国家领导人多次阐释“以人民为中心”思想。党的十八大以来的顶层设计所承载的以人民为中心的发展思想最直接地显现于国内政治、经济、文化、社会、生态文明等事业的巨大发展中。[③] 党的十九大报告更是在开篇便指出，“为中国人民谋幸福”是中国共产党人的初心和使命。[④]“以人民为中心”的思想主张充分发挥人民的主体性力量，认为国家和社会的发展及进步主要依靠人民的核心力量。“以人民为中心”的理念是对马克思主义人民主体理念的创新，符合当前中国实际情况，是对社会民众期盼社会进步的有效回应。习近平总书记在2020年11月召开的中央全面依法治国会议上指出：“全面依法治国最广泛、最深厚的基础是人民，必须坚持为了人民、依靠人民。”“推进全面依法治国，根本目的是依

① 参见《中国共产党第十九次全国代表大会文件汇编》，人民出版社2017年版，第53页。

② 参见《坚持以人民为中心的发展思想》，载《实践（思想理论版）》2020年第7期。

③ 参见张杨、洪向华：《坚持人民至上：党的百年奋斗重要历史经验——基于中国制度的研究》，载《党政研究》2022年第1期。

④ 参见《中国共产党第十九次全国代表大会文件汇编》，人民出版社2017年版，第1页。

法保障人民权益。"①"以人民为中心"是习近平同志提出的富有时代精神的执政理念，也是统领整个发展的新思想。②

"以人民为中心"思想中的"人民"既是社会治理的受惠者，也是行为主体。社会治理是治理主体对公共事务进行治理和提供服务的活动，公共事务和服务的受惠对象是广大人民群众。"以人民为中心"决定了社会治理主体的人民性质。国家治理从"统治"到"管理"，再到"治理"理念的转变，意味着人民群众不但通过人民代表行使国家治理主体的治理权利，更多的是人民群众以社会团体成员或公民身份直接参与治理活动，成为治理的重要力量。党和国家也极其重视社会民众在社会治理过程中发挥的重要功能。

我国《宪法》规定的国家性质决定了人民是一切国家行为的中心和价值目标，"以人民为中心"也是我国社会治理的目标和价值指引。我国以党和政府为主导的多元社会治理主体通过发展教育事业、提高社会就业总体水平、增加人民收入、完善社会保障体系、健全社会矛盾预防和解决机制以及公共安全体系等重大改革举措改善民生水平，以实现法治化、专业化的社会治理。是否保障公民社会权利、是否促进社会福利的提升和社会民生的改善、是否有利于社会矛盾的消解成为判断社会治理成效的重要标准，这些标准都以人民的利益为中心。

3. 以公平正义为核心要义的社会治理

党的十八大报告中提出"坚持维护社会公平正义"，并且要求从"权利""机会""规则"三个方面建立社会公平保障体系③。党的十八届三中全会则将"促进社会公平正义、增进人民福祉"作为全面社会改革的"出

① 习近平：《论坚持全面依法治国》，中央文献出版社 2020 年版，第 2 页。

② 参见张文显：《习近平法治思想理论体系》，载《法制与社会发展》2021 年第 1 期。

③ 参见胡锦涛：《坚定不移沿着中国特色社会主义道路前进　为全面建成小康社会而奋斗——在中国共产党第十八次全国代表大会上的报告》，载《求是》2012 年第 22 期。

发点”和“落脚点”①。党的十八届四中全会提出“全面推进依法治国”，法治是社会公平正义实现的重要保障②。党的十九大报告将“促进社会公平正义”“保障和改善民生”确定为新时代国家发展的基本方略③。公平正义成为社会治理的核心要义。在社会治理中体现和实施社会公平正义，关键在于建立和健全相关保障机制。“权利公平”意味着规范公民权利的制度本身是正义的，法律从权利和义务两个方面公平地给予每个人的“机会平等”，对公平正义提出更高的要求，仅仅从制度上规范社会成员整体的平等权利并不一定能够实现正义，这只是形式方面的。我国社会城乡之间、东西部之间发展不平衡，各地公民在法律权利实现机会上存在不平等。因此，要保障公民各方面的权利得以切实实现，就要求对社会弱势群体的基本权益提供特殊的保护，他们与其他社会成员一样具有实现法律规定权利的同等机会。“规则公平”要求在社会治理过程中，法律平等地适用于一切社会治理关系主体，真正实现任何主体都不能拥有法律之外的特权。④

对以上三个方面的社会公平保障体系的完善不但涉及利益和权利在社会成员之间的公平配置，更为深层次的是涉及国家治理结构的宏观改革和创新。例如，对于城乡社会公民在社会权利、机会和资源方面存在的不平等待遇问题，仅仅通过完善相关法律制度并不能得到根本的解决，只有对治理宏观结构进行深度改革才能动摇不公平存在的根本。

4. 德法共治的社会治理

共同运用德治和法治，是我国古代各朝各代统治者治国理政的惯常手段，这既是经验，也是历史遗留的优秀政治文化因素，体现了民族的集体

---

① 参见《中共中央关于全面深化改革若干重大问题的决定》，载《人民日报》2013 年 11 月 16 日，第 1 版。

② 参见《中共中央关于全面推进依法治国若干重大问题的决定》，载《人民日报》2014 年 10 月 29 日，第 1 版。

③ 参见《中国共产党第十九次全国代表大会文件汇编》，人民出版社 2017 年版，第 19 页。

④ 参见《中华人民共和国宪法》第 4 条、第 5 条、第 33 条。

智慧。[①] 中国古代统治者历来重视道德对于治国理政发挥的重要作用，道德的功能主要表现在以德治国和以德化民两个方面。[②] 道德具有教化百姓的作用，一方面，通过道德规范能够使个人的不良心性得到教化，使人远离凶、恶、犯罪，内心的善良、正直被唤起。另一方面，道德对于社会不良风俗具有教化作用。用道德规范引导教化社会风俗，使社会风俗趋于理性、良善。全国民众普遍道德水平的提高，有利于社会稳定发展。在当今社会，道德依然具有在我国古代社会中所发挥的调整社会关系的功能。新时代的社会治理应当充分发扬我国传统文明的优良成分，我国社会主义核心价值观充分继承了传统道德规范的精髓，成为新时代我国社会治理规范体系中的重要内容。现代国家采用法治方式进行治理已经是基本常态，法治化已经成为社会治理实现现代化的重要判断标准之一。社会成员的权利与义务都需要法律作出明确的规定，多元社会治理主体在行使治理权过程中所依据的规范和运行机制需要以法律的方式制度化、程序化，治理活动产生的各类责任需要通过法律予以明确。现代的复杂性需要社会治理过程中治理主体在法律规范框架内运行。作为社会治理方式，单独的德治或法治都不是万能的。社会治理过程中有德治不能解决的问题，也有法治不能解决的问题，因此德法共治是新时期社会治理的有效途径。要坚持依法治国和以德治国相结合，实现法治和德治相辅相成、相得益彰。[③]

5. 以基层为重心的社会治理

社会治理中基层是关键，基层的权力与权利结构具有更明显的复杂性，因此成为其中的重点和难点。国家治理是否实现现代化，可以从基层社会的治理状况中得到印证，而基层社会治理的成效能够充分反映国家整体治理的有效性。有效的基层社会治理有利于巩固党的基层政权，为国家

---

① 参见张晋藩：《论中国古代的德法共治》，载《中国法学》2018 年第 2 期。

② 参见张晋藩：《论中国古代的德法共治》，载《中国法学》2018 年第 2 期。

③ 参见《以科学理论为指导，为全面建设社会主义现代化国家提供有力法治保障》，载《习近平谈治国理政》（第四卷），外文出版社 2022 年版，第 292 页。

治理现代化奠定基础。我国基层社会治理最主要涉及城市社区和乡村基层。党的十八届三中全会提出从具体的治理方式包括综合服务平台的建设等方面对社会治理的改进①。党的十八届四中全会则对社会治理主体，即组织、部门和行业等进行依法治理。② 2017 年 6 月，国家发布关于社区治理的《关于加强和完善城乡社区治理的意见》，提出从城乡社区治理体系、水平、短板以及组织保障等方面进行完善，以建立和健全“成熟定型”的治理体制和提升“精准全面”的治理能力。党的十九大报告确定我国社会主要矛盾已经转变③，对于人民需求的关注与满足是党和国家治理活动的中心。基层社会是人民群众生产生活的主要场域，社会治理重点落实基层治理是党和国家提出对于新时代社会矛盾变化的有效回应。党的十九大报告提出“推动社会治理重心向基层下移”④，使各类社会组织在基层治理中充分发挥它们的积极作用，实现各类主体和各种形式之间的良性互动。

二、新时代中国特色社会主义法治理论

党的十八大以来，党和国家关于法治理论的发展及进步是以中华人民共和国成立以后曲折的法治建设为实践基础的，是历届党中央和政府带领全国人民不懈努力和探索的伟大成果。中国当前的法治理论是中国特色社会主义理论的重要组成部分，是马克思主义思想在我国建设实践中的伟大发展和创新。

（一）中国特色社会主义法治理论研究的马克思主义原理基础

法治理论起源于西方，但作为国家治理方式而言，法治是现代国家治

---

① 参见《中共中央关于全面深化改革若干重大问题的决定》，载《人民日报》2013 年 11 月 16 日，第 1 版。

② 参见《中共中央关于全面推进依法治国若干重大问题的决定》，载《人民日报》2014 年 10 月 29 日，第 1 版。

③ 参见《中国共产党第十九次全国代表大会文件汇编》，人民出版社 2017 年版，第 10 页。

④ 参见《中国共产党第十九次全国代表大会文件汇编》，人民出版社 2017 年版，第 40 页。

国理政的重要方式，法治文明在世界范围内具有基本共识。同时，作为治国理政方式的法治，应该将它置于特定的情境下考察其科学性和成效。中国法治理论的研究也是如此，马克思主义的普遍性与特殊性关系、理论与实践相结合的原理是中国特色社会主义法治理论研究的思想基础。

1. 普遍性与特殊性关系原理

第一，承认普遍性，意味着中国法治理论对于世界法治文明的基本共识要予以接纳。对于人类社会的法治文明成果，尤其是西方法治文化中的有益成果，是我国法学理论学习、借鉴的重要资源。党的十八大报告中提出“不走封闭僵化的老路”[①]；党的十八届四中全会提出“借鉴国外法治有益经验”以及强调市场与法治的本质联系[②]，这些都表达了中国对世界法治普遍价值的尊重，同时也都表明中国特色社会主义法治理论和世界法治文明的法治普遍性共识的增加。另外，对于普遍性的承认，意味着在法治层面不能对“中国特色”进行过度诠释。过度诠释存在不理性，是将法治文化、法治历史传统绝对化的弊端。在传统不断变革、观念持续更新的社会发展过程中，对于法治“中国特色”的绝对化理解极有可能使我们抱残守缺，妨碍我们与时俱进的步伐。

第二，尊重特殊性，意味着法治层面的中国特色不能脱离我国特定社会现实而概念性地存在。我们必须承认法治与特定的社会结构、社会生产方式、人们的思想观念密切相关，它不仅仅是一套规则系统。马克思和恩格斯在往来信件中确信“不存在土地私有制，是了解东方天国的一把钥匙。这是东方全部政治史和宗教史的基础”[③]。马克思和恩格斯洞察到，传统中国农业社会由于不存在土地私有制，人们普遍缺乏自主自立的经济依靠，只能依赖于家族和家庭的庇护，这也就决定了传统中国社会中伦理比

---

① 参见胡锦涛：《坚定不移沿着中国特色社会主义道路前进　为全面建成小康社会而奋斗——在中国共产党第十八次全国代表大会上的报告》，载《求是》2012 年第 22 期。

② 参见《中共中央关于全面推进依法治国若干重大问题的决定》，载《人民日报》2014 年 10 月 29 日，第 1 版。

③ 参见《马克思恩格斯全集》（第 28 卷），人民出版社 1973 年版，第 256 页。

法律发挥更大的影响力。马克思揭示了传统中国社会礼法秩序的根源，也回答了传统中国社会民法精神欠缺和公法发达的原因。因此，对于法治运行机制获知恰当理解和认知只能建立在对特定社会的政治、经济、文化等结构具有充分了解的基础上。法治的特殊性不仅从法治“理念”方面体现，同时法治的“实效”更能反映其特殊性。在多数情况下，“实效”是判断法治成功的最终标准，没有特殊性关怀的法治不太可能取得“实效”①。

2. 理论和实践相结合原理

实践是马克思主义理论中具有“元理论”性质的观点，实践性也是马克思主义哲学的基本特征。主观堆砌的话语体系不能成为理论，理论只能从实践中来，理论是反映、概括、抽象社会实践活动而产生的。同时，社会实践活动只有在理论的指导下才能保证少走弯路。

在我国的法治建设过程中，对理论和实践相结合原理的遵循意味着中国法治理论研究应该充分重视中国的社会实践。“理论是对其所处社会内的自我理解，社会的问题意识是催生理论话语的土壤。离开了其生长的土壤，理论必定发生变异。”② 丰富的社会法治实践，为中国法治理论研究提供了用之不竭的源泉。然而，当前我国法学理论界仍然以西方法治为主要内容，对中国法治实践或者鲜有兴趣，或者不顾中西法治背景的差异，用西方的理论剖析中国的实践问题。对中国法治本土实践的轻视是导致中国法治学术研究缺乏本土化根基的关键，也是对法治建设过程中出现的问题不能作出有效理论解答的重要原因。另外，转型时期的政治、经济、文化、社会领域的大量实践产生的智慧，需要通过理论进行制度化、体系化建构，法治理论是其中重要的组成部分。对西方法治话语进行诠释和中文

---

① 参见王人博：《中国特色社会主义法治理论研究》，中国政法大学出版社 2016 年版，第 22 页。

② 刘毅青：《如何构建中国的理论——西方汉学家的思考与启示》，载《哲学研究》2014 年第 11 期。

复述的热衷恰恰说明中国法治研究缺乏理论的原创能力。2016 年 5 月习近平同志提出“加快构建中国特色哲学社会科学”[①]。除了一般的社会科学所具有的系统和专业性以外，中国特色还应该具有民族的、继承的和原创的、时代的等特质。中国的哲学社会科学中的法治理论应该以我国现实逻辑和法治建设实践过程中遇到的问题为研究对象，推动、促进法治实践难题的解决并汇集成我们自己的法治理论成果，形成自己的法治话语体系。

（二）中国特色社会主义法治理论的发展轨迹和主要内容

1. 理念的发展：从“法律”、“法制”到“法治”

1978 年 12 月党的十一届三中全会召开，改革开放在我国拉开序幕。改革开放面临国家法律制度破坏殆尽，国家建设和改革基本没有法律依据的困境。党中央及时提出“健全社会主义法制”，“法制”的概念表述此后越来越多地出现在法制领域和法学体系中，1982 年《宪法》明确“健全社会主义法制”。1996 年 2 月在中共中央第三次法制讲座上相关学者对“依法治国”作了专门讲解，进行法制国家建设予以明确，1996 年 3 月召开的第八届全国人大第四次会议将“法制国家”作为国家建设的奋斗目标。“建设社会主义法制国家”也成为这次会议中全国人大常委会和政府工作报告等其他重要文件的主要内容。1992 年党的十四大提出在市场经济领域进行法律规范体系的建设,[②] 1997 年党的十五大对中国特色社会主义法律体系的建设制定了目标，要在 2010 年建成。[③] 而 2011 年第十一届全国人大第四次会议宣告已经形成“中国特色社会主义法律体系”。

---

① 《习近平主持哲学社会科学工作座谈会强调加快构建中国特色哲学社会科学》，载《人民日报（海外版）》2016 年 5 月 18 日，第 1 版。

② 参见江泽民：《加快改革开放和现代化建设步伐，夺取有中国特色社会主义事业的更大胜利——在中国共产党第十四次全国代表大会上的报告》，载《求是》1992 年第 11 期。

③ 参见江泽民：《高举邓小平理论伟大旗帜，把建设有中国特色社会主义事业全面推向 21 世纪——在中国共产党第十五次全国代表大会上的报告》，载《求是》1997 年第 18 期。

1997年党的十五大报告提出“建设社会主义法治国家”[①]，“法制国家”被“法治国家”代替，从此，“法治”成为热门词。“依法治国”“法治国家”“社会主义法治”“法治体系”“法治中国”“法治政府”“法治社会”“全面依法治国”等热词经常在党和政府的规范性文件以及法学研究的成果中被表达。党的十八届四中全会更是提出“建设中国特色社会主义法治体系，建设社会主义法治国家”是全面推进依法治国的总目标和总抓手[②]。2018年宪法第五次修正案通过了对健全社会主义“法制”作出“法治”的修改，完成了从“法制”到“法治”的根本转型[③]。

首先，从“法律”“法制”到“法治”的改变是表述变化，“法制”与“法治”在内涵与意义上具有区别：第一，“法制”是个静态词，而“法治”则是动态词，“法治”内容中包含了“法制”，具有更为普遍的厚实涵盖；第二，“法治”是“人治”的对应词，更多强调民主、公平、正义、自由、秩序等价值追求；第三，“法治”要求在具备完备的法律规范制度以及体系之外，还应该通过严格实施法律以保障其至上权威。其次，从“法制”到“法治”的转变反映了党和国家关于国家治理理念、依法治理决心上的变化，是中央领导集体和全党一次新的思想解放，体现了党对法治建设规律在认识方面的重大突破。这种转变标志着中国法治建设取得了历史性的跨越和进步。

新时代，中国法治建设的目标是“良法善治”。党的十八届四中全会提出“法律是治国之重器，良法是善治之前提”[④]。习近平同志多次强调提

---

① 参见江泽民：《高举邓小平理论伟大旗帜，把建设有中国特色社会主义事业全面推向21世纪——在中国共产党第十五次全国代表大会上的报告》，载《求是》1997年第18期。

② 参见《中共中央关于全面推进依法治国若干重大问题的决定》，载《人民日报》2014年10月29日，第1版。

③ 参见张文显：《中国法治40年：历程、轨迹和经验》，载《吉林大学社会科学学报》2018年第5期。

④ 参见《中共中央关于全面推进依法治国若干重大问题的决定》，载《人民日报》2014年10月29日，第1版。

升立法质量的重要性。[①] 党的十九大报告再次强调“以良法促进发展、保障善治”[②]。李步云等人认为，“良法”从内容上应该是“真”法；从价值上说是“善”法；即具有体现正义价值、实现人民利益和促进社会进步的性质；从形式上说是“美”法，即具有结构严谨、体现和谐和语言规范的特征。[③] 良法的“优良”可以通过法的价值、内容、功能和体系等各方面得以体现。良法符合公平正义的价值，并且最能够体现社会民众的根本利益和切实需求，维护公民的基本权利。良法的确立需要对立法机制进行完善，以提升法律质量。立法质量的保障和提高要求立法必须科学、民主和依法进行。依靠人民立法、为了人民立法是实现良法价值的根本，也是提高立法质量必须遵循的基本规律[④]。增加民众对立法的参与途径，充分发挥社会力量对立法的积极推动作用。良法的产生还需要保证人在立法工作中能够真正发挥主导作用。良法善治的理论和实践实现了法治在形式和实质两方面的统一，是现代法治理论的创新，也使中国法治建设实现质的飞跃。

2. 方略的提升：从“依法治国”到“全面依法治国”

在党的十五大报告中，“依法治国”被确定为国家治理的基本方略。“全面推进依法治国”由党的十八大首次提出，并且在党的十八届四中全会中作出全新部署。习近平同志对“全面依法治国”概念作了更为丰富和精确的阐释。“全面依法治国”的基本方略地位在党的十九大报告中再次被强调。[⑤]

---

① 参见习近平：《在十八届中央政治局第四次集体学习时的讲话》，载《习近平关于全面依法治国论述摘编》，中央文献出版社2015年版，第43页。习近平：《在庆祝全国人民代表大会成立六十周年大会上的讲话》，载《习近平关于全面依法治国论述摘编》，中央文献出版社2015年版，第47页。

② 参见《中国共产党第十九次全国代表大会文件汇编》，人民出版社2017年版，第31页。

③ 参见李步云、赵迅：《什么是良法》，载《法学研究》2005年第6期。

④ 参见《人民日报》评论员：《完善立法机制　提高立法质量》，载《人民日报》2017年12月29日，第1版。

⑤ 参见《中国共产党第十九次全国代表大会文件汇编》，人民出版社2017年版，第18页。

全面依法治国是“四个全面”的重要内容之一，是“全面建成小康社会”目标最终达成的保障。习近平同志强调：“没有全面依法治国，我们就治不好国、理不好政，我们的战略布局就会落空。”[①] 党在党的十八大、党的十八届四中全会和党的十九大报告中反复提及和强调全面依法治国，“以执政党最高政治文件和最权威政治决策的形式”[②] 对全面依法治国进行部署，意味着其对于新时代我国国家发展和建设具有重大意义。全面依法治国是我国实现国家治理现代化和建设现代化国家的必然要求。《宪法》规定了我国人民民主的国家性质，全面依法治国的出发点是保障人民的政治地位和主权，发展全过程人民民主；同时，全面依法治国对于公平正义价值在国家和社会各层面的实现具有重要意义。公平正义是当前我国社会各阶层普遍认同的价值标准之一，而它也是法治的基本属性。法治是实现社会公平正义的有效手段；经济体制改革一直以来都是全面深化改革的重心所在，从本质上说，市场经济是法治经济，市场经济体制改革必须由全面依法治国保驾护航；我国当前反腐败的进一步推进需要全面依法治国的保障，对权力进行制约是反腐的有效措施。全面依法治国的推进需要完善权力制约和监督机制，运用法治手段应对腐败问题。

2020 年召开的中央全面依法治国工作会议确立了习近平法治思想在全面依法治国中的指导地位。习近平强调，要坚持依法治国、依法执政、依法行政共同推进。[③] 全面依法治国要求依法治国应当是面面俱到、环环相扣、层层相叠的整体的、系统的和统一的工程[④]。这个宏大系统举措的推

---

① 习近平：《在省部级主要领导干部学习贯彻党的十八届四中全会精神全面推进依法治国专题研讨班上的讲话》，载《习近平关于全面依法治国论述摘编》，中央文献出版社 2015 年版，第 15 页。

② 参见李林：《全面推进依法治国的时代意义》，载《法学研究》2016 年第 6 期。

③ 参见习近平：《习近平在中央全面依法治国工作会议上强调　坚定不移走中国特色社会主义法治道路　为全面建设社会主义现代化国家提供有力法治保障》，载《中国人大》2020 年第 22 期。

④ 参见李林：《全面推进依法治国是一项宏大系统工程》，载《国家行政学院学报》2014 年第 6 期。

进需要重点把握以下几个方面：第一，依宪治国统领全面依法治国。党的十八届四中全会的报告中明确提出依宪治国对于依法治国的重要性。[①] 全面依法治国意味着国家治理依据的所有法律制度均不能违背宪法，宪法是全面依法治国的统领。在宪法统领全面依法治国的过程中，关键在于实施。习近平同志强调宪法的生命与权威都取决于其能否切实实施。[②] 而建立健全对违宪行为进行审查和追究的机制是保证宪法有效实施的必要前提。第二，全面依法治国的根本在于依法执政。党是全面依法治国的领导力量，党的执政行为能否依照法律进行是全面依法治国能否切实推行的关键[③]。党的领导权和执政权是我国最强大的政治权力[④]，党对国家领导的基本方式是将党的政策转化为法律。党在法律制度框架内开展执政行为是全面依法治国最重要的前提条件。第三，全面依法治国关键在于依法行政。在所有的国家组织机构中，政府处于核心地位，也是与人民群众关系最密切的机构。人民群众对全面依法治国的感受往往直接来源于政府的行政行为是否依法作出。另外，市场经济发展是国家发展的重中之重。市场经济的发展要求政府不能随意对其干预，其健康运行有赖于政府依照法律对市场进行调控。第四，全面依法治国要求整个法治体系的全方位发展和健全。全方位建设的第一个层面体现在要求执政党与政府都在法律的规制下开展执政和行政行为，并且二者要共同推进。同时，法治建设在国家、政府和社会三个层面要综合一体进行。全方位建设的第二个层面体现在规则制度、法治实施、监督和保障等各方面的建设和完善同步进行，共同推进。

3. 内涵的丰富：从“法治国家”到“法治中国”

1997年9月，党的十五大提出“建立社会主义法治国家”，为国家法

---

① 参见《中共中央关于全面推进依法治国若干重大问题的决定》，载《人民日报》2014年10月29日，第1版。

② 参见习近平：《在首都各界纪念现行宪法公布施行30周年大会上的讲话》，载《人民日报》2012年12月5日，第2版。

③ 参见肖金明：《全面推进依法治国理论与实践创新》，载《山东社会科学》2015年第1期。

④ 参见黄文艺：《论依法执政基本内涵的更新》，载《法制与社会发展》2014年第5期。

治建设设立了纲领性目标。1999 年 3 月的《宪法修正案》中，明确规定“建设社会主义法治国家”，将法治国家建设的纲领上升为宪法原则。党的十五大以来党中央提出一系列关于法治国家建设的重大理论观点，极大地丰富和发展了法治国家建设的指导思想。党的十八大以后，“法治中国”的历史任务被提上日程，“法治中国”概念在党的十八届三中全会中被明确提出，党的十八届四中全会以及党的十九大对其进行了更为深入的阐释，要求全国人民在党的领导下努力建设法治中国，并且提出了更为具体的实施举措。①

将“法治国家”与“法治中国”两个概念进行比较，后者比前者具有更加丰富的内涵。首先，“法治中国”同时包括国家、政府和社会三个层面的法治状态。法治中国建设不仅要求进行国家整体建设，还要求同步进行政府和社会两个层面的法治建设。其次，“法治中国”的提出意味着中国特色社会主义法治建设迈入新的历史阶段。新阶段法治建设的重心从之前的制法与修法、施法并重转为宪法和法律的实施为第一要务，修法和完善法律为补充。新阶段更加重视从层次和质量上提升法治建设，关注法治建设的实践性、全面性和系统性。最后，“法治中国”着重在国际关系层面体现中国特色。虽然法治起源于西方国家，但法治中国建设具有社会主义性质，与资本主义法治以资产阶级民主政治制度为基础具有本质的区别；法治中国的中国特色还体现在它不仅批判性地借鉴了西方法治文化的有益成分，还继承和发扬了中华传统法治文化的精华，并且在总结自民主革命时期以后，特别是改革开放以后我国法治发展的经验基础上形成了创新；“一国两制”的中国特色在“法治中国”的表述中也得到了很好的表达。因“一个国家、两种制度”而产生的“一个国家、四个法域”将成为法治中国建设区别于世界上任何其他国家法治建设的鲜明特点。

---

① 参见《中共中央关于全面推进依法治国若干重大问题的决定》，载《十八大以来重要文献选编》，中央文献出版社 2016 年版，第 18 页；《中国共产党第十九次全国代表大会文件汇编》，人民出版社 2017 年版，第 31 页。

（三）法治是国家治理的基本方式

1. 法治体现了党治国理政理念的新发展

法治是现代国家治理的重要方式，我国在现代化建设进程中，尤其是改革开放过程中，对于法治在国家治理中所能发挥的功能有了越来越深刻的认识。法治对于国家的意义得到党和国家高度重视并反复强调。习近平同志一直从国家治理的高度对法治的意义进行论述，强调党的十八大报告中的重要论断："法治是治国理政的基本方式"[①]"法律是治国之重器，法治是国家治理体系和治理能力的重要依托"。[②] 依法治国是发生在我国国家治理理论和实践领域"广泛而深刻的革命"[③]"我国社会主义法治凝聚着我们党治国理政的理论成果和实践经验，是制度之治最基本最稳定最可靠的保障"[④] 等重要论断，体现了党和国家在治国理政理念上的新发展。国家领导人的治国理政智慧通过党的重大会议转变为党和国家的集体智慧和治国方略。党的十八届三中全会在提出国家治理现代化的基础上，同时提出建设法治中国的历史任务。党的十八届四中全会为中国法治的建设和发展明确了方向。习近平总书记指出："党的十八届三中、四中全会分别把全面深化改革、全面推进依法治国作为主题并作出决定，有其紧密的内在逻辑"。[⑤] 而四中全会的"法治"主题是为三中全会"国家治理"目标的实现所设计的科学有效途径。

---

① 参见习近平：《习近平谈治国理政》，外文出版社 2014 年版，第 138 页。

② 参见习近平：《关于〈中共中央关于全面推进依法治国若干重大问题的决定〉的说明》，载《理论学习》2014 年第 12 期。

③ 参见秋石：《全面依法治国是国家治理领域一场广泛而深刻的革命——三论学习贯彻习近平总书记关于"四个全面"的战略布局》，载《求是》2015 年第 11 期。

④ 参见秋石：《全面依法治国是国家治理领域一场广泛而深刻的革命——三论学习贯彻习近平总书记关于"四个全面"的战略布局》，载《求是》2015 年第 11 期。

⑤ 参见秋石：《全面依法治国是国家治理领域一场广泛而深刻的革命——三论学习贯彻习近平总书记关于"四个全面"的战略布局》，载《求是》2015 年第 11 期。

2. 法治是国家治理现代化的基石

根据党的十八届四中全会精神，依法治国是国家治理现代化的基本要求。①国家治理现代化首先需要实现治理规范和机制的现代化。法治本身的首要条件是“良法”，即具备从实质上符合人民群众根本利益和形式上符合科学程序确立的法律制度。法律规则的现代化是我国法治建设的基本内容之一，也是国家治理实现现代化的基础。治理能力的现代化要求参与治理的各类主体，包括政党、政府、社会等各方面均具备现代化治理能力，并且各方能够在现有治理制度框架内实现良性互动和协作，达到最大治理效应。其中，法治思维和行为方式是各类国家治理主体首先应该具备的素养。执政党保证依法执政、政府坚持依法行政、各类社会主体严格按照法律制度规定积极参与国家治理，是各主体治理水平的判断基础。只有所有参与国家治理的主体都尊重法律的至上权威，保证国家和社会活动的运行都在法治框架内进行，才有可能实现现代化的国家治理。因此，必须“把实现国家治理现代化构筑在坚实的法治基础之上”。②

3. 法治是国家治理现代化的保障

国家治理现代化的建设涉及政治、经济、社会等各方面，而其中的任何领域和任何层面都离不开法治的保障。“制度稳则国家稳”③，制度是法律规则的集成，法治是我国现代化治理有效运转的基石。一方面，市场经济的发展需要法治提供保障。市场经济的健康发展需要市场体系本身具有开放且统一、竞争且有序的特质。市场体系需要规范的法律制度体系，以维护良好的市场秩序。市场经济运行过程中的各种行为，包括政府的调控行为、公民和法人的经营竞争行为等都需要法律制度的严格规范，防止行

---

① 参见《中共中央关于全面推进依法治国若干重大问题的决定》，载《人民日报》2014年10月29日，第1版。

② 参见公丕祥：《习近平法治思想述要》，载《法律科学（西北政法大学学报）》2015年第5期。

③ 参见习近平：《坚持和完善中国特色社会主义制度推进国家治理体系和治理能力现代化》，载《求是》2020年第1期。

政权力滥用和非法竞争经营。同时，绿色发展是新时代经济建设的重要特征。而绿色生产和消费方面的立法是我国的立法短板，因此，应该加快完善生态环境和能源保护领域的法律制度建设。另一方面，民主政治建设离不开法治为其提供相应的保障。国家通过民主的各种形式进行治理的同时，民主还是评价和判断治理现代化程度的关键标志之一。民主制度尊重人民的主体地位，在具体的治理活动中，人民是治理行为的主体，人民依法参与治理是新时代国家治理的基本要求。人民当家作主是党的十九大所确定的基本方略的重要组成部分，而民主政治建设是其中的制度体系的重要内容。民主实践中的所有具体环节，包括选举、协商、管理、决策以及监督等，都需要相应的法律予以保障。另外，只有法治才能真正保障人民当家作主。法律由国家立法机关制定，是全体人民意志的体现。只有法律的制定确保科学性、正当性、合理性，体现公平正义原则，才能保障人民当家作主的权利不被侵害。

三、新时代党和国家的乡村社会治理新理念

乡村治理是新时代我国社会治理的重心，是国家治理的重要内容。党和国家对于乡村社会治理予以高度重视。党和国家推进一系列“三农”政策，促进乡村社会及经济发展和提高农民整体生活质量和水平。乡村社会的进步和变迁直接源于农业、农村和农民的整体状况，因此，党的任何“三农”政策和举措对乡村社会治理都具有很大的影响和作用。

（一）从城乡统筹、城乡一体化到城乡融合

对于城乡关系的定位和认识是党和国家确定我国乡村发展政策最重要的背景，影响着我国乡村社会发展的大方向和质量。城乡关系的失衡、不协调往往造成国家以工业化、城市化对乡村社会的需求为核心来制定关于乡村的公共政策，而这类政策的制定以及运行会导致城乡关系的进一步恶化。马克思主义理论的城乡融合思想对中国城乡关系的演进发挥着重要的指引作用。

1. 马克思恩格斯的城乡融合思想

马克思恩格斯的城乡融合观念是马克思主义理论的重要内容，为当前我国正在实践中的各类城乡融合“三农”政策提供了理论指导。马克思、恩格斯认为，城乡关系是国家发展过程中出现的各类复杂关系之一，它的发展也是遵循社会发展基本规律的。在人类生产力的进步过程中，城乡关系也经历了从分立到融合的历史阶段。“城乡之间的对立只有在私有制的范围内才能存在。”[①] 生产力的进步必然导致社会分工的变迁和生产关系的变革。生产力的发展使脑力劳动与体力劳动分工出现分化、工业与农业差异得以形成。主要从事物质生产活动的体力劳动者以及农业集中在乡村，少数从事精神文化生产的脑力劳动者以及手工业、工业集中在城市，从而形成城市对乡村的剥削，乡村被迫依附于城市的二元结构也就产生了。当城乡矛盾到了激化阶段便出现了城乡对立。马克思、恩格斯认为，资本主义私有制是造成城乡发展出现严重失衡状态，并且最终使二者进入对立状态的根本原因。而生产力的发展直接受到城乡关系的影响，两者的对立状态将严重阻碍生产力的进步，因此，城乡对立关系的消解是人类社会进步的必然需要。马克思、恩格斯认为城乡对立可以被消灭：“消灭城乡对立并不是空想……消灭这种对立日益成为工业生产和农业生产的实际要求。”[②] 他们认为，城市和乡村都有各自的优点，城乡融合是对两者优点的结合：“避免两者的片面性和缺点”[③]，保持两者并存、共生共荣。同时，马克思、恩格斯辩证地指出，生产力的进步会消灭城乡对立的状态，城乡关系将实现建立在新基础上的协调发展，并最终走向融合。他们还提出促进城乡融合的具体途径，如通过土地社会所有制进行社会化生产，提高农业生产率；通过城市带动乡村，帮助乡村摆脱落后状态；通过工农业有机结合，突破地域限制，以促进乡村地区生产力发展，推动城乡融合。

---

① 参见《马克思恩格斯文集》（第1卷），人民出版社2009年版，第556页。
② 参见《马克思恩格斯选集》（第3卷），人民出版社2012年版，第215页。
③ 参见《马克思恩格斯文集》（第1卷），人民出版社2009年版，第686页。

马克思、恩格斯从资本主义国家的社会基本矛盾层面对城乡关系展开分析和阐述。他们认为，生产力和生产关系既导致了城乡关系分离和分立，也是推动城乡关系实现融合的根源性因素。生产力的发展会造成城乡关系分离，但是它更深层次的进步也会消解城乡的分离和分立状态，并且实现城乡融合。只有城乡关系实现真正的融合，城乡社会分工对劳动活动的限制才能被消解，人才能最终实现自由和全面的发展。城乡之间这种分离—分立—融合的关系变化不以人的意志为转移，生产力和生产关系之间矛盾的客观存在及其运动是城乡关系变化的决定性因素。在当前我国城乡定位发生巨大变革的时期，马克思、恩格斯关于城乡发展关系的深刻论述为我们提供了深厚的理论依据。

2. 党和国家的城乡发展战略和融合政策

中华人民共和国成立之初，党和国家面临着城乡不平等的现实国情。中华人民共和国第一代领导人在马克思主义城乡关系理论的指引下，通过土地改革运动、鼓励私营主体从事城乡之间的购运业务、发展农村的集市贸易等举措进行城乡兼顾，促进城乡依存共同发展。但是，在 1958 年至 1978 年，粮食统购统销政策及其“剪刀差”的逐步扩大，对农民利益和农村发展造成严重损害；二元户籍制度的正式确立导致乡村劳动力被束缚在土地上不能自由流动，工业的结构性失衡造成工农业之间的生产联系不能正常建立；人民公社的建立和强化使城市与乡村社会地区之间的交流基本中断。其后各因素的综合作用强化和固化了城乡二元结构，最终导致中国工农业之间、城市和乡村之间的关系出现严重不平衡。

党的十一届三中全会确定以经济建设为中心，在全国实行改革开放政策。改革开放序幕首先在农村拉开，全国各地陆续开始“包产到户”，直到确定以农户为单位的家庭联产承包责任制。党和国家在乡村地区的改革使农民生产积极性大增，农村生产力在很大程度上得到解放，促进了农业生产的发展。农村改革对城乡二元秩序造成一定的冲击，城乡技术和资金的联系增强。在农村先行的改革虽然在一定期间内改善了农民生存和农村经济状况，但并没有从根本上改变乡村在城乡关系发展中的弱势地位。1992 年市场经济体制的确立使改革重心转移至城市，农村改革被淡化。特别是在当时的城市改革过程中产生的社会成本以向“三农”推行“多取、少予”的政策方式获得时，农业和农村发展又一次受到制约。同时，农业生产资料价格的增长速度远远高于农产品价格的增长速度，城市化过程中使用的农村土地因转变用途而产生的增值部分农民不能获得收益。各方面原因造成乡村居民收入增加幅度缓慢，收入差距在城乡之间越来越大，城乡居民收入比从 1985 年 1.86:1 扩大到 2002 年的 3.11:1。与此同时，市场机制的作用使土地、资金、劳动力等生产要素自发配置至比农业和农村收益较高的产业和区域，生产要素单向流入城市极大限制和影响了乡村的发展，进一步强化了失衡的城乡二元结构关系。

国家在 2002 年党的十六大中对城乡发展战略作出重大调整，提出“统筹城乡发展”的理念①。2003 年党的十六届三中全会提出落实科学发展观所需要的“五个统筹”中，“统筹城乡发展”居于首位②。2006 年农业税的全面废止是党和国家在“三农”政策上对城乡关系进行重大战略调整的体现。2007 年党的十七大提出“城乡一体化”格局，③ 2008 年党的十七届三中全会确定对农村的“多予少取”“城市支持农村”等体现城乡关系重大转折战略的实施。④ 2010 年中央一号文件提出从政策方面加强对农村的优惠、从农业装备方面进行提升、从民生改善等多方面促进城乡统筹发展⑤。从 2008 年开始，党和国家对于农村的优惠政策具有更大力度的加

---

① 参见《全面建设小康社会，开创中国特色社会主义事业新局面》，载《人民日报（海外版）》2002 年 11 月 9 日，第 3 版。

② 参见《中共十六届中央委员会第三次全体会议公报全文》，载中国新闻网，https://www.chinanews.com.cn/n/2003-10-14/26/356787.html。

③ 参见《高举中国特色社会主义伟大旗帜，为夺取全面建设小康社会新胜利而奋斗》，载《人民日报》2007 年 10 月 25 日，第 1 版。

④ 参见《中国共产党十七届三中全会公报》，载中央纪委国家监委网，https://www.ccdi.gov.cn/special/szqh/ljszqh/17jie/201311/t20131107_13159.html。

⑤ 参见《中共中央 国务院关于加大统筹城乡发展力度 进一步夯实农业农村发展基础的若干意见》，载《农村工作通讯》2010 年第 4 期。

强，投入乡村发展的预算也逐年增加。国家对农业农村投入的增加加强了农业基础地位，农村居民社会保障也得到明显提高，城乡关系在一定程度上得到改善。2010 年以后，宏观数据显示，乡村居民的收入水平和消费发展较快，城乡收入差距在逐步缩小，已经进入城乡互动的新阶段。劳动力出现回流，资本下乡的规模增加且速度加快，城乡关系已经从城乡分割转为城乡融合发展。

城乡发展一体化在党的十八大中被认为是解决“三农”问题的根本途径①。党的十八届三中全会确定从农业经营体系、农民财产权利、公共资源等方面进行改革，以“健全城乡发展一体化体制机制”②。2014 年中央一号文件更加具体地从村庄人居环境、基本公共服务、农业转移人口等几个方面切实落实健全“城乡发展一体化”③。2015 年中央一号文件提出新农村建设必须围绕“城乡发展一体化”④。2016 年中央一号文件强调“城乡协调发展”概念⑤。党的十八大以后，党和国家不断加强力度，推行各种强农惠农政策，以基本公共服务为核心不断健全民生保障制度，将 70% 以上的国家财政用于民生的改善⑥，农民收入增速迅速提高。2017 年，我国城市与农村居民之间的收入比缩小到了 2.71∶1，是进入 21 世纪以来的最低值⑦。乡村基础设施得到很大的改善，农村居民基本医疗和养老保险

---

① 胡锦涛：《坚定不移沿着中国特色社会主义道路前进　为全面建成小康社会而奋斗——在中国共产党第十八次全国代表大会上的报告》，载《求是》2012 年第 22 期。

② 参见《中共中央关于全面深化改革若干重大问题的决定》，载《人民日报》2013 年 11 月 16 日，第 1 版。

③ 参见《中共中央　国务院关于全面深化农村改革加快推进农业现代化的若干意见》，载《中国农民合作社》2014 年第 3 期。

④ 参见《中共中央　国务院印发〈关于加大改革创新力度加快农业现代化建设的若干意见〉》，载《人民日报》2015 年 2 月 2 日，第 1 版。

⑤ 参见《中共中央　国务院关于落实发展新理念加快农业现代化　实现全面小康目标的若干意见》，载《中华人民共和国国务院公报》2016 年第 6 期。

⑥ 参见张晖：《马克思恩格斯城乡融合理论与我国城乡关系的演进路径》，载《学术交流》2018 年第 12 期。

⑦ 参见韩俊：《破除城乡二元结构　走城乡融合发展道路》，载《理论视野》2018 年第 11 期。

制度改革取得一定的成果，城乡之间的差距得以缩小，城乡关系呈现协调发展态势。

党的十九大报告提出“建立健全城乡融合发展体制机制和政策体系”① 重大举措，2018 年中央一号文件将该举措确定为乡村振兴战略的指导思想，将“坚持城乡融合发展”确定为乡村振兴战略的基本原则，并对“城乡融合发展体制机制”提出 2020 年和 2035 年的建立和完善目标。② 党的十九大对城乡融合理念的确定体现了党对乡村认识的历史性改变，这一改变使我国乡村发展进入了新的时代。城乡融合是将市场原动力与政府推动力有机结合，市场发挥决定性作用而政府起推动作用。另外，城乡融合理念不但体现了党和国家对农村的重新定位，更体现了对乡村传统价值的重新认识。城乡融合发展的理念主要强调城市和乡村两个区域相互依赖与需求、互相依存的关系。

城乡融合需要解决之前城乡关系中没有得到解决的根本问题，即平等发展权利问题。实现城乡平等发展权利关键在于解构城乡二元制度，唯有如此，才能建立起城乡融合发展体制机制。首先，解构城乡二元结构需要从观念上摒弃城市中心主义，树立城乡融合发展观。即便我国实现现代化以后，仍将有几亿人在乡村社会生活，这是我国必须面对的特殊国情。城市中心主义忽视乡村发展必然会造成乡村社会的衰败，最终影响国家现代化的进程。其次，实现城市和乡村之间的公共资源均衡配置是破除城乡二元结构的重要内容。长期以来，我国对乡村公共设施、公共服务的财政投入与城市相比存在很大的欠缺，造成城乡之间公共保障存在很大差距。城乡融合发展的战略下，国家公共资源的配置应该更多地向乡村社会倾斜，使乡村真正享有与城市平等的公共服务权利。再次，完善生产要素的配置格局，使其能够在城市与乡村之间进行双向均衡流动。长期以来，我国城

---

① 《中国共产党第十九次全国代表大会文件汇编》，人民出版社 2017 年版，第 26 页。

② 参见《中共中央　国务院关于实施乡村振兴战略的意见》，载《人民日报》2018 年 2 月 5 日，第 1 版。

乡差距扩大的直接原因是土地、劳动力和资金等生产要素从乡村单向流往城市。实现生产要素双向流动就需要深化农村改革，关系各方利益的调整，涉及相关制度的重大修改和重建，因此需要各级党和政府具有坚定的决心。最后，当前我国大部分地区的乡村“空心化”现象普遍，城乡融合需要乡村社会人才的补充。只有乡村社会重聚“人气”，才能在城乡融合中发挥其应有的价值。

（二）新时代的乡村振兴战略

党的十九大报告提出“乡村振兴战略”，2018 年中央一号文件对落实乡村振兴战略作出全面的长期的部署，2018 年 9 月中共中央、国务院印发了《乡村振兴战略规划（2018—2022 年）》（以下简称《战略规划》），不但对乡村振兴战略的实施确定近期目标和远景规划，更重要的是围绕战略总目标的各方面要求提出了具体举措。

1. 乡村振兴战略的提出

乡村振兴战略提出的宏观背景是国家治理现代化作为深化改革开放的总目标，法治中国建设是实现治理现代化的应有之义和必然选择。在这个宏观背景下，党的十九大确定当前我国社会主要矛盾已经发生转变。发展的“不平衡”与“不充分”成为矛盾发生的主要原因，而城市与乡村之间的发展存在严重的不平衡，乡村社会发展不充分导致的衰落是当前主要矛盾最典型的显现。当前社会发展最大的不平衡存在于城乡之间，最大的不充分是农村发展不充分①。虽然乡村衰落是世界各国城市化过程中都会出现的普遍现象，但在我国国家治理现代化的战略目标下，由于我国的特殊国情，若乡村社会不能振兴，现代化就无从谈起。

我国是个传统农业大国，乡村社会人口一直在全国总人口中占相当比例。改革开放以来，我国城镇化发展取得可观的进步，城镇人口处于持续

---

① 参见韩俊：《破除城乡二元结构 走城乡融合发展道路》，载《理论视野》2018 年第 11 期。

增加状态。根据第七次全国人口普查数据，与2010年相比，城镇人口继续增加，但仍有占全国人口36.11%的5亿多人居住在乡村。① 据专家推测，到2035年完成第一个阶段目标即基本实现社会主义现代化之时，全国将有大概15亿人，其中70%在城镇生活居住。这意味着到基本实现国家现代化之时，我国乡村仍将有4亿多人口生活在此②。多达几亿人生活的乡村如果不能实现现代化，整个国家的现代化也就无从实现。因此，国家治理现代化的战略目标决定了中国乡村必须实现现代化，就当前我国乡村现状来看，首先需要的是振兴。

改革开放40多年来，我国乡村发生了翻天覆地的变化，但是，与国家整体发展、城市发展的速度和质量相比，乡村发展处于滞后状况。近年来，乡村社会尤其是传统农业区域的乡村甚至普遍出现衰败。在市场机制和城乡二元结构的双重作用下，生产要素单向从乡村流进城市是造成乡村普遍衰败的根本原因。城市化的推进和发展过程中使用大量农村土地，而法律对土地权利的二元设置使集体土地因改变用途而产生的增值收益几乎与乡村社会发展没有关系。在市场机制下，农业和农村相对于其他产业和区域处于竞争劣势，大量的农村青壮劳动力流入城市务工，中西部传统农业生产地区留守村庄的多数是老弱病残和妇女。一方面，乡村社会的土地和劳动力的高速非农化造成乡村社会耕地流失严重，人地分离状态普遍。进城的农民工虽然常年在城镇工作生活，但城乡二元结构使他们并不能真正融入城市，而守在农村单纯务农不能满足当前高流动性下农民对基本生活状态的要求，因此，多数农民工处于在城市与乡村之间“漂流”的状态，还不能真正实现安居乐业。另一方面，劳动力的高速非农化造成乡村生产和社会治理主体的缺失，村庄“空心化”现象普遍。村庄的“空心化”一是体现在乡村社会主体方面，留守村庄的青壮劳动力极少，除了少

① 参见宁吉喆：《第七次全国人口普查主要数据情况》，载《中国统计》2021年第5期。

② 参见陈锡文：《实施乡村振兴战略，推进农业农村现代化》，载《中国农业大学学报》2018年第1期。

数“中坚农民”，绝大多数是老弱病残和妇女。乡村社会劳动力的缺失导致农业生产发展受到制约和社会治理效果被影响。二是体现在村庄用地“空废化”严重。由于大量劳动力离开村庄进城务工，并且常年不在村庄生活，造成宅基地和农房空废率大大提高。按照专家对“空心村”的认定标准，即村庄人口外出率大于40%且宅基地空废率大于30%，全国有占地近1.14亿亩的“空心村”存在①。乡村社会的衰败还体现在其至今依然存在数量可观的贫困人口。近些年，各级党和政府机构的脱贫攻坚工作取得巨大成就，但是到2017年年底，全国仍有建档立卡贫困人口3046万人。

2. 乡村振兴与城乡融合

乡村振兴战略是进入新时代以后，党和国家在科学、理性认识城乡关系，提出城乡融合理念的基础上，针对当前基本国情和乡村社会现状提出的发展战略。乡村振兴战略与城乡融合相辅相成，城乡融合是乡村振兴的目标和基本原则，而只有通过建立和完善城乡融合的相关机制以及政策，带动和促进乡村社会发展，才能最终实现乡村的振兴。

一方面，缩小城乡差距，促进城乡融合是乡村振兴的目标和基本原则。党的十九大报告强调城乡融合机制的完善，② 2018年中央一号文件将“城乡融合”确定为目标任务和基本原则③。只有乡村经济、政治、文化、社会、生态得到全面发展，才能促进城乡发展均衡，实现城乡融合。城市与乡村在经济、文化、社会、生态等方面的功能不同，而国家现代化建设需要城市与乡村共同发挥功能，形成功能互补，实现城乡融合发展。以上各方面功能的发挥是建立在乡村振兴的基础上，只有乡村实现振兴，才可能有效发挥各种功能优势，进行城乡融合发展。另一方面，乡村振兴的有效实现需要通过完善的城乡融合发展制度提供保障。2018年中央一号文件

---

① 参见刘彦随：《中国新时代城乡融合与乡村振兴》，载《地理学报》2018年第4期。

② 参见《中国共产党第十九次全国代表大会文件汇编》，人民出版社2017年版，第26页。

③ 参见《中共中央 国务院关于实施乡村振兴战略的意见》，载《人民日报》2018年2月5日，第1版。

提出，到2020年，初步建立城乡融合发展体制机制；到2035年，具有更加完善的城乡融合发展体制机制。“初步建立”和“更加完善”的城乡融合发展体制机制既是乡村振兴的目标，也是振兴战略实现的重要举措。

城乡发展不平衡的最主要原因是劳动力、土地和资金等生产要素从农村向城市的单向流动。乡村振兴首先需要通过城乡融合发展的制度和政策扭转生产要素单向流向城市的局面。《战略规划》明确提出“完善城乡融合发展政策体系”，分别从人、地、财三个方面规定城乡融合的相关政策，促进乡村发展。在劳动力要素方面，城乡融合要使想进城的人能进城，想下乡的人能下乡。首先，通过户籍制度改革、完善户籍变动引起的放弃农村“三权”的激励机制等举措使常年在城市生产生活的农民工成为全方位的市民，或与市民公平享受各项待遇。其次，实践各种举措，通过各种途径加强乡村振兴人才保障。当前乡村社会出现劳动力“空心化”，乡村振兴急需社会各界各类人才参与乡村建设。乡村振兴重点在于产业兴旺。产业兴旺不但要求农业现代化，还需要第一、二、三产业在乡村的共同发展，相互促进。农业现代化需要生产主体的专业化，因此，产业之间的融合发展需要各类社会力量的参与。《战略规划》首先从新型职业农民的培育和农村专业人才队伍建设两个方面保障农业现代化所需人才；其次通过健全激励制度，鼓励和吸引社会人才为乡村振兴提供各类专业服务。在土地要素方面，打破过去的土地权利二元结构，为乡村振兴建设用地提供制度保障。首先，健全农村集体土地管理制度，进一步推进农村集体土地改革的深入。按照现有的农村土地法律制度，村集体组织在使用本村集体土地时权利受到极大的限制，村集体组织与村民对于村庄土地因国家征收改变用途产生的增值几乎没有受益，农户对宅基地的物权制度存在缺陷：只有使用权而无收益权。乡村振兴的经济发展要求产业兴旺，由此产生产业用地需求，需要大量使用集体土地。而现有的法律对于农村土地产权的限制与乡村振兴战略实施过程中的乡村新产业、新业态的培育存在矛盾。因此，在全国“三块地”改革试点以外地区推行改革的有益经验是乡村振兴用地的重要保障。其次，预留新增建设用地指标以专门支持农业农村发展也是有效措施之一，可以解决一定数量的乡村振兴产业用地需求。最后，通过宅基地的“三权分置”利用农民闲置农房，或利用村庄零星分散存量建设用地进行产业建设①。

四、乡村振兴战略中的社会治理

（一）乡村社会

1. 乡村社会的含义

中华人民共和国成立以后，在我国城乡二元结构体系中，与城市相对应的农村和乡村是最经常出现的两个概念。农村的概念表述更多与农业、农民相关，通常指农业生产经营活动的区域，也是农民生产生活的场域。但是，20 世纪 80—90 年代，我国乡镇企业发展兴旺的时候，人们认为“农村”概念不足以概括其与“城市”相对应的内涵，因为当时的农村区域除了农业外，出现大量以乡镇企业为代表的第二、第三产业。于是，“乡村”的概念更多出现。而对于“乡村”概念大多基于地域基础定义。“乡村”的范围按行政区划确定，包括乡（镇）政府所辖的所有村庄的地域范围②。实践中，“乡村”概念除了其客观可衡量的地域空间含义以外，还应该包含更为丰富的内涵。

乡村社会不仅是从事不同产业的主体进行生产、生活活动的空间，还是一个庞大复合的生态网络，是一个交互平衡的社会系统。乡村社会具有独特的中国传统文化价值，而这恰恰成了疏散和化解现代化给人们造成的精神危机的重要精神源泉。因此，从某种意义上说，乡村社会具有相对独立性，而且是一种有机的社会文化生态系统。与城市社会相比较，乡村社会具备鲜明的特质：第一，从空间和物质形态上，乡村社会由村落共同体

---

① 参见《中共中央　国务院印发〈乡村振兴战略规划（2018—2022 年）〉》，载《人民日报》2018 年 9 月 27 日，第 1 版。

② 参见王洁钢：《农村、乡村概念比较的社会学意义》，载《学术论坛》2001 年第 2 期。

构成。乡村社会主要由众多的村庄组成，村庄从地域和生活两个层面形成村民群体的共同性。生活在其中的村民相互之间存在社会经济活动和文化心理发展的密切互动，因此，他们具有共同的社会经济与文化心理特征。第二，从村落或村庄中居民的关系上，彼此之间存在“熟悉关系”。在一个村庄中共同生活的村民之间是熟知关系，而正是这种熟知关系构成“熟悉社会”。在“熟悉社会”中，村民之间的信息是透明的、对称的。由于信息的透明性和对称性，在这个“熟悉社会”中共同生活的人们无须直接互动就可以让彼此知根知底。第三，除了相互之间的熟悉之外，村民之间还存在情感和道义联系。这种联系主要基于血缘或姻亲联系和地缘因素而产生，一般表现为村民们相互之间的人情往来行为。人情往来的联系不仅是维护彼此间情感的需要，也是一种道义和责任，在乡村社会秩序结构中发挥着重要作用。乡村社会最常见的人情往来是参加亲友邻里的红白喜事。红白喜事承办过程中所特有的一些仪式代表了乡村社会世代相传的某些精神价值。农民在文化实践中习得并传承这个古老民族的人生理念、生存智慧和做人之道①。具有以上几个特质的乡村社会从其包含的关系上来说，共同生活在一定边界范围内的村民之间由于密切的生产生活活动而产生的各类关系，村民与村落以外的主体或事宜所产生的关系都属于乡村社会的内容。

除了具有乡村社会的鲜明特征外，新时代乡村振兴战略中的“乡村”也不仅仅包括农业和农民，乡村振兴也不仅仅是农业的振兴和农民物质生活的富裕。“五位一体”在新时代“乡村”的概念中也得到全面的诠释：“产业兴旺、生态宜居、乡风文明、治理有效、生活富裕”②。

2. 当前我国乡村社会现状

改革开放以来，市场经济对乡村社会造成巨大的冲击，我国乡村社会结构与面貌发生变迁，静态的、稳定的、封闭的传统乡土社会被消解，进

---

① 参见贺雪峰：《新乡土中国》，北京大学出版社2013年版，第41页。

② 参见《中国共产党第十九次全国代表大会文件汇编》，人民出版社2017年版，第26页。

入后乡土社会阶段①。

首先，社会流动极大增强使乡村社会主体流失，从而导致乡村社会萧条。改革开放以来，特别是2000年以后，城市对劳动力的需求和乡村产业结构的变化使农村劳动分工加速，非农产业部门吸引着越来越多的农村劳动力。我国中西部地区的大量农村青壮劳动力进入城镇或东南部沿海经济发展快的地区务工。大量劳动力从乡村社会流出导致乡村社会出现前所未有的困境，乡村社会主体大量流失造成乡村的“空巢社会”现象②。“农一代”时期大量青壮劳动力的离开使除了少量的“中坚农民”以外，留在乡村的多数是老人、儿童和妇女。“农一代”年纪大了以后多数选择回到农村生活，而“农二代”由于离开乡村的时候年纪小，多年在城市的生活经历以及对农业生产技能和经验的缺乏使他们大多不愿再回乡村生活。主要劳动力的流失导致乡村社会出现“空巢”现象，老人和妇女成为社会生产生活的支撑力量，由此导致我国中西部广大乡村社会的普遍萧条。

其次，乡村社会出现农民分化。社会流动性带来的农村劳动力转移使农民在职业、收入等方面出现明显分化，从而深刻影响农村社会阶层的分化。流动性的增强使农民不再仅仅依靠土地谋生，从而改变了传统的农户生计模式。越来越多的农民家庭收入的主要组成部分不再来自农业生产所得。其中有少数农民在走向城市的过程中实现财富梦，成为各类企业家，基本与农业和农村脱离。大部分有劳动能力的青壮年进城务工，将承包土地流转给其他农户或专业的农业生产经营主体，务工收入是家庭的主要收入来源。留在乡村的农民中有些成为个体工商户，将承包土地流转后不再从事农业生产，通过工商业活动获得较高收入。继续从事农业生产的少部分农民通过土地流转进行适度规模经营从而成为种养大户，获得较高的收

① 参见陆益龙：《后乡土性：理解乡村社会变迁的一个理论框架》，载《人文杂志》2016年第11期。

② 参见陆益龙：《农村的劳动力流动及其社会影响——来自皖东T村的经验》，载《中国人民大学学报》2015年第1期。

入。其余留守乡村的农户大多由于身体健康或年龄原因不能进城务工而选择继续经营承包地，他们是乡村社会中收入最低的人群，贫困户在其中占比很大。无论是中西部还是东部沿海乡村社会，农村劳动力流动的表现形式基本相同，都属于以上几种情况。不同的是，中西部地区大部分农民离开家乡，生产生活都在异乡，而东部沿海地区乡村的农民是打工不离乡，白天进城或进厂打工，晚上或休息日的生活仍在村庄。在以上几类农户主体中，家庭收入高的企业家、个体工商户和种养大户的占比不高，打工农户和传统农业种植户是乡村社会的主体。常年在农村生活、数量较大、通过传统农业生产获取家庭收入的农户群体恰恰是乡村社会最低的阶层，他们的影响力也最小。数量占比不大、收入较高的企业家、个体工商户和种养大户位于乡村社会的最高层，成为现代乡村精英，对村庄事务的影响力最大。而中西部乡村地区外出打工的农民由于常年不在村庄，几乎很难参与村庄的各项活动。东南沿海乡村的打工农户具有较稳定的家庭收入，常年生活在村庄，对村庄社会活动具有一定的影响力。由于劳动力流动引起的乡村社会阶层分化导致乡村社会的利益更为复杂，使农民意愿诉求呈现多元化、行为方式多样化，因此，当前乡村社会的发展和治理都面临新困难及挑战。

最后，村庄和农民的原子化。经过巨大变迁的乡村社会，传统“熟人社会”的特征已显著弱化。原本作为社会主体的大量青壮劳动力长期缺席，使当前的乡村社会已经异化为“无主体熟人社会”①。流动性增加使过去以共同地缘、血缘联系为基础的乡村社会关系维系机制遭到冲击，乡村成为“半熟人社会”②。村民相互之间的、村民与村庄的社会关联度降低，村庄共同利益和村庄共同体本身被弱化，原本在乡村社会存在的经济和合作与制约机制被瓦解。村民成了“理性小农”，村庄成了单独的个体。市

---

① 吴重庆：《从熟人社会到“无主体熟人社会”》，载《读书》2011 年第 1 期。

② 参见贺雪峰：《论半熟人社会——理解村委会选举的一个视角》，载《政治学研究》2000 年第 3 期。

场经济在活跃乡村市场的同时，强化了农民个体意识，对乡村社会传统的价值观、道德观造成极大的冲击，促使乡村社会原子化程度加深。

（二）乡村振兴战略中的乡村社会治理体制

从运行意义上说，乡村社会治理是指特定主体对乡村社会实施的管理。我国乡村社会治理与国家以及政府治理紧密相关。根据党的十九大对社会治理体制提出的要求①，2018 年中央一号文件再次强调乡村社会治理必须“建立健全党委领导、政府负责、社会协同、公众参与、法治保障的现代乡村社会治理体制”②。从宏观权力运行层面说，国家作为乡村的根本治理主体，是在党执掌政权的前提下，通过各类国家机构的具体运行来实现。国家权力以项目、下派第一书记、加强农村基层党建、财政支付村干部报酬等方式全面进入乡村社会。③ 国家立法机构制定直接或间接有关乡村社会治理的法律规范，国务院及各级行政机构通过制定行政法规和各级行政规章、通过行政权力的行使执行法律、法规及各级党和政府的各种规范性文件具体实践国家对乡村社会治理，而司法机构则代表国家在乡村社会行使司法权力。因此，具体代表国家对乡村社会行使治理权力的是乡村基层政府和司法机关。除了代表国家对乡村社会进行治理的主体以外，村民自治组织及其他社会组织、乡村居民都是我国乡村社会治理的重要主体。我国乡村社会治理主体是由发挥领导作用的党委、承担主导责任的政府以及协同治理的社会组织和参与治理的公民等组成的多元治理体系。

根据党和国家关于乡村社会治理体制的设计，对于乡村社会治理主要涉及以下几个方面：作为治理领导主体的基层党组织如何加强自身建设和

---

① 参见党的十九大报告提出“加强社会治理制度建设，完善党委领导、政府负责、社会协同、公众参与、法治保障的社会治理体制，提高社会治理社会化、法治化、智能化、专业化水平”。

② 参见《中共中央　国务院关于实施乡村振兴战略的意见》，载《人民日报》2018 年 2 月 5 日，第 1 版。

③ 参见景跃进：《中国农村基层治理的逻辑转换——国家与乡村社会关系的再思考》，载《治理研究》2018 年第 1 期。

改善领导方式、作为治理主要责任主体的基层政府如何完善自身和为乡村社会提供完备的公共服务、作为村民自治主体的村民委员会（以下简称村委会）如何真正体现广大村民的主体地位进行自治、各类乡村社会组织和个人如何通过合法的途径参与乡村社会治理。从乡村社会治理的具体方面看，涉及公共服务的提供、治安的保障和纠纷的解决等方面，而且这些方面相互之间紧密联系，在治理内容上相互交叉、在治理效果上相互影响。无论是从乡村社会治理主体及其活动，还是从乡村社会具体的治理领域和内容出发，所有治理主体在具体治理领域的所有治理活动都必须依法进行。因此，党的十八届三中全会、四中全会、十九大报告、2018 年至 2024 年中央一号文件及《战略规划》中反复强调法治对于乡村社会治理的保障作用。

五、小结

我国乡村社会治理法治化涉及国家治理理论、法治理论以及党和国家关于乡村发展的思想和政策。国家治理现代化是当前乡村社会治理的大背景，法治是现代化的重要标志之一，中国特色社会主义法治既是实现国家治理现代化的重要途径，又是国家现代化的重要目标。在当前党和国家关于城乡关系定位开始转型的城乡融合发展阶段，乡村社会发展政策也发生了巨大的变化，乡村振兴成为新时代我国乡村发展的重大战略。乡村振兴战略的有效实施需要始终贯彻和充分运用治理现代化和法治理论。现代化的乡村社会治理既是乡村振兴的重要目标之一，又是国家治理现代化的重要内容。乡村社会治理现代化建设运行于全面推进依法治国的进程中，因此，法治化治理成为乡村社会治理的必然选择。

第二章　治理法治化：新时代乡村社会治理的有效应对

中华人民共和国成立至改革开放，从严格意义上说，我国不存在乡村社会的治理。在此期间，国家实现了对乡村社会的解构和统合。新中国政权建立的同时，党通过1950年《土地改革法》的颁布、马克思主义思想和文化的传播、乡村社会基层政权的建立，从经济、政治和文化各层面对乡村社会进行了全方位的解构。国家通过人民公社制度实现对生产资料集体所有，从而全面控制国家命脉。与此同时，反复调整乡村行政管理层级，最终形成严密且强大的行政控制体系，即“公社、生产大队、生产小队”三级权力机构设置。农民被高度组织化，乡村社会完全失去自主空间和领域，国家全面统合了乡村社会。因此，真正意义上的乡村社会治理是在改革开放以后，随着“乡政村治”的确立才拉开序幕。

一、改革开放40余年来我国“乡政村治”的乡村社会治理模式

乡村治理模式由国家与社会关系的定位所决定。改革开放以后，国家权力在一定程度上从乡村撤出，建立

起“乡政村治”的治理机制。改革开放40余年来，国家在“乡政村治”模式下对乡村社会的治理还受到一个关键因素，即城乡关系的重大影响。在不同的城乡关系定位中，国家“乡政村治”模式对乡村社会治理具体实施的措施完全不同，在不同的政策措施下乡村社会治理呈现出完全不同的状态。

（一）“乡政村治”模式的确立

1. “乡政村治”的制度和秩序背景

“乡政村治”受到两个方面因素的影响：一是传统乡土中国的制度与秩序遗产，二是中华人民共和国成立以后中国共产党领导全国人民改造中国乡村社会所创设的制度与秩序结构。

传统乡土中国的乡村社会治理秉承“县政村治”，县级政权是国家政权的最基层。乡村社会治理不受国家政权干预，国家也不为乡村提供基本公共服务。家庭作为世代封闭、彼此熟悉的社会基本单元，成为传统乡村社会秩序的“稳定器”。在传统乡土秩序中，人们遵从世代相传的“社会公认的合式规范”，非正式制度起决定作用。亲属和血缘构成乡土社会人际关系网络的基础，宗族和家族是社会治理的基本主体。此外，乡绅精英作为连接国家与乡村的桥梁，在乡土社会治理中具有不可或缺的地位。一方面，他们作为政府联盟者，协助国家实现乡村资源的合理获取，同时推动国家治理延伸至乡村。另一方面，乡绅精英承担地方公益事业的职能，他们利用非正式规则和个人威望教化乡里，以维持乡村社会秩序。

中华人民共和国成立以后，党通过建立政权和基层党组织完成对传统乡村社会治理结构的重构，实现国家政权全面控制乡村社会的秩序。中华人民共和国成立之初，党对乡村社会进行政治整合，完成“政权下乡”。随后进行的合作化运动开始了“政党下乡”。合作化运动的目的在于将农民组织起来，已经在乡村建立起来的政权体系中的少数人员远远不能完成组织农民的艰巨任务。中国共产党组织从乡向村庄延伸正是在合作化运动中完成的，在合作社的推进过程中，行政村和合作社都建立了党的组织。人民公社通过生产资料的集体所有实现政党和政权对乡村经济权力的集中，集体组织取代了乡土社会的家庭成为乡村经济活动的基本单位；通过人民公社的科层制设置和标准化管控，实现对乡村社会的“命令—服从”式治理①，村庄自治功能逐步消亡，国家与乡村的关系发生了巨大的变化；通过对乡村居民的公社社员身份改造，使农民身份国家化，失去地缘、亲缘区分，宗族、家族的认同也被弱化。农民成为集体组织社员的同时，农民家庭的内部关系都被公社规范制约，政治权力渗透到每个乡村社会居民家庭；通过人民公社功能的扩展加强中国共产党和基层政府对乡村的掌控程度。

2. “乡政村治”的确立

国家在人民公社期间建立的对乡村社会的强控制秩序，极大破坏了农村生产力，导致农村经济萧条，成为乡村社会发展的制度障碍。我国农村社会的改革进程起始于 1978 年党的十一届三中全会的召开并审议通过《中共中央关于加快农业发展若干问题的决定（草案）》。中共中央关于集体经营的表述经历了从严禁单干②，到允许特定地区的单家独户干③，到可以单干④，再到确认承包经营的社会主义性质，直至最终通过法律确认家庭承包制度。从乡村社会治理角度看，家庭单位在农业生产中的回归直接导致人民公社的解体。农地承包合同代替集体组织使国家直接获得农产品，国家也不再严格控制产出和乡村社会居民，因此政社合一的体制也就没有必要继续存在。1982 年通过的《宪法》明确规定乡（镇）政府是国

---

① 参见徐勇：《政权下乡：现代国家对乡土社会的整合》，载《贵州社会科学》2007 年第 11 期。

② 参见《中共中央关于加快农业发展若干问题的决定（草案）》，载《新疆林业》1979 年第 6 期。

③ 参见《中共中央关于加快农业发展若干问题的决定》，载中国经济网，http：//www. ce. cn/xwzx/gnsz/szyw/200706/07/t20070607_ 11631290. shtml。

④ 参见《中共中央印发关于进一步加强和完善农业生产责任制的几个问题的通知》，载《山西政报》1981 年 6 月 25 日。

家在乡村基层的政权组织并对其作出了具体的职权规定，包括乡（镇）政府的各职能部门对村级组织的各对应工作具有指导责任①。1983 年《中共中央、国务院关于实行政社分开建立乡政府的通知》，明确而具体地对乡（镇）政府的建设提出要求。到 1985 年年底，我国乡村全部完成重新设置乡级政府的工作②。

在全国普遍建立乡（镇）时，村庄的治理出现瘫痪状态。在改革开放之前，国家强控制秩序虽然压抑了长期在乡土社会发挥重要作用的伦理规范与非正式制度，但是它们并未消亡。1982 年，村庄民众自行成立组织进行自我管理的形式在广西首次出现，为我国建立“村治”奠定了基础，这种组织形式很快在全国得到了推广。1982 年《宪法》将村委会确定为“群众自治组织”，至此，“乡政村治”的乡村社会治理体制以国家根本法的方式得以确立。1987 年通过的《村民委员会组织法（试行）》对村民自治的制度与原则进行具体明确，为其实施提供了可操作性更强的依据。1998 年，在充分考察《村民委员会组织法（试行）》实际执行情况的基础上，经过修正和补充，全国人大常委会审议通过了《村民委员会组织法》。在《村民委员会组织法》颁布以后，全国各地都进行了相关地方性法规的建设。③ 为进一步完善村民自治制度，中共中央和国务院于 2004 年就村庄民主管理和村务公开制度的完善专门印发了《中共中央办公厅、国务院办公厅关于健全和完善村务公开和民主管理制度的意见》，2010 年，全国人大常委会在村民自治 10 多年实践的基础上，完成了《村民委员会组织法》的修正。

在《宪法》相关原则性规定的指导下，《村民委员会组织法》作为基

---

① 1982 年 12 月 10 日第五届全国人民代表大会第五次会议修订《地方各级人民代表大会和地方各级人民政府组织法》。

② 参见张厚安：《中国特色的农村政治——“乡政村治”的模式》，台北，桂冠图书股份有限公司 1998 年版，第 15 页。

③ 参见张金才：《新时期中国农村法制建设的主要成就》，载《重庆行政（公共论坛）》2011 年第 1 期。

本法，《中国共产党章程》和其他党和国家的规范性文件作为指南，大量地方性法规以及行政规章作为具体实施依据，与村民自治章程和村规民约共同组成“乡政村治”的乡村社会治理模式所依据的规则体系。该制度体系明确乡村社会治理的领导主体是乡村基层党组织，实施主体是乡（镇）政府和村委会，并且基本划分了各主体之间的关系和权力。同时，确立了村民自治方式是乡村社会治理的基本形式，为乡村居民权利的实现提供了保障。

（二）“乡政村治”模式下“乡”和“村”的治理

任何国家，无论在任何发展阶段，只要需要将土地纳入其生产方式的，就必须在政治、经济，甚至更为重要的文化问题上解决城乡关系问题。同样，不管一个国家采用什么形式的乡村社会治理模式，其宏观上对城乡关系的不同定位将直接影响乡村社会治理的效果。在不同时期，治理状态也呈现出不同形式。

1. 农业税费改革之前“乡政村治”模式的运行

（1）“乡政”与农民关系紧张

家庭承包责任制极大地释放了改革开放初期农村生产力的潜力，促进了农村经济在短时间内得到了较快的发展。与此同时，国家通过乡（镇）政府向农民征收农业税费。乡（镇）政府由于履行法律规定的乡村社会经济、社会、文化等各方面的行政管理职能需要设立了“七站八所”。但是，维持乡（镇）政府庞大体制运行的财政问题由于当时尚没有给予足够的保障，还需要乡（镇）政府通过自身发展经济和进行摊派权加以解决。因此，乡（镇）政府作为国家代理人向乡村社会征收农业税费的时候，在国家规定的农业税之外，还增加额外的摊派，从而出现所谓的“头税轻、二税重、三税是个无底洞”① 现象。“头税”是上缴给国家的农业税，“二

① 吴理财：《中国农村社会治理40年：从“乡政村治”到“村社协同”——湖北的表述》，载《华中师范大学学报（人文社会科学版）》2018年第4期。

税”是国家允许乡（镇）政府征收并留在乡（镇）和行政村的“三提五统”，“三税”是乡（镇）政府和村干部在政策以外“搭便车”的罚款、乱摊、收费。“三提”即“公益金、管理金、公积金”是村级组织的提留，“五统”即用于乡村教育、道路建设、民兵训练、计划生育、优抚的统筹费是上交乡（镇）政府的。“三提五统”虽然是国家允许征收的费用，但是具体征收标准国家并没有统一，而是由各乡村酌情自定并按需要向农户均摊。在乡村经济发展缓慢，特别是20世纪90年代末期乡（镇）衰落的时期，各乡村普遍提高“三提五统”，甚至征收各种形式的“三税”，导致农民的税费负担大大加重。特别在农业收益不好的年份和地区，村干部完成税费征收任务的压力更大。因此，村干部使用不恰当手段收费的现象非常普遍。

(2)“村治”名不副实

虽然国家通过法律明确村委会是乡村基层社会民众自治组织，不属于国家行政机构的组成部分，但是党和国家规范性文件的具体规定和“乡政”实践都体现了村民自治组织的行政化。虽然国家先后多次下发文件对乡村两级治理主体的职权进行规范，但在实践中，乡（镇）政府出于“乡政”方便考虑不依法按时组织、指导村委会换届选举。在农业税费较重、农民与乡（镇）关系紧张时期，村干部充当乡（镇）政府的代理人向农民征收税费，甚至趁机谋取私利。有时还采取暴力征税，造成村干部的角色冲突和权威下降，与村民关系疏离。

(3) 乡（镇）撤并与乡（镇）机构改革

农业税费征收所引起的乡（镇）政府与农民的紧张关系以及乡村社会矛盾激化，主要有两个方面的原因：一是农业税费总量多，二是征收人员的不规范行为。这两个原因可以归结到一个主体，即乡（镇）政府，其失范行为是造成农民不满的根本因素。首先，农业税费中上缴国家的农业税本身数量并不是很大，占农民收入比重不是很高。农民实际缴纳的总量繁重的农业税费中大多数是“二税”和“三税”。其次，乡（镇）政府行政机构庞大、人员冗余所带来的财务压力是其提高“五统”征收标准的重要原因之一。因此，中共中央于1986年在全国展开乡（镇）撤并、精简机构和人员的乡（镇）机构改革，到1993年人员精简了42%[①]。1999年对乡（镇）开展进一步改革：适度撤并乡（镇）、再次精简财政供养人员、大量裁撤事业编制。2000年12月，中共中央、国务院专门下发相关文件要求加强编制管理，控制乡（镇）政府机构人员膨胀[②]。到2005年年底，乡（镇）精简工作取得了显著的效果。此外，在2006年1月，农业税被全面废止。

2. 取消农业税费以后的“乡政村治”模式运行

（1）国家对乡村社会的“少取多予”

取消农业税费是在国家对城乡关系定位发生重大转折的大前提下作出的重大举措。2002年党的十六大提出“统筹城乡经济社会发展”[③]，2003年国家提出“统筹城乡”概念，[④] 城乡统筹首先需要解决的是消除多年来城市发展过程中从农村获取资源的不合理模式。国家于2002年开始在20个地区推行农村税费改革试点，2003年已经在全国范围内普遍推广，并于2005年12月通过法律方式明确规定从2006年1月1日起全面废止农业税。[⑤] 在农业税费改革推行的过程中，乡村社会义务教育费用改革也同步开展。2003年，财政部对中西部乡村义务教育进行补助，到2004年，“一费制”全面推广，到2007年在全国乡村学校推行义务教育学杂费免除，直至2008年全面实现乡村义务教育的“两免一补”。2009年国家开始对义

---

① 参见刘守英、熊雪锋：《中国乡村治理的制度与秩序演变——一个国家治理视角的回顾与评论》，载《农业经济问题》2018年第9期。

② 参见《中共中央办公厅　国务院办公厅关于市县乡人员编制精简的意见》，载360文库，https://wenku.so.com/d/fd8364611ad66e9f261dd341c8c14257，访问时间：2024年5月2日。

③ 参见《全面建设小康社会，开创中国特色社会主义事业新局面》，载《人民日报（海外版）》2002年11月9日，第3版。

④ 参见《中共中央关于全面深化改革若干重大问题的决定》，载《人民日报》2013年11月16日，第1版。

⑤ 参见《全国人民代表大会常务委员会关于废止〈中华人民共和国农业税条例〉的决定》，载《中华人民共和国全国人民代表大会常务委员会公报》2006年1月15日。

务教育阶段以外的乡村学生或涉农专业加大教育财政投入。国家在采取各种政策措施减轻农民负担的同时，增加对乡村社会的财政投入，最为典型的表现是农业补贴范围不断扩大、补贴资金数额不断增加。

(2)“悬浮”于村庄治理之上的“乡政”

在农业税费改革完成之时，国家通过撤并乡（镇）、压缩乡（镇）人员编制，已经基本实现乡（镇）机构及其人员的精简。农业税费改革以后，国家削弱了乡（镇）政府的财权、人事权、事权。农业税费的全面免除，也切断了原属于乡（镇）政府和村级组织的“三提五统”资金来源，使乡（镇）和村两级收入减少。自2006年开始，国家推行“乡财县管”制度，乡（镇）财政国库被撤销，乡（镇）财政的支出标准、范围、顺序由县级财政部门确定，乡（镇）工资福利政策和标准与县级统一并由县财政负责，乡（镇）政府财税自主性几乎被消解；撤并乡（镇）和乡（镇）机构改革的直接后果不仅仅是乡（镇）数量大大减少，而且原先的乡（镇）事业站所（“七站八所”）被整合，乡（镇）的人事权被大大削弱；在财权和人事权弱化的同时，乡（镇）政府的事权也不断向县级部门集中。乡（镇）政府的机构框架和编制按照县级政府的部门组成框架进行设置，实现垂直管理，事实上，乡（镇）政府已经成为县级政府的派出机构。很多必须由乡（镇）政府实践操作才能完成的乡村事务的审核权均属于县级部门，如征地拆迁、投资项目、农业补贴发放等，乡（镇）政府只能在县级部门的指令下配合开展工作，但这些工作离开乡（镇）部门又无法完成。

随着乡（镇）政府财权、人事权和事权的弱化，乡（镇）政府的乡村控制能力和行政功能也不断下降。机构精简以后原来由乡（镇）政府事业单位“七站八所”提供的公共服务现在通过“政府购买，市场招标”完成。“乡财县管”制度虽然减少了制度性寻租机会并为乡（镇）机构运行和人员工资发放提供了保障，但同时也使乡（镇）政府失去为社会提供地方公共服务的激励。动力和财力的缺失使乡（镇）在乡村公共服务的提供方面出现缺位。县级政府对乡（镇）政府财权、人事权、事权的控制，使乡（镇）政府与农民直接交集的动力和机会逐渐变少。乡（镇）政府对社会“治理”的缺位造成“悬浮”在乡村社会之上的“乡政”。国家对于乡（镇）政府的财权、人事权和事权的安排解决了乡（镇）政府的财政保障问题和乡（镇）政府与农民之间的紧张关系，但同时也削弱了乡（镇）与村级组织的财政自主权，使国家对乡村社会的治理成本上升，绩效反而下降。

（3）“村治”呈现复杂态势

从形式上看，村民治理越来越正式化。首先，村委会和党支部产生正式化和规范化，参选率提高。参选率的提高得益于两个方面的原因：一方面，几十年的“海选”推广使村民在村庄选举中的政治效能普遍得到提高。另一方面，乡村基层组织到位的选举动员工作和乡村精英积极参与候选人选举过程中的竞争性动员使大部分村民都参与投票。在选举程序方面，大多数村庄能严格遵循秘密选举原则。在外出打工人口较多的村庄，按照法律和政策的规定进行委托投票。对于村党支部委员会（以下简称村党支部）的选举，全国各地农村按照2002年国家下发的《中共中央办公厅、国务院办公厅关于进一步做好村民委员会换届选举工作的通知》普通村民而不仅仅是党员村民对村支部书记的产生也具有发言权，即村支书的人选必须先经过村委会选举，被村民认可的党员才能被推荐为党支部人选，否则，不能参加村支书的选举竞争。其次，村级组织越来越正式化。从村干部组成上看，其不断岗位化和正规化，越来越多的非本村村民成为村庄干部，包括各级政府委派的扶贫干部、包村干部等政府工作人员和大学生村官。从村组织的财政支出看，村级组织办公支出和村干部的薪金均由国家财政直接负担。① 为了使村庄治理主体成员安心投入村庄治理工作，

① 参见《关于完善村级组织运转经费保障机制促进村级组织建设的意见》，载中国农村综合改革研究中心网，http：//znzg. xynu. edu. cn/a/2017/07/11332. html，访问时间：2018年8月12日。

国家规定村干部的工资补贴不得比当地农民实际平均收入水平低。[①] 最后，村级财务统一管理。2006 年，“村级会计委托代理服务” 在我国村治中得到广泛推行，以促进村级财务监管工作的 “经常化、规范化和制度化”[②]。2008 年，财政部规定对村级财务以及资金进行 “双托管”，进一步完善村庄财务代理服务制度。“双托管” 要求对资金账户、报账时间和程序、会计核算、档案五个方面进行统一管理。[③] 2010 年，中央纪委联合其他三个部委发布《关于进一步加强村级会计委托代理服务工作指导意见》，强调会计委托代理服务是村庄财务管理的有效模式。村级会计委托代理服务一般由政府在每个乡（镇）设立会计委托代理服务中心，对本乡（镇）区划内所有村庄的财务进行统一管理。

与规范化、正式化的村庄治理形式对比，村庄治理效果并没有产生国家和广大乡村社会居民希望的成效。首先，国家对乡村社会所增加的巨量财政投入并没有产生相应的绩效。对乡（镇）政府财权、人事权和事权的加强管理实现了国家对乡村社会的直接治理。一方面，直接治理的实现并没有降低国家在乡村社会治理过程中产生的成本。国家财政需要负担乡（镇）政府及村级组织机构的正常经费和工作人员的工资费用。同时，直接治理导致维稳成本的上升。绕开乡（镇）政府实现对乡村社会直接治理的国家主体难以有效处理乡村社会居民现实面临的各种矛盾冲突。当乡村社会出现不公平和矛盾时，农民期望通过国家满足其各种需求，认为只有国家才能制订出符合自己意愿的矛盾解决方案，因此，信访和参与群体事件成为乡村社会居民遭遇不公平待遇时经常选择的维权方式。另一方面，进入城乡统筹、城乡一体化发展阶段以后，国家在取消农业税费的基础

---

① 参见《中组部下发〈关于加强村党支部书记队伍建设的意见〉》，载《农村财务会计》2009 年第 5 期。

② 参见《国务院关于做好农村综合改革工作有关问题的通知》，载《中国财经审计法规选编》2006 年第 23 期。

③ 参见《财政部关于开展村级会计委托代理服务工作的指导意见》，载《中国农业会计》2008 年第 12 期。

上，逐年加大对乡村社会的财政投入，但这些投入并没有产生预期的绩效。城乡统筹以后，国家财政投入在完善乡村社会公共服务方面取得了有目共睹的成效，但是，对于农业与农民的补贴以及惠农政策的实施，产生的绩效却不尽如人意。各种惠农支农项目的审批权在于乡级政府，但是，县级相关部门缺乏对项目实施过程的监督和评估。因此，有些项目资金被转变用途，甚至有些项目造成寻租和腐败，由此导致国家对乡村社会财政投入的实际绩效降低。

（4）“村民自治”面临新的挑战

首先，村委会的行政化色彩越来越浓。村级组织财务由乡（镇）政权接管的同时，乡（镇）政府下达的村级治理任务主要以行政任务为导向，村级组织的社会管理及服务功能被削弱、内生性权威出现退化，行政化倾向越来越明显。同时，村干部的工资及补贴由乡（镇）政府确定，乡（镇）政府对村干部完成乡（镇）下达工作的情况进行考核，并以此作为村干部工资补贴的发放依据。乡（镇）政府对村庄财权和村干部考核权的掌握决定了其对村庄的支配性。另外，政府下派的大量驻村干部和“大学生村官”也加重了村级组织的行政化，对村民自治的“内生性”产生消解作用。

其次，村庄自治主体代理人的组成呈现复杂化。村民选举的规范化使参与村庄自治代理人竞争的主体出现多样化。随着城乡统筹的推进，国家在乡村社会越来越多的投入使作为村级治理主体代表人的村干部的含金量越来越高，各类型在乡村具有一定影响力的主体参与村干部竞选的积极性越来越高。一是宗族势力重新返回村庄治理的舞台。改革开放以后，国家权力对乡村社会掌控强势的退场和家庭承包责任制带来的家庭本位的回归，促使宗族势力在乡村社会得以复苏。典型的体现是村庄民主制度推行过程中，大宗族通过选举掌握村庄的正式权力。调研中发现，在中西部地区的广大农村，村庄中存在大姓或大族的，村支书、村主任多数情况下来自其中，村党支部委员会和村民委员会（以下简称村两委）的其他干部来自大族、大姓的比例远高于小族、小姓比例。宗族借助村民选举控制村庄权力，主导村庄各项事务。二是现代乡村精英参与村庄治理。当前乡村社会公共产品主要通过国家财政以项目制方式下达的资金来解决。项目制是村庄申报，县级相关部门审批。一个村庄能否获取项目关键看村干部的能力。村民都希望项目能进村，完善村庄的公共设施和服务，至于项目进村后的具体实施过程村民普遍不关心。因此，村干部拿项目、跑资源与村民无关，拿到项目后资源在转移过程中形成的乡村利益共同体也与村民无关。那些具有一定社会影响力和经济实力的乡村精英是项目制下村庄治理的最佳代理人。他们凭借个人能力和社会关系能够使项目进村，让全村百姓都能因公共设施、服务完善而获益，同时，精英们作为项目实施过程中所形成的利益共同体的成员个人也能因此获益。在国家向乡村社会转移支付数额持续增加的大背景下，越来越多的现代乡村精英被作为新乡贤、新乡绅，他们愿意借助村民自治平台参与乡村社会治理。而由于多方面因素的共同作用，这些乡村精英往往能够在民主选举中获得成功，成为村庄治理的代表。三是其他势力介入村庄治理。除了宗族和乡村精英外，对于村庄秩序具有一定影响力的还有乡村社会帮派势力。在我国乡村社会转型期，传统的乡村秩序被破坏，国家控制力缺场的情况下，有些地区的乡村社会成为各种帮派活跃的舞台。乡村帮派的暴力性严重破坏了乡村秩序，同时损害了党和政府在乡村的根基。

二、“乡政村治”治理模式下乡村社会法律治理基本状态

“乡政村治”模式在我国乡村社会确立和完善的时期也正是法治建设得以确立和发展的重大历史阶段。改革开放以后，国家经济、社会等各方面发展步入正轨的同时，法律在国家治理中的重要地位得以恢复，法律治理伴随着国家立法、司法和行政机构及其活动也进入乡村社会。社会治理法治化的实现需要经历一个相对较长的过程才能逐步趋于完善，对于我国具有几千年非正式规则和制度传统影响的乡村社会的法治化更是需要足够

的耐心。党和国家对乡村社会的法律管理方式一方面随着“乡政村治”模式的建立和完善过程同步发展，另一方面通过立法、司法和乡村社会特定领域的活动重点推进。改革开放至党的十八大召开，我国乡村社会的法律治理工作处于新时代乡村社会法治建设的重要发展阶段，为我国实现乡村社会治理法治化奠定了基础。

（一）国家立法关于乡村社会治理的法制建设

通过“乡政村治”模式的运行进行法律治理之外，“法律下乡”还经由国家立法和司法活动实现。1978 年党的十一届三中全会不但提出国家工作重心转移至经济建设，还确定了社会主义法制工作的原则，[①] 社会主义法制创设工作从此拉开序幕。其间的“一日七法”、全面修宪等重大立法事件，也历经了党的十四大以后大量规范市场经济关系的法律创设和党的十五大之后以“依法治国”为中心的具有中国特色的法制建设。到 2011 年 3 月，我国以拥有国家制定法 240 部、国务院制定法 706 部、地方性法规 8600 多部的成果宣告中国特色社会主义法律体系形成。[②] 在这个庞大的法律体系中，大部分涉及乡村社会关系的调整，对乡村社会居民的日常生产生活和交往活动具有规范作用。专门调整乡村地区生产生活和社会关系的法律法规是我国法律体系中的重要组成部分。到 2014 年 8 月，国家制定的现行有效的农业专门法律有 25 部、涉农行政法规有 76 部、地方性农业法规有 1300 多部。[③] 2014 年 8 月至 2024 年 7 月，新增涉农法律 10 部：《反家庭暴力法》《土壤污染防治法》《耕地占用税法》《家庭教育促进法》《民法典》《乡村振兴促进法》《湿地保护法》《黑土地保护法》《粮食安全保障法》和《农村集体经济组织法》；新增涉农行政法规 10 多部：《居住证暂行条例》《全国社会保障基金条例》《农田水利条例》《保障农民工工

---

① 党的十一届三中全会提出“有法可依、有法必依、执法必严、违法必究”。

② 参见刘振伟：《努力提升我国农业法制建设水平》，载《农村工作通讯》2014 年第 19 期。

③ 参见刘振伟：《努力提升我国农业法制建设水平》，载《农村工作通讯》2014 年第 19 期。

资支付条例》《农作物病虫害防治条例》《排污许可管理条例》《地下水管理条例》《社会保险经办条例》《生态保护补偿条例》《节约用水条例》等；新增涉农地方性法规近400部。① 这些法律法规涉及农业生产以及村民自治活动、保护乡村生态环境和保障农产品质量安全等各方面。除了国家立法机关制定的法律外，数量更大的行政法规和地方性法规在我国乡村社会发挥了更加直接和具体的调整作用。这些法律法规将整个乡村社会主体和活动都纳入国家法律体系中。

（二）“乡政”和“村治”实践中的法律治理

1982年《宪法》对“乡政村治”的治理机制予以根本法层面的确认。1984年人民公社制度在乡村被正式解散，全国各地建立乡（镇）政府。专门的政府法律机构随着乡（镇）政府在我国广大乡村社会普遍成立。公安派出所同时恢复设立，以保障乡（镇）辖区内的社会治安。司法所在乡（镇）一级政府普遍设立，以专门助力法律事务，有的乡（镇）政府还在村级组织内设立治安调解岗位，作为正式法律机构的补充。1997年党的十五大确定的依法治国重大方略、依法行政理念逐渐向乡村社会渗透。与“行政下乡”时期主要以政策、上级指示或者领导个人意志为依据不同，依法行政原则成为乡（镇）政府行政活动的基本原则。虽然乡（镇）政府依法行政原则的贯彻和执行还存在很大的完善空间，但是在“依法治国”方略提出后的15年间，乡（镇）基层的法治政府建设和依法行政实践取得了巨大的进展，成为乡村社会治理法治化的重要内容和保障。

从1988年《村民委员会组织法（试行）》的通过，到1998年《村民委员会组织法》的正式出台，全国各地乡村社会居民进行了村民自治制度的运行摸索。村民自治制度的实践过程，也是乡村居民通过村委会的民主选举活动直接体现权利实现、法律实施的过程。乡村社会广大民众的权利

① 参见《国家法律法规数据库》，载中国人大网，https://flk.npc.gov.cn/fl.html，访问时间：2024年5月29日。

及法律意识普遍得到很大提升。每三年一次的村民委员会换届选举活动都是对村民民主参与、依法行使权利意识的培育和加强，我国乡村社会的民主选举参选率已经极高。随着国家通过制定各种形式的规则对村民自治制度的完善，[①] 村民拥有更多的机会及途径切实行使民主决策、管理以及监督权利。村民自治制度的确立以及实施是改革开放以后党在乡村社会进行法律途径治理的最典型表现，也产生了明显的效果。

（三）乡村社会的法律治理专项活动

我国乡村社会的法律治理还包括全国法治建设中推行的专项活动在乡村社会中的特定表现。党的十八大之前我国乡村法律治理活动主要有严打、普法活动和治安管理。这些法律治理活动主要由乡村社会基层司法部门实施，包括公安派出所、乡（镇）司法所和人民法院派出的人民法庭的执法司法活动。从严格意义上说，以上三个部门只有人民法庭是真正意义上的司法机构。由于公安部门具有的行政和司法双重属性，公安派出所可以被视为与乡（镇）司法所一样，其行使职权行为属于广义的“乡政”范畴。但是乡（镇）派出所、乡（镇）司法所以及人民法庭在乡村社会法律治理中存在一个共同之处，即这几个机构在乡村社会法治化治理中都有本机构专门负责的重点领域。社会治安管理是乡村社会稳定和谐的保障，派出所作为基层执法机构对乡村社会治安承担主要责任；乡村社会普遍法律意识的提升是乡村社会治理法治化的思想意识前提，改革开放以来乡村地区历次普法工作主要由司法所承担；人民法庭作为我国司法机关的基层派出组织是农村社会纠纷解决的重要主体。改革开放以后，国家在乡村社会发起的法律方式治理的几种主要活动中，整合了乡村基层各司法机构的力

① 2004年，中共中央、国务院印发《关于健全和完善村务公开和民主管理制度的意见》；2009年，中共中央、国务院印发《关于加强和改进村民委员会选举工作的通知》；2010年，全国人大常委会对《中华人民共和国村民委员会组织法》进行修改；2012年，中央纪委、中央组织部、民政部等十二部委联合印发《关于进一步加强村级民主监督工作的意见》。

量，甚至发动广大乡村社会群众力量，集中资源进行治理，取得了社会效果，加快了乡村社会法治化治理的进程。

1. 法律治理的“严打”

改革开放至党的十八大，我国分别于1983年、1996年、2001年和2010年进行了四次“严打”活动。1983年，在国家展开“严打”之前，乡村社会治安已经恶化。家庭承包责任制实施以后，村民摆脱了国家及集体高度控制的同时，土地对农民的束缚作用也大大削弱。承包土地以后的农民主动性、积极性极大地提高，使乡村社会出现劳动力的剩余。当时乡村社会游荡着大批20世纪60年代出生的年轻人，他们一方面不愿意种地，另一方面没有正当职业，争狠斗勇成为生活常态。小偷小摸、公开抢劫、打架斗殴是那个时期乡村社会大量年轻人习以为常的事件，乡村社会呈现失序状态。1982年3月8日全国人大常委会通过《关于严惩严重破坏经济的罪犯的决定》、1983年8月25日中共中央发布《关于严厉打击刑事犯罪活动的决定》、1983年9月2日全国人大常委会通过《关于严惩严重危害社会治安的犯罪分子的决定》使“严打”在乡村社会迅速展开。全国各地乡（镇）派出所很快落实“从重从快”原则，发动群众力量，动员各村举报，对本辖区的严重刑事犯罪以及小偷小摸、打架斗殴治安事件或进行拘留或交给检察、审判机关处理。“严打”期间在乡村社会进行的公开审判大会也是一种重要的惩戒方式。公开审判将犯罪分子集中在群众的围观下进行审判，以法律的名义向群众展示犯罪行为的破坏性与残酷性，同时让群众了解惩罚的合理性和国家打击犯罪的决心，法律以暴力的形式在乡村社会得以呈现。通过1983年的“严打”运动，法律以非常规形式进入乡村社会。此后，国家发起几次“严打”运动，每次都有重点打击对象，但所有“严打”都具有共同的社会背景，即社会治安恶化，民众生产、生活以及生命、财产安全受到严重破坏和威胁。乡村社会治安在“严打”活动中得到了不同程度的治理和改善，社会秩序得以维护，乡村社会居民的合法权益得到保护。

“严打”在实践中切实维护了乡村社会秩序的稳定和村民基本权利，受到广大乡村社会老百姓的支持和赞同。但是，从价值层面来说，“严打”的缺陷和弊端常常被诟病。甚至有观点认为，这是与中国法治化进程相悖的。但是，法治化进程也必须遵守社会发展规律，法治不可能一蹴而就。从社会发展规律层面来说，国家进行“严打”活动并非偶然，而是对社会转型期间发生的犯罪行为规模性爆发采取的应对措施。① 改革开放之前，国家权力对经济、社会生活领域进行强控制，其虽然抑制经济和社会发展的进步、损害个人的权利和自由，但同时伴随的结果是犯罪率低、民众的普遍安全感高。改革开放以后，国家权力从各领域适度放手，在促进经济、社会发展的同时，社会出现失范现象，高犯罪率是转型期社会失范和失控的结果。从根本上解决社会犯罪问题需要以社会控制模式的转换和新的社会稳定秩序的重建为基础，而社会控制模式的成功转换需要较长时期才能完成，在此期间，国家治理资源从结构和存量上都应达到满足于转型以后社会治理的需求状态。就社会治安而言，当前无论从警力的配置性资源水平还是从权威性资源结构上看，对于治理中国这样的地缘广阔、情况复杂的社会来说，都存在资源贫弱问题，特别是广大乡村社会。我国虽然从结构上已经完成了行政体系科层化的确立，但是从功能上还不具备现代理性体制的实质内容。社会治安的国家治理资源从结构到内容的完善是个循序渐进的过程，在一个较为完善的社会控制机制还未形成之前，对于转型期间出现的高犯罪率问题必须及时采取有效的应对措施。

在转型期的中国乡村社会，随着政社合一的人民公社制度的解体，原有的社会动员体系弱化，权威性资源流失在乡村社会治理中尤为明显。改革开放后，国家虽然对乡村社会大幅度增加配置性资源，乡村社会治理的技术性设施大大增多，但乡村社会治理资源仍处于贫弱状态。中国作为后发国家所存在的政府体系的脆弱性和社会资源总量的匮乏性使在乡村社会

① 参见陈兴良：《宽严相济刑事政策研究》，载《法学杂志》2006 年第 1 期。

建立高效的社会治安治理的组织网络难度极大，乡村社会治安治理绩效直接受到影响，运动式“严打”治理是对结构性缺陷的弥补。国家拥有的有限的社会资源总量与我国超大地域、差异显著的乡村社会产生的对国家乡村社会治理资源的大规模需求之间的矛盾将长期存在。允许乡村基层社会长期存在的相对自主性（村民自治）是国家治理的理性选择，同理，在特殊时期集中有限资源，通过“严打”运动解决乡村社会突出问题也是政府在治理资源极度不足情况下的理性选择。实践中，“严打”以基层司法机关为主要执法主体，中国法治化建设进程在“严打”运动的发展过程中也得到体现。

2. “普法”教育活动

法制教育随着立法工作的恢复和司法机关的重建也全面展开。1980年，国家各级司法行政机关恢复重建的过程中，各地省、市司法厅，市司法局都分别设立了宣传教育处。乡（镇）政府设立时，成立了对应的司法所，负责本辖区的法制宣传工作。1982年党的十二大要求对全体人民“反复进行法制的宣传教育”。[①] 1982年《宪法》中规定：“国家通过……纪律和法制教育……加强社会主义精神文明的建设。”乡村社会的法制教育早在1983年的第一次“严打”过程中就已经展开，在对罪犯进行“从重从快”处理的同时，全国各地乡村地区成立了各种各样的法制学习班，将对乡村社会治安造成威胁的游手好闲的青年组织起来，统一学习相关法律知识。1985年，五年之内对全体公民普及法律常识的意见被司法部提出，第六届全国人大常委会通过“决议”[②]，正式拉开全国普法教育的序幕。

从1986年第一个普法教育五年计划开始至党的十八大，我国共开展了五个五年计划。每一个五年计划都根据当时的社会具体情况，制定了不同

① 参见《十一届三中全会以来重要文献选读》（上册），人民出版社1987年版，第495页。

② 参见《全国人民代表大会常务委员会关于在公民中基本普及法律常识的决议》，载百度文库，https://wenku.baidu.com/view/80eeff188f9951e79b89680203d8ce2f0166655d.html，访问时间：2018年12月27日。

的普法教育重点对象、内容、方式方法等具体目标。20 多年的普法教育在我国乡村社会取得巨大成就，对于乡村社会广大群众的法律意识和权利意识的培养发挥了重大推进作用。“一五”普法规划将全民，即所有具有接受教育能力的公民都列为普法对象，并且干部和青少年被列为重点对象。要求学习的法律常识主要是恢复立法以后制定的几部大法，即“十法一条例”，其中普及宪法知识是普法教育的重点。“一五”普法主要通过开设法制课程和创办法制宣传媒体展开，而乡村社会由于条件限制，基本上以法制课程的学习为主。在国家相关规范性文件下达后，全国各乡村地区基层政府普遍成立普法工作领导小组，展开全面普法活动。承担乡村社会普法任务的主要是各乡（镇）司法所，其普法宣传人员通过入村进校，举办各类法制讲习班、向群众发放法制资料、在村庄墙体上书写法制标语等各种形式进行法制宣传教育。“一五”普法过程中，将近 4 亿名农民参加各类法制学习班。[①] 在实践中，“一五”普法在乡村社会的推行对于当时乡村普遍存在的封建迷信、打架斗殴、小偷小摸、不赡养甚至虐待老人等违法现象的纠正和防治发挥了重要的作用。“一五”普法结束之后，国家又推出“二五”规划，要求根据不同的普法对象确定不同的内容，每个人都要学习自己所需要的专业法律知识，强调所学的法律知识能够运用于实践工作中。“二五”普法期间，乡镇企业发展处于高峰期，因此“二五”普法特点在乡村社会最为典型的体现是面向乡镇企业开展法律宣传教育。同时，很多地区乡村社会普法在具体的实践方式上也有所创新，如请监狱管理局带着改造效果突出的青年服刑人员进入乡村学校，对青少年展开有针对性的“现身说法”教育。综合来说，“一五”“二五”两期普法在乡村的重点对象是农民群体，目的是使乡村社会居民能够将法律规范接受为普遍的公共准则，使法律成为农民认可的行为规范，以协调乡村内部的社会关系。这种目标设置与当时乡村社会国家权力退场而传统社会内生权威消逝

① 参见《中国法律年鉴》，法律出版社 1991 年版，第 109 页。

的特定社会权力结构相符。在此期间，法律对乡村干部依法办事的规范和约束相对较少，使用制度性的暴力（如派出所）完成计划生育、农业税费征收并没有被规范。

“三五”普法推行期间，正是我国法治建设发展的转折期。各政府部门为落实“依法行政”原则，纷纷制定相关文件建立国家机关执法责任制度。依法行政成为“三五”普法的重要内容，在乡村社会普法教育中，与此相对应的表现是乡村干部成为“三五”普法的重点对象，以推进乡村干部依照法律规定治理乡村。各地方立法机构或政府制定的执法责任制度将乡（镇）政府的治理行为规范在法律制度框架内。相关法律规定成了乡村干部迫切需要学习和掌握的知识。“三五”普法在乡村社会的逻辑在其后的三个五年普法期间得以延续。普法教育的重点对象为乡（镇）政府工作人员，普法主管部门通过对乡（镇）干部举办各类法律知识讲座、学习班，组织法律知识考试等方式，提高其依法行政能力。“七五”以及“八五”普法期间在乡村社会的法律教育内容中加入“社会稳定、和谐”因素，将普法与乡村社会治理紧密联系起来。乡村干部作为社会治理主体不仅是普法教育的对象，同时还扮演着普法教育主体的角色。乡村干部有责任努力提高行政区域内村民的法律素质和社会法治水平，以减少不和谐因素、化解社会矛盾。

3. 乡村社会的司法治理

1978 年 3 月，中央开始恢复在“文化大革命”期间被破坏的司法机构，随后，各基层司法机构也开始重建。1984 年，乡（镇）基层政权恢复时，全国各地县级人民法院开始陆续在乡村社会派驻人民法庭。1987 年，全国范围内人民法庭恢复设立的数量已达 15000 多个，到 1992 年年底达 18000 多个，法庭干部配备超过 70000 人。[①] 20 世纪八九十年代，人民法院在乡村社会的主要职能是对乡村民间纠纷的调处和案件的审理，指导人

① 参见胡夏冰、陈春梅：《我国人民法庭制度的发展历程》，载《法学杂志》2011 年第 2 期。

民调解组织的工作。就审判工作来说，全国80%以上的民事案件、35%以上的经济案件以及部分刑事案件由人民法庭承担审判任务。[①] 从20世纪90年代开始，人民法庭进入发展和转型时期，并且逐渐向规范化方向发展。国家对人民法庭的设置、人员的配备等方面出台一系列规则进行规范。到2003年年末，全国人民法庭的数量调整至12075个，人员数量也出现了较大的变化。2005年最高人民法院发布《关于全面加强人民法庭工作的决定》，再次强调人民法庭设立不受乡（镇）行政区划的影响，人口和案件数量、地区大小、经济社会发展状况是其设置的决定性因素，并且确定原则上只在乡（镇）设立人民法庭。

国家在对人民法庭设置进行调整的同时，人民法庭的物质装备建设和诉讼程序以及审批制度改革也在进行。2002年，最高人民法院联合多部委发布《人民法院法庭建设标准》，为人民法庭的建设制定了全国统一标准。2004年国家多部门筹集20多亿元经费专门用于中西部及贫困地区的人民法庭建设。2006年国家财政投资27.3亿元用于中西部地区5944个人民法庭建设项目。[②] 国家财政的巨额支持使广大乡村社会人民法庭建设在硬件方面得到极大的改善。与此同时，人民法庭的相关诉讼和审判制度改革也取得很大进展。法官资格的取得和任免、庭审、陪审、回避、审委会讨论决定、巡回审判等规范性制度在人民法庭得到全面的贯彻和执行；人民法庭直接受理案件制度的推行更加方便乡村社会群众提起诉讼，使全国范围内人民法庭审结案件数目和标的额同比分别上升13.23%和31.47%[③]，这意味着更多的乡村社会居民选择以法律的手段解决各类纠纷；审判、立案、执行分立制度与简易案件速裁改革措施的推行大大提高了人民法庭的办案效率。截至2022年年底，全国实际运行的人民法庭10050个，2018—

① 参见任建新：《最高人民法院工作报告》，载《人民日报》1992年4月7日，第3版。
② 参见胡夏冰、陈春梅：《我国人民法庭制度的发展历程》，载《法学杂志》2011年第2期。
③ 参见王胜俊：《最高人民法院工作报告》，载《人民日报》2009年3月18日，第2版。

2022 年，人民法庭审结案件约占基层法院结案总数的 29.7%。[①]

改革开放以后，国家恢复人民法庭在乡村社会的设置，是中国共产党深入基层、服务人民的优良传统的表现，更为根本的原因在于司法下乡实现了国家将权力在广大乡村社会的扎根。设立人民法庭是国家权力进入乡村社会的多种形式之一，是在基层确立权威并得以真正实现的一个战略选择。[②]

代表国家权力的人民法庭是人民法院的派出机构，然而它在乡村社会的司法工作实践与人民法院存在一些差别，或者说更具乡土特色。人民法庭在规则形成落实与纠纷解决这两个方面的职能选择上总是以纠纷解决为中心，这点不管在人民法庭的审判还是在调解活动中都可以得到体现。人民法庭的法官在处理案件时一般都遵循实用主义导向，考虑的重点在于纠纷的妥善消解。他（她）们综合考虑案件的约束性和支持条件，权衡和比较各种法律的和非法律的救济方式及其救济后果，最后作出一个其认为对当事人最好，同时也能被当事人接受并被周边民众认可的选择。在我国复杂多样的乡村社会中，其纠纷呈现多样性，以城市社会关系调整为导向的全国性规则在乡村社会治理中无缝隙的适用效果令人担忧，而人民法庭的法官对于地方性规则的适用恰恰符合中国乡村社会治理的现实需求。

4. 乡村社会治安治理

改革开放至党的十八大，党和国家对于乡村社会治安一直予以高度关注，在乡村社会治安出现恶化导致乡村社会秩序面临危机的时刻，国家先后发起五次“严打”运动，打击和惩治当时社会出现的严重刑事犯罪行为。“严打”运动以外，党和国家对乡村社会治安常态治理机制的演变从一定程度上反映了我国乡村社会法治化的进程。

改革开放后，乡村社会治安面临非常复杂的局面。从破坏乡村社会治

---

① 参见《全国部分法院人民法庭工作调研座谈会在浙江诸暨召开》，载最高人民法院网，https：//www. court. gov. cn/zixun/xiangqing/405092. html，访问时间：2024 年 7 月 14 日。

② 参见苏力：《送法下乡——中国基层司法制度研究（修订版）》，北京大学出版社 2011 年版，第 31 页。

安的主体方面看，青少年犯罪成为乡村社会的严重问题，对青少年的教育成为当时乡村社会治安工作的中心环节；从表现形式上看，群体性治安事件经常出现。其中最为典型的是群体性扒窃哄抢物资事件，乡村社会生产生活物资短缺使群众性哄抢物资事件十分突出；乡村社会利益分化使家族之间、村庄之间为争夺利益引起的群体性治安事件频发；农民负担过重、土地征收矛盾与基层执法人员的不规范执法等各种因素叠加也是引起农民群体暴力事件和群体上访事件的重要原因；乡村社会治安盲区的存在使反动会道门、封建迷信团体、黑社会性质的组织有机可乘。它们的猖狂活动是破坏乡村社会治安的另一个表现。人民公社制度废除之后，国家对乡村社会的控制力大大削弱，为各种对乡村社会治安带来破坏性影响的非法组织的滋生提供了机会。家庭联产承包责任制实施以后，反动会道门的封建迷信活动在乡村社会蔓延的速度快、范围广，长期从事坑骗乡村群众的活动，村匪恶霸、乡村黑社会性质的组织对于乡村社会的控制使村民深受其害，苦不堪言。这些非法组织严重扰乱乡村社会的生产、生活和经济发展，对乡村社会治安造成巨大损害；城镇化建设开始之后，随着人口流动性的加快，乡村社会刑事案件不再受空间的限制，对乡村社会治安提出了新的挑战。在乡村社会治安面临危机的现实面前，治安建设呈现滞后状态。乡村社会治安建设结构，治安队伍建设、手段的运用都与乡村社会治安状态存在不相匹配的事实。为了应对乡村社会的失序状况，党和国家必须改革和创新治安治理机制。

乡村社会治安面临的复杂情况仅仅依靠某一个部门已经无法应对。党和国家经过反复摸索和实践，创制出符合当时乡村社会治安实际状态的治理机制，即农村社会治安综合治理。与先前的机制不同，农村社会治安综合治理具有以下几个特征：一是治理主体上更注重多元化。除了原来的乡村社会治安执法部门以外，所有其他与其相关的主体都成为乡村社会治安综合治理的主体，并且更加强调社会力量在乡村社会治安中发挥的重要影响。二是治理手段上更加注重多样化综合治理方式的应用。在强调法律和行政手段的同时，充分发挥文化、伦理道德和经济等手段的功能。三是治理目标上强调维护乡村社会秩序的稳定。农村社会治安综合治理机制的建立并不是朝夕之间就能完成的，而是经历了一系列探索过程循序渐进建立起来并不断进行完善的。

公安部门是维护社会治安的主要责任主体，我国乡村社会治安维护责任的直接承担者是乡（镇）派出所。“文化大革命”结束以后，党和国家便开启了乡村社会治安机制的恢复工作。1978 年，公安部印发《公安派出所工作细则（试行草案）》和《治安保卫委员会工作细则（试行草案）》，成为乡村社会治安体制恢复的法律制度依据。1980 年，公安部根据 1979 年全国人大常委会通过的决议发布《关于继续贯彻执行〈治安保卫委员会暂行组织条例〉的通知》和《关于执行〈中华人民共和国治安管理处罚条例〉几个具体问题的通知》，成为乡村社会治安建设的重要法律指导依据。1981 年，公安部印发的《1981 年公安工作意见》对社会治安体制机制建设作出了更为明确的规定。乡村社会治安机制的恢复和改革在法律、党和政府规范性文件的指导下有条不紊地推进。1984 年公安部召开专门会议确定对基层治保组织展开整顿，此后，全国乡村地区开始恢复农村治保会。1985 年的全国政法委工作会议对乡（镇）公安派出所人员建设提出切实有效的改进措施。1986 年第六届全国人大常委会通过的《治安管理处罚条例》为乡村社会治安的维护提供了强有力的法律武器。1988 年 9 月公安部根据《关于新形势下加强城乡治保会工作的意见》对乡村治保组织建设作了进一步具体的规范，并于同年 11 月在全国部分省级公安厅长座谈会上，确定乡村社会治安对城市治安问题的重大影响，认为“必须充分重视处理农村治安问题”。1991 年，中共中央、国务院印发《关于加强社会治安综合治理的决定》，宣告社会治安综合治理机制正式出台，自此乡村社会也步入综合治理阶段。1994 年 6 月，中共中央召开了专门会议，部署在全国乡村社会开展集中整治治安的行动，以维护农村的长期稳定。1995 年乡村社会治安综合治理各类主体联合进行乡村治安整顿工作，并在 1996 年开始的"严打"行动中得到加强。1998年党的十五届三中全会强调加强乡村社会治安综合治理工作，几个月后公安部专门召开座谈会，研讨如何加强乡村社会治安工作，以提升农村社会治安综合治理绩效。

党和国家对乡村社会治安问题的关注程度在历年的中央一号文件中得到充分反映。2000年中央一号文件，加上2004年至党的十八大召开的9年中央一号文件，累计10个文件均以农村工作为重点，除了2004年、2011年和2012年以外，乡村社会治安问题都成为中央一号文件的重要部署任务。2000年主要是配合专项整治，以打击乡村社会的黑恶势力和邪教组织为主的社会治安治理活动。2005年主要以乡村社会的各种犯罪活动为打击对象，保障社会秩序稳定。2006年主要以"黄赌毒"等丑恶现象为重点打击对象开展乡村社会治安综合治理。2007年和2008年以乡村警务建设为重点内容加强乡村社会治安建设，以保障平安农村发展。2009年乡村社会治安综合治理工作的重点在于解决农村突出矛盾、规范信访工作、打击非法势力干预农村公共事务。2010年警务建设和对乡村黑恶势力的打击成为农村社会治安的主要内容。自2016年10月全国综治"江西会议"部署"雪亮工程"建设开始，到2018年"雪亮工程"被写入当年的中央一号文件，公共安全视频监控联网应用在全国乡村地区全面推广，我国乡村社会治安得到极大改善。农村社会治安综合治理体制的运行在乡村社会矛盾解决、遏制各种类型的犯罪行为、维护乡村社会秩序稳定方面作出了巨大的贡献。

三、"乡政村治"在新时代乡村社会法治化治理中遭遇困境

党的十八大之前，乡村社会治理的法治化建设主要是在"乡政村治"模式下推进，而该模式在运行过程中欠缺法治因素。在乡村社会出现局部失序时，多是采用运动式的法律治理专项活动，这些专项治理活动也就只是在短时间内取得了一定的社会效果。因此，"乡政村治"的乡村社会治理机制在新时代全面推进依法治国进程中面临新的困境。

（一）乡村社会成员普遍法律意识淡薄

法律意识是人对法律规范本身及现象的体验，这种体验主要提供心理层面的反映，并且直接产生主体对法律及其运行活动的价值评价等感知。乡村社会居民的法律意识直接反映乡村法治治理的状态。2020年笔者组织了60名来自农村家庭的学生，利用寒假和暑假两次回家的机会，对乡村社会居民法律意识做了问卷调查。本次问卷调查活动一共涉及6个省区300个行政村，以及2678位农民。所调查的村庄主要集中在河北各县250个行政村，共2169人；其他的有黑龙江、辽宁、内蒙古、湖南、江西各10个行政村，共509人。问卷主要涉及三个方面的问题：村民对法律基本常识的认知、对村民自治制度的了解以及纠纷解决方式的选择，三个问题主要通过32个选择题的回答完成。

1. 乡村居民普遍缺失法律基本常识

对于法律基本常识的认知方面，通过本人与法律的关系、法律的作用以及对权利义务的认知及其保护、希望获取法律知识的途径以及具体内容、权法关系等问题的设置与答题完成，如表2－1所示。

表2－1　乡村居民法律基本常识调查

序号	题干	选项	人数/人	占比/%
1	您与法律的关系	与自己关系重大	209	7.81
		只与干部有关	790	29.5
		与自己有点关系	1475	55.07
		与自己无关	204	7.62
2	法律的作用	政府用来管理老百姓的	1238	46.23
		老百姓用来限制政府的	57	2.13
		既管理老百姓又限制政府	631	23.56
		保护少数人的	422	15.76
		保护每个人的	330	12.32

续表

序号	题干	选项	人数/人	占比/%
3	是否了解自身权利义务和依权利义务行事	了解，都是依权利义务行事	32	1.19
		了解一些，但不多	610	22.78
		不太了解，只知道不能犯法	1572	58.7
		不了解，凭良心做事	464	17.33
4	自认对法律知识的了解程度	非常了解	250	9.34
		了解一些	1157	43.2
		了解很少	955	35.66
		不了解	316	11.8
5	希望获取法律知识的途径	专家法律知识讲座、宣传、咨询活动	1312	48.99
		法制文艺演出或普法电视节目	549	20.5
		浏览普法网站	633	23.64
		询问村中法律问题咨询员	140	5.23
		其他途径	44	1.64
6	最需要了解的法律知识	婚姻家庭、财产继承方面的	765	28.57
		犯罪方面的	507	18.93
		土地、山林、水利方面的	1139	42.53
		人身权利保护方面的	193	7.21
		其他方面的	74	2.76
7	法大还是权大	法大	743	27.74
		权大	1565	58.44
		不知道	370	13.82

从调查问卷的结果得知，村民中大部分人认为法律与自己有一定的关系，主要是政府通过村干部或其他方式用法律进行管理。认为法律与自己无关或关系重大的都属于少数，极少数村民认识到政府行为也应该受法律的规制；大部分村民自认为了解法律知识和权利义务的并不多，平时行事很少有人从遵循法律或行使权利义务角度出发，更多的是求不犯法、凭良

心行事；村民更想通过外来法律专业人士的讲座、咨询、宣传活动了解关于土地、婚姻、继承等方面的法律知识，相反，对于村庄内部的法律问题咨询员人们普遍不太信任，而人身权利保护方面被忽视，人们更多关注的是财产权；在法与权的关系上，多半被调查村民还是认为权比法大。

2. 普遍欠缺对村民自治制度的全面了解

村民自治是乡村社会居民拥有的基本权利，也是国家民主制度在基层运行的主要方式。调查问卷从民主选举、决策、管理和监督各个环节了解乡村社会居民/村民对村庄自治的认识和参与程度，如表 2－2 所示。

表 2－2　乡村社会居民/村民自治制度了解程度调查问卷

序号	题干	选项	人数/人	占比/%
1	对于“村民自治”制度的认识	是村民自己管理自己的方式	205	7.65
		是政府管理村民的方式	1214	45.33
		是村干部管理村民的方式	1006	37.57
		不知道	253	9.45
2	村干部代表的主体	代表政府	1625	60.68
		代表村民	226	8.44
		同时代表政府和村民	732	27.33
		不知道	95	3.55
3	村干部的产生方式	村民选举	2059	76.89
		上级决定	59	2.2
		上级决定，选举只是个形式	407	15.2
		不了解，跟我没什么关系	153	5.71
4	是否参加村干部的选举投票	每次都参加	2339	87.34
		参加过，也放弃过	311	11.61
		不想参加，没意思	28	1.05

续表

序号	题干	选项	人数/人	占比/%
5	村干部选举中是否有拉票现象	没人拉票	36	1.34
		有人拉票但不严重	1177	43.95
		拉票严重	1217	45.45
		不知道	248	9.26
6	投票时听谁的意见	个人的意见	539	20.13
		全家人的意见	1613	60.23
		家族的意见	332	12.4
		干部的意见	194	7.24
7	本村村干部素质	很差	196	7.32
		一般	1374	51.31
		比前几年好	870	32.49
		不了解	238	8.88
8	村庄治理发挥决定作用的主体	村委会	285	10.64
		村党支部	658	24.57
		村委会主任	443	16.54
		村党支部书记	1292	48.25
9	对村民会议或村民代表会议的了解	不了解	1512	56.46
		不太了解	637	23.79
		知道一些	330	12.32
		非常了解	199	7.43
10	您的家庭推选过村民代表吗，您知道村民代表都有谁吗	从未推选过，也不知道代表都是谁	961	35.89
		曾经推选过本组代表，但不了解其他代表	705	26.32
		每次都推选本组代表，但不了解其他代表	682	25.47
		每次都推选本组代表，对其他代表也很了解	330	12.32

续表

序号	题干	选项	人数/人	占比/%
11	是否了解或参加过村里重大事项的讨论或决策	从未听说过	717	26.77
		知道有讨论，但从未参加过	1774	66.24
		参加过讨论，但主要由村干部作决定	125	4.67
		参加过讨论，并且投票决定结果	62	2.32
12	是否了解村委会工作和村干部每年应该接受工作报告审议和评议	不知道	2042	76.25
		不太了解	474	17.7
		知道一些	149	5.56
		非常了解	13	0.49
13	是否了解村务公开制度	不知道	1157	43.2
		不太了解	571	21.32
		知道一些	791	29.54
		非常了解	159	5.94
14	对村规民约的了解和认识	不知道村规民约是什么	770	28.75
		村规民约是村委会制定的，但没什么用	1465	54.71
		参与过制定村规民约，但没什么用	394	14.71
		村规民约是大部分村民参与制定的，并且大家基本能够遵守	49	1.83

从调查结果看，多数村民认为村民自治是村干部代表政府或自己管理村庄的一种方式，对于自治性质本身认识很模糊。以上结论在后面关于民主选举、决策、管理和监督的问卷题目的回答结果中得到明确的印证。大多数所调查村民都参与村干部的民主选举并且认可村干部的产生方式，但是选举过程中拉票现象普遍存在，有的甚至很严重，投票过程中家庭和家族意见发挥很大作用，因此，对选举方式产生的村干部素质的认可多数村民持一般评价。对于村庄治理权的掌握方面，多数村民认为基层党组织比村民自治组织更能掌控村庄治理，并且领导干部比组织更具有决定性作

用。村民对于民主决策、监督权利行使平台的村庄自治权力机构知之甚少。多数农民并不了解村民会议和村民代表会议的性质和作用，近半数所调查家庭未推选过代表，部分家庭推选过本组代表但不了解村民代表会议的其他组成成员。超过 90% 的被调查村民从未参与过村庄大事的决策过程，也不知道村委会及其干部的工作需要经村民代表会议审议和评议的监督。大多数村民不知道或不太了解村务公开。对于村规民约这种内生性村庄治理规则，多数人不认可其实际治理功能或根本不了解，原因在于村规民约并非村民所制定。

3. 法律在纠纷解决途径选择中受冷遇

村民对于纠纷解决方式的选择能够反映个人法律意识水平，对乡村社会居民进行纠纷解决方式的问卷调查主要从农民面对纠纷或权利受侵害时的反应以及各种选择的影响因素等方面进行设计，了解乡村社会居民对法律途径解决纠纷的认识程度，如表 2－3 所示。

表 2－3　乡村社会居民纠纷解决方式选择调查问卷

序号	题干	选项	人数/人	占比/%
1	当本人或家庭遇到熟人之间的纠纷时首先会选择的解决方式	找双方家族成员调和	1041	38.87
		找村干部或村里有威望的人调解	976	36.45
		找乡（镇）司法所或派出所解决	169	6.31
		到法院打官司	86	3.21
		双方私了	406	15.16
2	当您捉住偷窃您财物的小偷时，您会	私了，要求赔偿更多的财物	637	23.79
		痛打一顿，交给村委会或派出所	1550	57.88
		直接交给村委会或派出所	491	18.33
3	选择解决纠纷方式时考虑的最主要因素	花钱少	339	12.66
		解决得快	172	6.42
		周围人的认同	812	30.32
		是否获利最大	1157	43.2
		对方能否受到最重的处罚	198	7.38

续表

序号	题干	选项	人数/人	占比/%
4	是否了解法律援助	从未听说过	1664	62.14
		听说过，但不了解	597	22.29
		了解一些	344	12.85
		非常了解	73	2.72
5	遭遇纠纷后，是否会寻求专业法律咨询	从来没想过	577	21.55
		想过，但不知道找谁	1515	56.57
		曾经找过	500	18.67
		每次都找	86	3.21
6	最公正的纠纷解决方式	家族成员内部调解	373	13.93
		村里有威望的人或村干部调解	417	15.57
		派出所、司法所解决或到法院打官司	1477	55.15
		双方私了	411	15.35
7	公检法部门及其工作人员能否依法办事	会严格依法办事	332	12.4
		主要依照法律规定，但关系也很重要	1163	43.43
		主要看关系	761	28.41
		不了解	422	15.76
8	如果必须上法院打官司，需要做的最重要的事	找具体负责案件的法官	94	3.51
		找懂法的人咨询	929	34.69
		找专业律师代理	389	14.53
		找有能力的亲友疏通关系	1266	47.27
9	如果合法权益被政府部门侵犯，会怎么做	找侵权政府部门说理	1615	60.31
		找上级部门上访	657	24.53
		找法院告政府	331	12.36
		忍了，自认倒霉	75	2.8

续表

序号	题干	选项	人数/人	占比/%
10	如果合法权益被政府侵犯，又不去法院告政府，主要原因是	没有时间和精力	1521	56.8
		怕政府日后报复	402	15.01
		担心法院会包庇政府	335	12.51
		不懂法律	420	15.68
11	本人或者亲属惹上官司，您会觉得	不光彩	1368	51.08
		无所谓，现在打官司的人很多	1225	45.74
		很光彩	85	3.18

从调查问卷结果分析，当大部分村民遭遇熟人之间的纠纷时，往往更多地倾向于在家族或村庄内部寻求纠纷解决手段，通过村庄或家族传统力量斡旋调解。而遭遇外部侵害引起的纠纷时，在能掌控局面的情况下，往往先采用暴力手段报复，然后进行经济索赔或司法部门或送权威部门处理，直接交给司法部门或权威部门的属于少数。当面选择纠纷解决方式时，人们更多的是关注哪种方式可以实现最大经济利益和获得周围熟人的认同。对于近些年一直在加强的农村法律援助，绝大多数受访村民不了解，甚至多数从未听说过。对于法律咨询，在遇到纠纷时，多数村民有需求，但真正行动去实践咨询的不多。对于公正性的认识，多数受访村民还是认为公权机关比家族和村庄传统力量更有优势，但同时又认为公权部门办事虽然能够基本依法进行，可关系走动在其中发挥重要作用，所以当必须打官司时，多数人认为找熟人疏通关系和进行法律咨询是相对重要的。对于行政诉讼法的认识方面，当农民被政府行政行为侵害时，多数受访农民最终的维权途径是找侵权部门说理或上访，提起行政诉讼的占比不高，并且大多数是没有时间或精力与政府打官司的。对于涉及诉讼行为的影响，还是有半数人认为有伤脸面，这也是乡村社会纠纷选择诉讼方式较少的重要原因之一。

总体来说，乡村社会居民的法律意识有了很大的提升，但是由于历史的、现实的以及法治发展阶段性等复杂原因的综合影响，乡村社会居民整体法治意识还相对薄弱。对于法律法规知识掌握较少，特别是与乡村社会居民切实利益密切相关的法律，如土地、婚姻家庭继承、村民自治等方面的法律知识都了解很少。纠纷的解决也更多倾向于传统途径，对于司法部门及其工作的认识存在一定的偏差。

（二）乡（镇）与村庄治理主体关系异化

现有法律对于乡（镇）政府和村民自治组织的职权具有虽非具体但很明确的规定，确立了“乡政村治”的治理机制。可是随着城乡融合进程的推进，特别是乡村振兴战略实施过程中，乡（镇）政府通过提供项目、制度制定、考核等各种途径，对于村庄治理掌控越来越明显，逐渐背离了《村民委员会组织法》规定的乡（镇）政府与村委会之间的“指导”和“被指导”关系，导致乡村关系异化。在国家提出城乡融合发展理念以来，国家对于乡村社会的投入越来越大，这些投入大都以项目制的方式实现资金向乡村社会的注入。其都是在国家常规财政资金分配轨道之外，以专项化的方式分配至乡村社会。项目制形式成为国家实现乡村基层治理的重要手段，项目制使国家与农户实现直接对接。这种新型治理方式进入乡村社会后，引起了乡村关系的重大变化。在农村税费改革之前，乡村关系被描述为“汲取型”，即乡（镇）主要从村庄汲取资源，农业税费改革之后，乡村关系发展成“悬浮型”，而随着国家大量资源进村，乡村关系又发生了变化。

当前乡村振兴进程中，经济发展与生态保护和改善同时推进。大量国家振兴乡村的项目下乡使乡（镇）政府的工作重心发生了变化。一方面，使国家项目在村庄落地。在项目申请环节，看似国家与村庄直接对接，但是乡（镇）以上政府对村庄的具体情况并不了解，因此，在项目具体确定落地村庄时，乡（镇）政府发挥重要作用。尤其是一些由乡（镇）政府负责的项目，乡（镇）政府会在短时间内集中力量打造亮点工程，有一部分村庄就会成为直接受惠者。另一方面，国家对于乡村生态环境的重视，使乡（镇）政府除了项目处理外还有一项非常重要的工作直接在村庄场域内推进。乡（镇）政府以上两项中心任务的执行为乡村之间提供了密切交往的客观条件。而对于村庄来说，在国家资源大量向下的过程中，村干部的主要任务是为村庄争取到项目。要使项目在村庄落地，第一关就是乡（镇）政府，村庄必须与乡（镇）政府之间建立密切的项目合作关系。另外，村庄环境整治等项目中都配有专项资金作为对工作突出的绩效奖励。因此，对于乡（镇）政府在村庄中下达的环境整治行政任务，村民自治组织都会给予积极的配合。由此，乡村关系在国家资源和项目下乡过程中发展成为新的利益联盟。乡（镇）政府通过承接国家项目推动乡（镇）地区发展和建设，在获得资源的同时也做出了政绩，项目在村庄实施过程中通过村两委的积极配合乡（镇）政府得以介入村庄事务，对村两委形成管控。而村级治理组织为了在村庄内保持治理的主导地位，需要依赖乡（镇）政府获得国家项目资金和专项绩效奖励，通过国家项目在村庄的运行和实施获取额外利益。

乡村之间这种“非规范利益捆绑”① 是异化形式的乡村关系。这种捆绑的存在，使乡（镇）政府对村委会的干预越来越严重，完全脱离了法律规定的“指导”关系。村庄的治理也越来越趋向于形式化治理，即不再关注治理实效，而是注重塑造政绩、打造亮点。村委会工作也越来越“去自治化”，普通村民难以参与村庄治理，与村民自治的法律精神产生背离。

（三）村民自治面临新问题

除了乡村之间“非规范利益捆绑”机制带来的村民自治组织被行政化，村民自治呈现“去自治化”特点以外，村民自治在新时代还遭遇其他棘手问题。

---

① 参见韩鹏云：《乡村关系的运行机制与改革发展方向》，载《甘肃社会科学》2016 年第 2 期。

1. 村民财产权利被侵害的现象严重

作为中国公民的农民，其财产权中最重要的一项是基于农村集体成员身份拥有对村庄土地的集体所有权和长久使用以及分配权等。对于农民集体土地财产权的保护，虽然国家通过立法、规范性文件政策多方面强调，但在实践中，农民集体土地财产权被侵害的现象并不少见。在城镇化过程中，城市扩展及第二、第三产业用地的主要来源是农民集体土地。集体土地在向建设用地转化的征收过程中，由于农民普遍对征收程序、补偿及其分配标准持有异议，经常出现抵制征收现象。各地强征强拆暴力事件频出，引发集体维权事件层出不穷，国家因此于2013年专门出台文件以规范违法违规强行征地行为。[①] 另外，由于村民自治制度运行过程中民主监督的虚置，村集体财产被村两委未经法定程序处置，也是村民财产权被侵害的常见情形。

2. 村庄治理事务繁杂，村务和政务难分

随着城乡融合的推进，公共服务、新农村建设、社会治理创新、乡村振兴等一系列战略齐头并进，大量的政府服务和管理事务在村庄落地。在实践中，村务和政务很难区分。有些政府性管理或服务事务与村庄自身事务具有密切联系，如农村警务事务、作为村内基础设施的乡村道路、卫生防疫、电网电信等。这些政府性公共事业或基础设施建设在村庄的落实需要村庄提供人力、物力进行承接，村民自治组织对于这些事务的办理与村民公共利益直接相关，并且大都带有专项资金，自治组织一般具有积极性。还有一些落地村庄的事务与村务界限不清，并且不能给村庄治理带来即时显性的成效，对村民自治组织造成很大的工作压力，如对村庄外来人口、特殊人群、宗教事务等的管理。[②] 大量上级下达的政务使村委会对于

---

① 参见《国土资源部办公厅关于严格管理防止违法违规征地的紧急通知》，载中华人民共和国自然资源部官网，https：//f. mnr. gov. cn/201703/t20170329_ 1447156. html。

② 农村特殊人群一般包括刑释解教人员、矫正人员和吸毒人群等，农村宗教事务的管理还包括邪教的防治。

原本属于村民自治范围的村务无暇顾及，导致村民自治权利的虚置。

3. 村民对于村庄事务的治理权利被虚化

根据《村民委员会组织法》的规定，村民自治既非村委会也非村民个人自治，而是村民依照章程实现集体自治。农民实现集体自治的平台是村庄自治权力机构，即村民会议或代表会议。虽然法律明确规定了村民会议和村民代表会议的职权，但是在自治实践中，机构权力行使异化现象非常普遍。第一，村民自治权力机构的会议召开方面，普遍存在不按法律规定召开或根本不召开。在实践中，由于村委会不希望召开而不主动召集，一般情况下村民会议不可能召开，除非村委会的行为引起村庄公愤。村委会成为村民会议或代表大会的主要召集者，因此就出现了村民自治权力机构会议的召开全凭执行机构的意思，要不要召开、何时召开、一年召开几次，完全看村委会的决定。法律没有规定村民会议召开的次数，因此，村民自治实践中很难看到村民会议的召开，必须通过集体决策的事项也是召开代表会议解决。第二，村民代表会议的提议由村两委控制。实践中，村民代表会议一般情况下都是村委会召集的。村干部在村民代表会议上的提案是事先经过村委会充分酝酿和研究的，在代表会议的提案讨论和表决过程中，村两委成员往往掌握主导权，会议中的村民代表一般情况下对提案相关信息并不能充分了解。第三，村民代表会议的职权被其他形式的会议代劳。实践中，村党组织成员、村庄党员、村民小组长，以及治安保卫委员会、人民调解委员会和公共卫生委员会等委员会成员一般都是村民代表。村两委经常以召集各种联席会议的形式，代为行使原本通过村民代表会议进行决策的村庄重大事项。第四，对村民委员会监督虚化。《村民委员会组织法》规定，村委会工作和成员每年都要接受自治权力机构的审议和评议。实践中，由于只要村委会不主动召集，村民大会和村民代表大会都很难召开，因此，村委会工作的审议和村委会成员的评议几乎完全依照村委会的意思。有的村庄干脆不召集会议进行审议和评议，或者召集代表会议只审议工作，不评议村委会成员，使代表村民自治的权力机构对于村委会的监督流于形式或被虚化。

（四）农村公共法律服务滞后

服务型政府的一个主要职责在于为社会提供公共服务，而法律服务是其组成部分。在这里将乡村社会的法律公共服务体系表述为“农村公共服务法律体系”，是为了与国家的规范性文件一致，事实上，其在实践中发挥功能的范围还是整个乡村社会。党的十八大之前“乡政村治”中的农村公共法律服务存在明显缺陷，滞后于整个乡村社会发展和法治国家建设进程。

1. 法律公共服务资源的匮乏与迫切需求之间的不平衡

乡村社会法律公共服务资源的匮乏一方面体现在能够提供服务的主体数量及其能力都欠缺，另一方面体现在我国乡村社会法律服务被纳入公共服务范畴经历了一个较长的过程。市场经济在农村起步和发展都相对较晚，乡村社会对于法律服务的需求从时间和强度上也都滞后于城市。

20 世纪 80 年代，经济改革在乡村展开，一方面，乡村社会出现如个体户、企业或土地承包户等各种形式的新经济实体，这些主体在生产经营活动中面临越来越多的法律问题，急需有关方面提供法律服务。另一方面，此期间是中国法制重建的最快阶段，政府的法制观念也得到很大的提高，乡村基层政府希望社会、经济等各方面的矛盾通过法律途径加以解决，也急需法律服务。而当时乡（镇）政府只设了司法助理员，根本无力满足来自社会和乡（镇）政府本身的法律服务需求。乡（镇）法律服务所在一些地区应需而设，后来在全国其他地区也普遍推广。乡（镇）法律服务所的服务对象主要是农民和乡（镇）政府，帮助农民解决生产生活过程中遇到的法律纠纷、接受法律咨询和代写法律文书等法律业务。乡（镇）法律服务所是经县司法局批准后建立的，由乡（镇）政府领导，政府司法助理员一般情况下兼任法律服务所主任，其他成员从社会聘用。乡（镇）法律服务所虽然在实践中承担了政府为乡村社会进行法律服务的职能，但是其组织性质一直到20世纪90年代才被确认为政法部门的基层组织。① 但同时，乡（镇）法律服务所提供的是有偿服务，对服务对象进行“适当收费”，只是费用仅限于保障业务经费和聘用人员的工资。20世纪80年代中期各地乡（镇）政府都开始设置乡（镇）司法所，其是乡（镇）政府的组成机构，但在实践中，与法律服务所处于两所合一状态，后者成为类似前者的下属企业。在乡（镇）司法所正式成立后，法律服务所的性质也逐渐发生了变化。1993年党的十四届三中全会开始提倡发展市场中介机构，1996年全国很多地方开始改革乡（镇）法律服务所管理体制，从业务上将法律服务与司法行政进行区分，司法所工作人员不再兼任服务所主任，乡（镇）法律服务所成为社会中介机构。2000年9月，司法部通过发布文件的方式正式确定乡（镇）法律服务所与乡（镇）政府不再具有行政隶属关系。② 在与司法所脱钩之前，法律服务所事实上为乡村社会民众提供了公共服务，脱钩以后的服务所提供的就纯属私人性质的服务了。

法律服务所与政府完全脱钩以后，在短时间内造成法律服务所及人员数量骤减现象，2003年年底，乡（镇）法律服务所的数量从体制改革之前1999年的35383家减至20771家。当时全国乡（镇）共有39240个，而7万余人中在乡村社会真正从事法律服务工作的人员不超过3万人。③ 与法律服务所脱钩以后的司法所主要履行一些司法行政职能，根本无法满足乡村社会民众对法律服务的巨大需求，乡村社会法律服务市场曾一度出现服务“真空”局面。全国各地面对乡村社会法律服务需求与服务能力巨大差距的矛盾进行了多种形式的探索，最为典型而且比较有效的解决途径是通过政府购买服务的形式在乡（镇）建立公益法律服务组织。服务组织场

---

① 1991年2月中共中央、国务院印发《关于加强社会治安综合治理的决定》，规定：“公安派出所、人民法庭、法律服务所都是政法部门的基层组织，要加强建设。”

② 2000年9月，司法部发布的《基层法律服务机构脱钩改制实施意见》中规定，“根据这次清理整顿经济鉴证类社会中介机构的总体部署和要求，基层法律服务机构作为提供法律服务的中介组织，被明确列入清理整顿和脱钩改制的范围”，“实行脱钩的法律服务所，不再属于行政挂靠机构或事业单位”。

③ 参见施文：《关于拓展农村法律服务的思考》，载《中国律师》2003年第12期。

地、设备以及办公用品由乡（镇）政府负责提供，工作人员向社会公开招聘并且基本薪金由财政预算支付，同时实施计件补贴制度。乡（镇）公益性法律服务中心的建立从某种程度上缓解了我国乡村社会法律服务严重欠缺的问题。但是公益性法律服务组织毕竟数量少，影响能力有限，而且人员素质得不到保障，因此，还是远远不能满足乡村社会广大群众日益增长的法律服务需求。

法律服务资源匮乏和需求旺盛之间的矛盾单纯依靠市场机制很难得到有效扭转，还应从根本上将乡村社会法律服务纳入公共服务范畴，由政府从公共政策层面向其倾斜。由政府承担责任，对市场公共品供给失灵造成的困境进行有效解决。2006 年党的十六届六中全会确定“注重向农村、基层、欠发达地区倾斜，逐步形成惠及全民的基本公共服务体系”①，2007 年民政部明确发文提出向农村延伸推进公共服务，其中包括法律服务。② 直到 2014 年，国家正式提出法律公共服务体系的建设。③

2. 法律服务在乡村遭遇传统因素的阻滞

随着市场经济对乡村社会各方面的影响，法律服务需求呈现快速增长趋势，在服务资源和服务需求存在巨大不平衡的同时，有限的服务资源在乡村社会法律服务实践中遭遇了传统乡土因素带来的阻滞，使法律服务在实践中的效果受到很大影响。

首先，传统的思想观念使法律服务在乡村社会整体矛盾纠纷的解决上使用率不高。传统的“厌讼”“息讼”观念使乡村社会居民在遭遇矛盾纠纷时，首选的是通过共同熟悉信赖的人进行说和、协调。在熟人协调无效后一般选择村庄权威力量解决，由村两委干部出面居中调解。在村庄内部

---

① 参见《中共中央关于构建社会主义和谐社会若干重大问题的决定》，载《时政文献辑览（2006 年 3 月—2007 年 3 月）》，人民出版社 2007 年版，第 43 页。

② 参见《民政部关于做好农村社区建设试点工作推进社会主义新农村建设的通知》，载道客巴巴，http://www.doc88.com/p-5075475692595.html，访问时间：2024 年 4 月 8 日。

③ 参见《司法部印发关于推进公共法律服务体系建设的意见》，载《全面腐蚀控制》2014 年第 3 期。

解决无效的情况下，多数村民会选择向司法行政管理部门求助，在行政部门指引下才会寻求法律救济服务。具体的纠纷解决路径选择中，通过专业法律服务的比例远远低于人民调解方式。其次，纠纷解决成本中利益考虑高于权利保护动机。在矛盾纠纷的处理过程中，多数乡村社会民众会理性考虑经济、时间、社会关系、名誉等各方面的综合利益，而较少出于维护权利考虑。因此，在乡村相对熟人的社会中，社会舆论、人情面子和关系亲疏都是影响纠纷解决途径选择的重要因素，最后往往出于自愿或在周围关系密切人群的影响下放弃通过法律方式解决，法律服务自然也受冷落。

四、新时代乡村社会中的法治化治理

在治理现代化和国家法治化建设的大背景下，党的十九大报告提出法治保障社会治理，提高社会治理化水平①。2018 年中央一号文件和《规划》在重申法治保障乡村社会治理的基础上，反复强调“建设法治乡村”②。2020 年 3 月，中央全面依法治国委员会印发《关于加强法治乡村建设的意见》，对法治乡村建设提出总体要求、主要任务和组织实施等内容。③ 法治在乡村社会治理中意义重大，发挥举足轻重的作用。乡村社会法治化治理是实现“国家治理现代化与法治国家、法治政府、法治社会协同发展”④ 的基本路径。

---

① 参见《中国共产党第十九次全国代表大会文件汇编》，人民出版社 2017 年版，第 39 页。

② 参见《中共中央　国务院关于实施乡村振兴战略的意见》，载《人民日报》2018 年 2 月 5 日，第 1 版；《中共中央国务院印发〈乡村振兴战略规划（2018—2022 年）〉》，载《人民日报》2018 年 9 月 27 日，第 1 版。

③ 参见《中央全面依法治国委员会印发〈关于加强法治乡村建设的意见〉》，载《山西农经》2020 年第 6 期。

④ 参见周建军、刘明宇：《迈向新时代的社会治理法治化》，载《云南民族大学学报（哲学社会科学版）》2019 年第 1 期。

（一）乡村社会治理法治化的重要意义

1. 推进乡村社会治理法治化是全面推进依法治国的必然要求

基层是依法治国的根基，法治社会最终要落脚在基层。① 乡村是我国最重要的基层，农村居民人口历来在我国总人口中占有相当大的比例。经过40多年的改革开放，我国城镇居民人口客观上呈现出显著的增长态势。但根据2020年第七次全国人口普查数据，虽然城镇人口比例已占全国总人口的63.89%，但仍有5亿多人属于乡村人口。② 这5亿多人中，年轻人在城镇务工的占比较大，50岁以上的大多返回农村恢复成农村常住人口。我国不可能在短时间内完成人口城市化，在未来几十年内，仍将有几亿人在乡村生活是我国面临的特殊国情。若几亿人生活的乡村不能实现治理法治化，依法治国的实现显然无从说起。政府是与民众直接接触代表国家的机构，乡村基层政府依法行政是法治政府建设需要实现的最基础的环节，也是我国全面推进依法治国的重要内容。

2. 乡村社会治理法治化是实现国家治理现代化的重要抓手

国家治理现代化包括治理体制与治理能力两个方面的现代化，法治化是衡量以上两个方面现代化的重要标准之一。国家治理的基础环节在于基层社会，同时，基层社会又是国家治理的重要内容，乡村基层社会的法治化也是衡量基层治理现代化的重要标准之一。国家层面意图通过建构一套正式的制度体系，将乡村治理吸纳为国家治理现代化的有机组成部分③。在乡村治理现代化上，乡村法治是乡村治理模式转型和乡村现代化的具体体现。④ 由于我国历史上乡村社会治理传统的悠久影响，乡村社会治理体

---

① 参见王增杰：《推进基层治理法治化的思考》，载《中共陕西省直机关党校学报》2015年第1期。

② 参见宁吉喆：《第七次全国人口普查主要数据情况》，载《中国统计》2021年第5期。

③ 参见陈明：《乡村治理现代化研究论纲》，载《华中科技大学学报（社会科学版）》2020年第4期。

④ 参见张林江：《从"送法下乡"到"法治乡村"——中国乡村法治建设的社会学考察》，载《政治与法律》2023年第2期。

制和能力都是国家治理体系中的薄弱环节，特别是乡村社会治理法制体制和法治治理能力，更是远远落后于城市。乡村社会治理法治化，可以使乡村基层权力在更为规范的制度的笼子里运行，使乡村社会治理法治机制更加科学、完备，为乡村民众积极参与治理提供制度保障，使权力与权利的相互制约在乡村社会中得以实现，从而依法保障广大乡村社会居民的合法权益，最终完成地方治理的规范化和国家治理的现代化。①

3. 乡村社会治理法治化是保障乡村居民合法权益的坚强基石

当前，由于国内外环境的复杂性，经济社会发展又步入新的历史阶段，我国面临各种严峻的挑战。各方面复杂因素造成基层人民群众合法权益被严重侵犯的事件频繁出现，群体性事件屡屡发生，贪腐现象依旧层出不穷，行政执法不规范等问题仍然突出②。由于乡村是法治建设和发展的薄弱环节，这些行为与现象在乡村社会表现更为显著。正确处理乡村基层社会维稳和维权的关系，需要对那些与乡村社会民众切身利益相关且发挥重大作用的相关制度进行进一步完善，必须强化法律在化解矛盾中的权威地位。乡村社会经济快速发展的同时，人民群众的民主权利意识、参与社会公共事务活动的意识也随之提高，对于日常生活中的公平正义、法治问题越来越关注。乡村社会治理法治化程度直接决定乡村社会居民的合法权益是否被公平对待，能否得到有效保护。新时代，维护、发展、实现最广大乡村居民的根本利益是乡村社会治理法治化的最重要目标，依靠广大乡村居民的有序参与是推进乡村社会治理法治化的根本方式，广大乡村居民是否满意是检验乡村社会治理法治化成效的最终依据。

4. 乡村社会治理法治化是实现社会和谐稳定的保障

我国乡村社会矛盾历经诸多变迁。目前，处于转型期的乡村社会发生

---

① 参见王增杰：《推进基层治理法治化的思考》，载《中共山西省直机关党校学报》2015 年第 2 期。

② 参见陈晨：《全面依法治国视角下我国基层治理法治化建设探析》，载《广西科技师范学院学报》2017 年第 6 期。

社会阶层的分化，矛盾的表现形式也更为复杂。乡村社会的稳定是国家稳定的“蓄水池”“安全阀”。随着市场经济对乡村社会的冲击，市场消费主义价值观在乡村社会被人们逐渐接受，乡村社会原有的文化价值体系被消解，关系网络也出现退化，成员之间的联系逐渐被物质化、利益化。乡村社会阶层分化造成的利益需求多元化，原有文化道德价值体系的破坏导致乡村更容易发生矛盾并且更难解决。以上变化使乡村基层政府在消解社会矛盾和维护社会稳定层面面临更大压力和更为繁重的任务。乡（镇）政府在谋求乡村经济发展的同时，更重要的是维护乡村社会公共秩序，保证乡村社会和谐稳定。在城乡融合发展过程中，随着政府对乡村社会投入的增加，更多的利益关系在乡村汇集，同时意味着更多的社会矛盾也汇集在乡村社会。乡村原有的道德文化规则体系已经被破坏，重建文化价值体系需要相当长的时间，因此，法治不仅成为保证乡村公平正义的底线规则，而且成为乡村社会居民最稳定的依赖秩序。基层政府需要具有法治思维，运用法治手段解决乡村社会的各种纠纷，使问题与矛盾在乡村基层得到消除与化解，让法治为乡村社会的和谐稳定保驾护航①，使乡村社会达到真正的乡村法治状态：“城市建成区以外具有自然、社会、经济特征和生产、生活、生态、文化等多重功能的地域综合体的法治。”②

（二）乡村社会治理中法治与德治、自治的关系

在乡村社会治理中，自治、法治与德治是相互联系和作用的，但各自都有自身的侧重点，三者共同作用助推构建完善的乡村社会治理体系，③法治是其他两者的根本保障。

---

① 参见陈晨：《全面依法治国视角下我国基层治理法治化建设探析》，载《广西科技师范学院学报》2017 年第 6 期。

② 参见高其才、张华：《乡村法治建设的两元进路及其融合》，载《清华法学》2022 年第 6 期。

③ 参见邓建华：《构建自治法治德治“三治合一”的乡村治理体系》，载《天津行政学院学报》2018 年第 6 期。

1. 乡村社会治理中的法治与德治

对于乡村社会而言，传统德治的精髓主要体现在以德化民方面，德治在新时代的乡村社会治理中仍然扮演着重要的角色。德治的治理手段柔和，潜移默化，将道德规范内化于乡村社会居民的品性、思想意识中。道德的教化作用使乡村社会居民远离凶恶、犯罪，趋于行善。除了对乡村居民个人具有从善的引导和规范影响外，道德还具有纠正乡村社会不良风俗习惯的作用。通过对个人和社会风俗习惯的教化最后扩展到所有乡村社会成员和社会生活的各个领域。在乡村社会治理中，德治既巩固了国家和政府治理的群众基础，又有助于社会秩序稳定。法治是市场经济背景下的产物，我国乡村社会市场经济化程度相对较低，乡村居民的普遍法治意识还比较薄弱，再加上由于受到中国古代几千年乡村社会治理传统的影响，在现代中国广大乡村地区，道德因素对于社会成员的行为模式和社会秩序还存在一定的规范作用。这些道德因素或者与乡村习惯法、村规民约等“地方性知识”相融合，或者以独立的道德规范形式在乡村社会生产、生活的各个方面切实影响着乡村居民，对乡村社会治理具有积极的影响。但是，德治与法治都具有自身存在的局限性，在法治不能触及或当下触及不到的方面，德治是最佳的补充和促进。

德治的功能发挥主要在于教化，对于道德规范的实施，不存在强制力的保障。乡村社会是复杂国家机器的组成部分，其社会和谐秩序需要强制力的保障，各种具有强制性的机构，如乡（镇）基层政府、派出所、乡（镇）派出法庭、派驻检察室等都是维护乡村社会秩序的重要保障。国家只凭德化不足以打击犯罪，维持国家的统治①。对于乡村社会治理亦是如此，由于德治不具有强制力的特点，在乡村社会治理领域中关涉公共秩序、公共利益和他人基本权利等重要方面，必须通过法治的途径实现有效治理。乡村社会的有序和稳定离不开国家有效治理，离不开法治发挥基本

① 参见张晋藩：《论中国古代的德法共治》，载《中国法学》2018 年第 2 期。

作用。

2. 乡村社会治理中的法治与自治

村民自治源于乡村居民的集体智慧，是他们为乡村社会治理贡献的伟大创举。传统的农业自然经济、家户经济和主要基于血缘形成的村落共同体等因素决定内生性力量成为我国乡村社会治理的主要依靠力量，自治也就成为主要的治理形式。从1982年宪法明确将村委会定性为“基层群众性自治组织”、1987年《村民委员会组织法（试行）》开始，自治是我国乡村基层村庄治理的基本形式，村民自治已经形成相对系统的法律制度。1998年及2010年《村民委员会组织法》的正式颁布和修正，以及国务院及其各部门为执行村民自治相关法律而制定的各层次的法规和规章、各地方立法机关及政府为实施村民自治法律确立的地方性规范，形成比较完备的村民自治法律规则体系，村民自治已经被纳入法治轨道。但是在实践中，村民自治法律制度和运行机制还存在缺陷，以至于村民自治在很多地区的村庄治理中效果并不理想。当前乡村振兴战略要求乡村社会治理达到“有效治理”的目标，村庄治理是乡村社会治理的主要内容，因此，村民自治也要通过健全和完善自治机制实现自治体制的创新。这些创新首先要对现行的村民自治相关法律法规进行完善，同时通过法治途径切实实现当前被虚置的民主决策、管理以及监督制度。因此，村民自治制度及其运行机制的完善、“有效治理”目标的实现需要法治提供保障。

（三）新时代乡村振兴中社会治理法治化的特殊含义

1. 乡村振兴实践需要法治提供保障

乡村振兴战略“总体要求”中提出乡村社会治理的现代化。与城市治理相比，当前我国乡村社会治理的现代化程度相对较低，其中非常重要的一个因素是乡村社会的法治化程度低，无论是从法律制度体系、法治运行机制还是从民众的法治意识等各方面来看，乡村法治建设与城市的法治实践还存在巨大的差异。同时，法治承担着保障乡村振兴的重任。

乡村振兴战略从农业、乡村生态、文化、治理、民生保障、脱贫攻坚、体制机制创新、人才支撑、资金保障、党的领导十个方面提出具体的要求和重大举措。上述任何一个具体领域的制度完善和举措落实都需要进一步深化改革，将乡村振兴的每一个环节均纳入法治的轨道运行。特别是战略中的第九部分“推进体制机制创新，强化乡村振兴制度性供给”① 中对乡村振兴的关键领域，即经营体制、土地、集体产权、农业支持保护几个方面的制度改革提出进一步深化，为乡村振兴提供有效的制度保障。这些关键制度改革的最终目的是从根本上扭转一直以来劳动力、土地、资金等生产要素从乡村单向流向城市的局面。这些制度和机制的创新涉及众多的法律法规和地方性规章制度的制定和完善以及各领域执法机制的完善，只有将乡村振兴关键领域的制度及其运行法治化，才能真正实现城乡融合、乡村振兴。

除了从国家治理现代化和法治建设、乡村社会治理法律制度机制等治理理念和制度创新与完善层面出发，乡村社会治理需要法治外，乡村振兴战略所面对的乡村社会发生的巨大变迁决定了法治对于乡村社会治理的必要性。首先，自全面取消农业税费，不再向农村单方面提取资源，国家对乡村的政府转移支付数额逐年增加，乡村振兴战略的实施使乡村建设资金具有更加稳定和充沛的来源。要使政府每年超亿万元的乡村发展资金在乡村振兴中真正发挥作用、在乡村建设中最大效率地利用，需要通过国家法律对资金发放、使用、监督等每个环节予以严格和规范的制度设置，尽可能防止乡村振兴资金被挪用、侵吞等非法侵害。其次，乡村社会变革使法治成为必需。由于乡村社会大量青壮劳动力进城务工，除了少数“中坚”农民以外，留守村庄的多数是妇女、老人和未成年人。乡村社会“原子化”现象越来越明显，原本以宗族、门子等家庭联合体为主的村治结构已经大体消解，乡村精英、乡规民约在传统乡村社会治理中的作用也大大减

① 参见《中共中央　国务院关于实施乡村振兴战略的意见》，载《人民日报》2018年2月5日，第1版。

弱，原本具有很强约束力的道德伦理规范的影响力也逐渐被淡化。在社会结构发生变化的同时，乡村社会的价值观和世界观也发生巨大变化，农民的价值追求中经济利益成为人们普遍关注的对象。乡村振兴战略中提出“加强农村思想道德建设”“传承发展提升农村优秀传统文化”[①]，但是社会伦理道德的重塑过程漫长。另外，由于市场经济对乡村社会的冲击，以及几亿农民工在城市生活经历所带来的法律意识的提高，法律规范越来越被乡村社会接受。因此，以公平正义、秩序、和谐等为核心价值的法治在乡村社会治理中具有特别重要的意义。

2. 乡村社会治理法治化中“法治”的特殊内涵

法治的公平正义、秩序、和谐等价值追求在乡村社会的实现，需要建构完善的乡村社会法治化的运行机制。该机制应该由全面的多元主体、完善的多层次法律制度规则、多向度的治理权力运行和多方面的乡村社会法治化的专门领域构成。

乡村社会治理是多元主体对乡村社会的治理，根据党的十九大报告和2018年党中央关于“三农”工作的中央一号文件，我国的乡村社会治理是由基层党组织领导、基层政府负责、村民自治组织及社会协同、村民主体积极参与的共同治理。乡村社会治理的法治化最主要体现在主体本身及其行为的法治化。基层党组织是乡村社会治理的领导力量，在乡村社会治理法治化中包括法治型党组织建设和对乡村社会治理的依法领导和依法执政；乡（镇）政府是乡村社会治理的主要责任主体，法治化治理意味着在法治政府的基础上保证治理活动过程中的依法行政；村民自治是乡村社会治理的主要表现形式，村委会是村庄群众自治的主体，亦是乡村社会治理的基本主体，该层面的法治化治理具有丰富的内涵：依法经选举产生村委会、全体村民对村庄重大事务依法民主决策、对村庄公共事项的实施进行民主管理和对村委会本身及其成员工作依法民主监督。各类乡村社会组织

---

① 参见《中共中央 国务院关于实施乡村振兴战略的意见》，载《人民日报》2018年2月5日，第1版。

和现代乡贤精英是乡村社会治理的重要主体，在法治轨道内参与治理是我国乡村社会治理的重要特色。

我国地域广阔，东西部发展存在很大的差异，长期的城乡二元结构导致城乡之间发展的差异，社会结构和民族种群复杂性造成不同阶层和种群之间存在经济、文化价值、利益的多元需求，以上综合因素使我国大国法治具有更加丰富的内涵。社会利益多元化是法律多元主义或重视软法功能法治理念的根本原因。我国乡村社会的阶层分化、城乡融合过程中国家对乡村振兴的巨大投入引起的乡村利益多元化，使乡村社会法治秉持法律多元主体或“软法亦法”的理念是科学的、理性的，也充分符合我国乡村社会实情的选择。在乡村社会治理的法治化中，治理所依据的法律制度体系中不仅包含主流法治理论认为的法律规范——国家立法机关制定的国家法和国务院制定的行政法规，还包括大量的各级党组织和政府部门制定的规范性文件和部门规章、乡规民约、民间习惯法等规范。这些规则构成我国乡村社会治理的法律制度体系，国家立法在规则体系中位于效力最高位阶。各种与乡村社会治理相关的国家法或者直接规范乡村社会某领域的治理，或者引导和指领着治理。为贯彻和落实国家法对乡村社会的治理，各级党和政府根据国家法制定的规范性文件具有具体的可操作性，以规范自上而下的基层党组织的依法领导和执政、乡（镇）政府的依法行政。乡规民约和民间社会习惯法在不违反国家制定法的前提下，在乡村社会治理中发挥着不可或缺的作用。

在乡村社会的多元主体法治化治理中，作为领导力量的基层党组织的依法领导、依法执政，主要负责主体乡（镇）政府的依法行政，基本治理主体村民委员会的依法自治，以及乡村社会组织、村民依法参与治理都是在当前我国乡村社会的“乡政村治”治理模式框架内展开。此外，基于法治在乡村社会治理中对“秩序”“和谐”等的价值追求，乡村社会的治理法治化程度还重点体现在几个专门领域的工作效果，如乡村社会普遍法律意识的提高、乡村公共法律服务体系的完善、乡村社会治安的建设和乡村社会纠纷的解决等。

五、小结

“乡政村治”是我国乡村社会治理的基本模式，在该机制下乡村社会法律方式的治理除了法治轨道内的“乡政”和“村治”外，还有专门针对乡村的“严打”、普法运动以及乡村治安和司法机关的其他各类活动。这些法律方式的治理活动实践为乡村社会法治化治理打下良好的基础。在当前依法治国的进程中，“乡政村治”模式在法治化治理的过程中面临更大的考验。乡村社会的法治化治理不仅是法治中国建设的重要内容，还是乡村振兴战略得以顺利实施的重要保障。乡村社会法治化治理中的法治概念具有特殊的含义，其是经过自身实现法治化建设的多元主体在经健全和完善的多样化、层次性治理法律制度体系内，在法治宣传教育提升法治意识的思想理念基础上，党组织的依法执政、政府的依法行政、乡村社会群众自治组织依法自治和完善的农村公共法律服务体系共同协作运行的法治。

第三章　多元共治：乡村社会法治化治理的主体体系

现代治理理论决定了治理主体的多元化，多元主体是社会有效治理的必要条件。党的十九大提出“打造共建共治共享的社会治理格局。加强社会治理制度建设，完善党委领导、政府负责、社会协同、公众参与、法治保障的社会治理体制”①。乡村社会是国家治理的重要对象，乡村社会法治化治理进程是一个有序的系统工程，需要多元主体的参与。主体本身的法治化建设是乡村社会法治化治理的前提条件，因此，主体体系内的各成员的法治化建设成为完善乡村社会法治化治理主体体系的主要内容。

一、乡村社会法治化治理多元主体体系的构成

法治化治理需要乡村社会的各阶层、各领域成员参与并有序协作。社会各界对善治目标的追求，党和国家从治理绩效和政权稳定的治国理政原则出发，以及乡村社会本身的变迁，都要求必须多元主体参与，各有侧

① 参见《中国共产党第十九次全国代表大会文件汇编》，人民出版社 2017 年版，第 39 页。

重、分工协作，共同努力才有可能实现乡村社会治理的法治化。

（一）多元主体在乡村法治化治理中的必要性

我国古代社会就存在“治理”的概念，当时的“治理”基本与“统治”的意义相同。现代意义上的“治理”概念源于西方国家的治理研究，它与传统的统治存在实质性区别，包含了很多现代理念。从主体层面看，现代意义上的治理主体必然是多类型的，而且以善治为目标。“善政”是传统统治所追求的最理想状态，但“善政”是实现政府的良好统治，却不一定能够实现包括社会在内的国家整体良好治理，即“善治”的目标。国家治理现代化的理想状态是实现国家和社会的善治。① 国家治理现代化包括很多要素，而民主和法治是其中最重要、最本质的要素。国家治理现代化下的“善治”以民主合作为前提，以法治为保障。因此，就我国乡村社会来说，建构顺应现代化治理要求的法治型民主合作乡村社会治理体制是新时代乡村社会治理体制发展的必然选择。

乡村社会是国家治理的基础，也是重要的组成部分，乡村社会的法治化是治理现代化的重要内容。我国当前“乡政村治”社会治理机制运行有两种力量在发挥作用：一是国家政权力量——由中国共产党和各级政府为代理人对乡村社会进行治理；二是乡村社会内生性力量的自主治理。国家治理现代化中的乡村社会治理需要代表国家的中国共产党和政府与乡村社会自主治理主体村民自治组织等不同功能主体之间实现合理定位并达到均衡状态。推进乡村社会治理需要构建多元主体力量均衡、相互制约的协商共治体系。在当前城乡融合和乡村振兴战略实施的中国特色社会主义发展的新时代，有效的乡村社会治理需要依赖中国共产党发挥领导作用、政府承担主导责任，村民委员会作为基本主体，其他各类乡村社会组织积极参与，共同努力才能实现。乡村法治化建设的过程中亦是同理，所有参与社

① 参见俞可平：《论国家治理现代化》，社会科学文献出版社 2015 年版，第 76 页。

会治理的主体，同时亦是法治化治理的主体。中国共产党的乡村基层组织、基层政府、村民委员会、各类乡村社会组织、现代乡村精英等主体在主动参与乡村社会法治化治理的基础上，还要尽量发挥各自的积极作用，通过彼此之间的互动协作取得良好的治理成效。从总体上看，城乡融合和乡村振兴战略背景下乡村社会法治化治理应该是法治轨道内共产党领导、基层政府负责和社会力量参与的多元合作共治。

（二）多元主体在乡村社会法治化治理中的意义

在城乡融合背景下，构建多元的乡村社会法治化治理主体体系，有助于各类主体在乡村社会法治化治理中发挥各自的积极作用，并且通过协作方式的良性反应提升治理成效和推进乡村现代化治理进程。

1. 节省法治化治理成本，提升治理绩效

多元共治的乡村社会法治化治理主体体系具有其自身独到之处。党是依法治国的领导力量，党对于自身的要求高于任何其他社会团体和个人。在我国法治建设过程中，党是遵守宪法和法律，践行法治的表率。在乡村社会法治化推进中，乡村基层党组织的先进性和表率性，使党组织能够更有效地实现其在法治化中的领导作用。统筹安排基层政权、村民自治组织和其他社会组织以及现代乡村社会精英，协同各方力量进行法治化治理。多元主体协同以法治思维和法治方式共同治理乡村社会，一方面可以减少我国政府对乡村社会垂直控制产生的社会成本，同时通过法律实现对政府的规制，减少政府行政管理失范；另一方面有利于激发乡村社会本身对规则化治理的主动性，形成国家层面与乡村基层之间在法治轨道内的双向互动。具体到治理现代化背景下乡村社会治理法治化的完善，在坚持基层党组织领导和政府负责前提下，给予乡村社会群众自治组织足够的空间，培育自治组织依法自治的能力和各类社会组织和人员充分参与乡村社会法治化治理的能力。政府负责的乡村社会民主合作型治理法治化对于保证依法行政，防止“寻租”腐败，规范乡村社会公共产品和公共服务的供给，保障乡

村社会居民享受高水平、高质量的社会公共产品和服务具有重大意义。

2. 有利于维护基层政治稳定

国家通过多方途径和多种形式的“法律下乡”建立起国家权力对乡村基层进行法律治理的体系。在该体系的运行过程中，乡（镇）基层党组织及政府、村民自治组织、社会团体和乡村精英都是不可或缺的组成部分。现代乡村社会治理体制必须以基层政权和包括乡村社会自治组织在内的各社会力量等主体之间良好互助合作为基础，需要国家、社会和乡村居民发挥各自积极的作用，协同推动乡村社会法治化治理的发展。随着我国乡村社会居民普遍法治意识的提升、村民自治组织以及其他社会组织的发育与发展，政府已经不再是唯一拥有治理权力的主体。村民自治作为村庄治理的基本方式，村委会、其他乡村社会团体及村民等主体依法行使自治权力有利于乡村社会秩序稳定。在法治轨道内的民主合作治理体制顺应了我国乡村社会发展趋势，这种体制强调乡（镇）基层党组织及政府、村庄自治组织以及村民之间在规则体系内进行良好互助合作，它是乡村社会公共权威与民间机构协同参与治理，体现了政府责任与基层公民权利的共同履行与实现。

多层次、多类型的乡村社会法治化治理主体结构是保障基层政权稳定理想治理机制的重要组成部分。在这种治理机制的运行过程中，一方面，国家政权力量通过向社会自治空间作出适度的权力让渡，有效地激发乡村社会内在活力充分参与乡村社会治理，基层群众实现法律赋予的权利；另一方面，在村庄自治的基础上，国家政权可以集中力量为乡村社会提供社会治安、基础设施等公共产品和公共服务，以及致力于乡村社会公平正义的实现。政府负责的合作型乡村社会法治化治理体制，通过充分发挥国家政权力量依法维护和推进乡村社会公平、稳定、有序建设方面的功能，获得乡村社会群众普遍认可，有效巩固国家权力合法性权威。

3. 适应新时代乡村社会治理新变化的需要

在国家提出和推进实施现代化治理战略目标的新时代，乡村社会的阶层分化和利益多元化趋势加快，建构多元主体协作共同推进的乡村社会法治化治理体制成为必然选择。我国属于后发外生型现代化国家，而现代化重要表现因素之一的法治在我国从基础层面就属于薄弱环节，在乡村社会治理中要实现规则化仅仅凭借社会自身力量基本不可能，法治在乡村社会的渗入必须依靠政治权利，主要是乡（镇）政府和党组织的推动。在国家自上而下的行政力量推动下培育乡村社会内生民主力量的成长、发展，最终实现良性互动、共同合作。乡村社会的阶层分化导致利益多元化的产生，在社会治理过程中，所有参与治理的主体都需要通过法治对其权力和权利的确认和保障，否则，治理活动将会遭受阻滞，治理成效将大打折扣。多元乡村社会法治化治理主体体系能够保证每一个利益主体参与其中，在相互协作治理的过程中最大限度地协调各方利益，促进乡村稳定和谐。

"乡政村治"体制是我国乡村社会治理的基本模式，这种模式的形成是国家政权对乡村社会的控制与社会内生力量自身成长相博弈、最终走向结合的结果，两者相辅相成、缺一不可。现代化治理语境下的乡村社会法治化治理过程中，国家政权的基层代表和村民自治组织都是在法律规范的范畴内，充分运用法治理念通过各种途径行使权力和实现权利。在乡村社会治理实践中，外来的国家行政力量与乡村内生力量向来都处于一体化与多元化博弈的过程中，多元化无法全面抗拒一体化运作，而一体化也不能完全吞噬多元化。① 在国家治理现代化和城乡融合背景下，乡村社会结构出现深刻变化的现实基础上，我国乡村社会治理体制改革必须与时俱进，多元的乡村法治化治理主体体系的建构，符合我国乡村社会治理体制演变的未来走向。无论从价值追求角度出发，还是从实践角度考虑，合作治理都可以有效回应乡村社会主体日益多元化和乡村公共事务发展日益复杂化

---

① 参见任吉东：《两种力量推动近代乡村发展》，载《中国社会科学报》2016 年 8 月 1 日，第 4 版。

的态势。[①] 多元主体合作对乡村的法治化治理能够实现乡村社会稳定、推动乡村经济发展以及保护乡村居民合法权益。

（三）我国乡村社会法治化治理多元主体体系构成

1. 中国共产党是乡村社会法治化治理的领导力量

中国共产党在我国政治生活中的地位是中国革命和建设历史过程中广大普通民众的选择。党的领导是全面的、系统的、整体的，必须全面、系统、整体加以落实。[②] 党在中国特色社会主义建设中的领导地位，使我国乡村社会治理机制的设计及运行逻辑不能脱离这个宏观政治构架，即共产党的领导核心。我国的国家性质和基本国情决定了乡村社会治理体制创新和完善必须在党的领导下进行。作为一个发展中国家，在我国乡村社会法治化治理进程中，如果离开中国共产党这个先进政党的引导和组织，不但乡村社会的有益价值得不到充分挖掘，而且落后的、对民主进程产生抑制性的因素将继续支配乡村社会，进而影响乡村法治和治理现代化的实现。因此，党在乡村社会治理中的领导权威被国家法律、党和政府的各类规范性文件确认。

根据《宪法》的规定，党在领导全国人民取得革命胜利以及社会主义建设伟大成就的基础上，在进入现代化建设时期，将继续领导人民进行社会主义各项建设，包括法治的推进和完善。因此，党的领导地位是国家根本大法赋予的。就具体的乡村社会治理来说，《村民委员会组织法》中明确规定党对村庄自治活动的领导。该规定是党组织对村治领导地位的明确法律确认，在对村两委关系的正确认识和处理时具有重要的法律指引作用。

作为国家法制体系组成部分之一的党内法规对共产党在乡村社会治理

---

① 参见庞娟：《农村基层治理空间重构：一个三维框架》，载《领导科学》2014 年第 32 期。

② 参见习近平：《高举中国特色社会主义伟大旗帜，为全面建设社会主义现代化国家而团结奋斗》，载《党建》2022 年第 11 期。

工作中的领导地位也作出了明确的规定。自改革开放以来，《中国共产党章程》已经历了多次修改，但关于基层党组织对乡村社会治理中的领导地位被始终如一地保持。《中国共产党章程》明确规定党在乡、镇、村的各级基层组织对本地区各领域工作均具有领导权力。1999 年印发的《中国共产党农村基层组织工作条例》确定党对农村工作的领导地位，经历了 20 余年社会变迁后，其已经不再适应我国农村社会改革及形势的发展变化。2019 年 1 月，中共中央印发新修改的《中国共产党农村基层组织工作条例》（以下简称《条例》），对新时代乡村振兴战略下共产党在乡村工作中的领导作出了新的部署。《条例》中重申党对乡村工作的全面领导地位。在《条例》中，除了“领导班子”与“领导干部”表述以外，就共产党对农村工作的具体“领导”的表述有 18 处之多。从思想上坚持党的集中领导、总体上乡（镇）党委对乡村社会中所有的其他共产党基层组织的领导，具体包括村党组织、上级行政部门驻乡（镇）的下属单位所成立的党组织以及农村经济和社会组织所成立的党组织。在乡（镇）党委职责表述中，其有权领导包括乡（镇）政府机关、群团组织等各类其他组织，支持并保证这些组织依法履行职责。在村党组织的职责表述中，其对村民依法自治全程的活动具有领导权力，并且领导村委会及其各下设机构、村集体经济组织以及村庄内其他组织依法履行职责。就具体的乡村社会治理来说，乡（镇）党委领导本乡（镇）的基层治理，具体包括对乡村社会民主法治和精神文明建设、乡村治安综合治理、生态环保建设、民生保障等各方面工作的领导。村党组织对本村治理行使领导职权，具体内容与乡（镇）党委对乡村社会治理的领导职责相同。

除了法律规定党在乡村社会治理中的领导权力外，党和国家政府通过一系列规范性文件确定党的领导地位。1991 年，党的十三届八中全会认为村级组织建设重点在于党支部的建设，提出加强乡村基层党支部及其配套设施建设[①]。1998年党的十五届三中全会强调党管农村工作不仅是一种传统沿袭，而且是重大原则，[②] 因此应该充分发挥乡、村两级党组织的领导核心作用。该项规定不仅确定了村民自治不能放任自流，必须在党的领导下开展，同时确定了党组织的领导必须尊重村委会依法自治职权和村民法定的民主权利。自2004年中央恢复对农村工作的一号文件以来，连续15年在其中以不同的侧重点强调党对农村工作的领导地位。为贯彻落实乡村振兴战略的实施，《战略规划》中更是强调党的领导是实施乡村振兴战略的基本原则，[③] 在为实现乡村振兴战略发展目标而制定的“乡村振兴战略规划主要指标”中对村两委主要领导的“一肩挑”占比确定2020年的目标值为35%，2022年目标值为50%[④]。截至2021年年底，新一轮的村两委换届工作完成后，“‘一肩挑’比例较上一届提高了29.5个百分点，达95.6%”[⑤]。村党支书兼任村委会主任的村占比提高切实保障了党在村庄治理中能够充分发挥领导作用。

2. 乡村社会治理实践中中国共产党发挥了重要领导作用

各级农村工作领导机构的设置。实践中党对乡村工作的领导体现在从中央到地方基层体系化的工作体制和机制设置方面。在中央层面上，1993年成立中央农村工作领导小组，对农村、农业工作的重大问题作出决策。该领导小组的成立，使全国各地乡村社会治理过程中遇到的具有共性的问题能够得到及时关注和有效处理，在节约乡村社会治理整体成本的基础上提升了绩效。党的中央农村工作领导小组下设办公室，各省级政府农委

---

① 参见《中共中央关于进一步加强农业和农村工作的决定》，载《党的建设》1992年第2期。

② 参见《中共中央关于农业和农村工作若干重大问题的决定》，载《求是》1998年第21期。

③ 参见《中共中央 国务院印发〈乡村振兴战略规划（2018—2022年）〉》，载《人民日报》2018年9月27日，第1版。

④ 参见《中共中央 国务院印发〈乡村振兴战略规划（2018—2022年）〉》，载《人民日报》2018年9月27日，第1版。

⑤ 参见刘维涛、张洋、赵兵：《全国村“两委”集中换届完成》，载《人民日报》2022年5月23日，第1版。

（农业局）设立省级相对应的领导小组，成员由组织部和涉农部门的主要领导组成。各省级领导小组向省委、省政府提出乡村建设政策建议，并且具体研究乡村工作要点和阶段性计划及汇报乡村工作情况。除了各级政府设立农村工作办公室以外，各级党委还设立内部农村工作办公室（农办）。省农办向上与中央各主管主体，向下与各省辖市乡村社会治理主管机构进行工作联系和沟通，发挥承上启下作用。党委和政府部门都设置各自的乡村工作主体虽然能够保证工作覆盖范围广泛，但同时也容易造成两个部门对同一领域工作的职能交叉重叠。因此，全国各地不少地方将党和政府的农村工作部门，即农工委与农委合署办公。在机构内部，农工委主要负责党关于乡村社会治理政策的贯彻执行，对本级行政区划内农委系统、党组织建设进行指导。农委主要负责国家关于乡村社会治理的法律制度和政策的贯彻执行，对乡村经济社会等各方面的建设提出政策建议并监督落实。以上几种党对农村工作领导机构的设置模式在实践中各有利弊，但是事实上均产生了显而易见的效果，为我国农业发展和农村建设提供了坚实的保障。

在我国村级社会治理结构中，具有两个权威治理主体，即村两委。根据法律的规定，村民委员会的自治要在村党支委的领导下进行，但是，并没有相关的法律明确村党支委领导的具体事项。实践中，多数情况下村党支委在村委会选举之前产生，因此，村委会选举实际上是在村级党组织的领导下进行。村民自治的主体机构是由党领导选举产生的，因此，从根本上来说，党对村庄的治理实际行使着领导权。在村委会产生之后，村两委之间的关系在很大程度上能够决定村庄治理的实际效果。在“村两委关系”协调的情形下，村庄治理一般能够取得较为良好的效果；如果“村两委”关系出现紧张或失调情形，村庄治理效果往往较差，甚至陷入“失序”状态。在建设协调的“村两委”关系方面，村党支委承担着更加关键的职责，这也是党领导乡村社会治理的一种表现形式。在我国乡村社会治理多年改革探索的实践基础上，越来越多的村庄采取书记主任“一肩挑”

"村两委一体化"的治理模式。实践证明，在村民自治制度还不完善、乡村整体民主法治意识还不理想的背景下，党对乡村社会治理的领导发挥着至关重要的作用。另外，实践中，"村两委一体化"的治理模式在避免矛盾、提高效率和统一党领导方面显现明显的优势，但是，权力高度集中容易滋生基层腐败现象。《战略规划》在强调通过各种机制强化基层党组织建设责任、加强廉洁反腐败机制建设的基础上提出，到2022年村书记、主任由一人担任在全国的村占比预期达到50%。①

我国乡村社会实际状况以及乡村社会治理现代化的内在机制决定了共产党在乡村社会治理中的领导地位与权威。中国的革命历史和社会主义国家建设的实践过程中树立的共产党不可撼动的权威，是推动乡村社会治理实现法治化、现代化的重要保障。

3. 乡（镇）基层政府是乡村社会法治化治理的主要责任主体

2006年农业税费改革以后，国家将乡村社会治理的财权、人事权和事权大多收至县级人民政府。县级人民政府成为国家行使乡村社会治理职能的关键执行机构，但是，由于县级人民政府与乡村社会之间存在的自然的和社会的空间距离，国家关于乡村社会治理的相关法律和政策的具体实施工作只能由政府派出机构，即乡（镇）政府承担。特别是在国家对农村进行大量资金投入的背景下，乡镇政府以各类项目（美丽乡村示范村、基层党建精品村、乡村文明创建、移风易俗等）为载体，以"经营村庄"② 的方式实现对村庄的治理。在乡村社会法治化治理的推行中也是如此，乡（镇）政府成为直接的责任主体。

乡（镇）政府是乡村社会治理的主要责任主体地位是由我国《宪法》确定的，其第30条规定了我国的行政区划，在全国之下分各省级行政区

---

① 参见《中共中央、国务院印发〈乡村振兴战略规划（2018—2022年）〉》，载《人民日报》2018年9月27日，第1版。

② 参见李祖佩、钟涨宝：《"经营村庄"：项目进村背景下的乡镇政府行为研究》，载《政治学研究》2020年第3期。

划，省级之下分各市级，市级之下分各县级，县级之下分各乡（镇），乡（镇）是国家最基层的行政区划。乡（镇）政府依法对本乡（镇）区划内的行政事务进行管理。[①] 依照《宪法》规定，各级地方政府作为地方行政机构，其职责范畴包括地方经济、社会、文化、财政、民政等各个方面。各级地方政府对本行政区划内的社会治理承担主要责任，而乡（镇）政府成为乡村社会治理的主要责任主体。近年来，为了加强对公共权力的监管，有些地方政府对乡（镇）政府的行政职权进行梳理，制定明确清单。例如，浙江省Q市的乡（镇）政府职权清单涉及乡村社会治理的土地管理、乡村规划、村级组织监管、乡村社会保障、乡村环境卫生、村公共设施、公共事务管理、乡村治安、国防安全（民兵、征兵）、自然灾害应对、村集体及村民合法权益保护、人口管理、乡村经济组织（合作社）等各个领域。乡（镇）政府依法行使职权规范乡村生产、生活各方面的行为，保障乡村政治、经济、社会、文化等各方面秩序的稳定。

4. 村委会是乡村社会法治化治理的基本主体

自治是马克思主义理论体系中的一个重要问题。马克思从消除和克服劳动异化和国家异化的角度提出了自治思想。[②] 一方面，我国乡村社会村民自治制度的建立中国共产党领导广大乡村社会民众，在充分尊重中国基本国情的基础上，对民主形式和制度在社会主义框架内的积极探索，该探索不仅是对马克思主义自治思想的吸收和运用，同时也是一种创新。另一方面，自治在我国乡村社会治理中存在悠久的历史传统。但乡村社会的自治形态主要由乡村精英主导，是乡村社会自我建构社会秩序。而当今我国乡村社会的村民自治是在现代国家的总体框架内，全体村民普遍参与的基层群众自治。在这种制度内，全体村民以国家公民和农村集体组织成员身

---

① 参见《中华人民共和国宪法》，载全国人大网（国家法律法规数据库），https://flk.npc.gov.cn/fl.html，访问时间：2024年6月2日。

② 参见徐增阳：《论马克思的自治思想》，载《当代世界与社会主义》2009年第6期。

份，普遍享有参与乡村社会公共事务管理的权利①。在进入中国特色社会主义建设的新时代，经过40余年的实践，作为我国乡村社会群众自治基本形式的村民自治，已经成为乡村社会公民实现基本的，也是主要的民主政治权利的制度平台，通过参与村庄自治的实践行使民主政治权利正在被内化为乡村社会几亿农民的生活习惯和基本意识。以村民自治为主要内容的基层群众民主自治制度不但被确立为我国的主要民主政治制度之一，同时也被国家根本大法和其他法律法规确认。

自改革开放以后，我国法律就确定“乡政村治”社会治理机制，“乡政”是国家行政权力在乡村社会的运行，行政管理权由乡（镇）政府代表国家行使，“村治”是社会权利在乡村社会的运行，基层群众自治权由村民委员会代表乡村社会广大农民行使。“乡政”和“村治”两个层面的权力/权利运行机制相互之间具有渗透、制约作用。在村民自治中，村民依照法律制度对乡村社会的公共事务和事业进行自主治理，真正实现村民自我管理、自我服务和自我教育。村民自治是以实现由村庄全体村民权利组成的村民集体权利为目标，自治的存在是对国家权力在乡村社会的作用和影响的限制。村民自治制度以法律方式对国家权力与公民权利进行划分。国家行政权力不能随意干预村民依法行使民主选举、管理、决策以及监督的权利。村庄内部民众通过自治制度的运行实现法律权利，而村委会是村庄民众通过民主选举产生的代表全体村民行使权利的执行组织，是乡村社会村庄的基本治理主体。

5. 乡村社会组织是乡村法治化治理的有益主体

政治、经济及文化等各方面的发展对乡村社会的冲击导致乡村社会成员之间利益不断分化、矛盾和冲突不断增加，大量代表、服务于不同乡村成员利益的社会组织以各种表现形式开始涌现。这些乡村社会组织借助村民委员会的群众自治制度平台展开针对乡村社会治理各个领域、各种形式

---

① 参见徐勇：《实践创设并转换范式：村民自治研究回顾与反思——写在第一个村委会诞生35周年之际》，载《中国社会科学评论》2015年第3期。

的自治活动。乡村社会组织的自治活动不但推动乡村经济发展、维护村民合法权益，同时还促进乡村社会文化的良性发展和社会秩序的稳定。乡村社会组织对我国乡村社会的治理结构及状态的改善发挥重要影响，助推乡村社会民主发展进程。乡村社会组织的出现为农民表达公共利益提供平台，也加强了农民群体的凝聚力，有利于农民监督和制约乡村社会的权利进行，预防乡村干部腐败。同时，乡村社会组织将农民组织在一起，利益表达也更具主动性和组织化，如此一来，一方面使农民利益表达渠道被大大拓宽，另一方面组织化和制度化使农民政治表达大大减少了行为的失范性、对抗性，特别是减少了违法行为的发生。

乡村社会组织参与法治化治理有利于乡村矛盾纠纷的防范和解决。在乡村社会的治理实践中，乡村社会组织在运用内部规则对组织成员行为进行规范和约束的同时，还为乡村社会成员交往提供交流的平台，进行矛盾调解，推动乡村有效治理与秩序和谐稳定。一方面，乡村社会组织作为内生性秩序形成的主要要素，其自身规范体系对成员具有规制功能，对于乡村秩序维护具有积极影响。另一方面，以专门维护乡村社会秩序为宗旨的一些乡村社会组织，如在全国各地很多乡村组织中都设立的治保会、禁毒委员会、禁赌协会，它们直接承担维护乡村社会治安的责任，对于乡村社会中的赌博、偷窃、吸毒等犯罪行为的发生具有直接有效的遏制作用。在国家现代化建设向乡村社会推进的过程中，社会纠纷和矛盾出现许多新的特点：矛盾主体更加多元化、矛盾类型更加多样化并且带有交叉性、引起矛盾产生的原因呈现更加明显的利益化、矛盾的发展更加容易被激化且具有反复性，而解决矛盾和纠纷的途径往往通过非诉讼手段等。契约意识不强、法治素养不高，原本就秉持浓厚“无讼”观念的乡村社会居民对于相对较高的诉讼成本和风险往往难以承担，因此，其更多地选择非诉讼调解甚至上访。活跃于乡村社会的各类群众社会组织，诸如妇女协会、老龄协会、禁毒禁赌协会等本身来自群众，对乡村社会运行规则非常熟悉，它们在矛盾和纠纷的调解过程中具有非常重要的意义。在全面依法治国的新时代，在受到几千年传统乡村社会治理影响下，诉讼途径在乡村社会纠纷解决中并不都是最佳的方式。选择在乡村社会组织的协调下非诉讼途径的解决纠纷手段，是农民将行为习惯、社会网络以及成本收益综合纳入分析比较以后的理性选择结果。乡村社会组织对乡村矛盾纠纷及时有效的介入和解决不仅有助于维护乡村社会秩序的稳定，更为直接的是降低了乡村纠纷解决成本。它们一方面节约了农民的诉讼成本，使农民摆脱了司法诉讼中经常出现的“打不起、拖不起、耗不起”的问题；另一方面将矛盾纠纷消解在萌芽状态，防范农民直接与基层政府对抗或越级上访等过激行为，为政府节约了行政成本。

乡村社会组织推动了农民依法理性维权。一方面，乡村社会出现的以维护农民权益为目的的各类社会组织在对分散农民的利益进行整合和维护的同时，还使以个人上访、个体维权的传统农民维权方式向理性维权、组织维权和依法维权转变，从而也让政府对乡村社会存在的矛盾及其动向具有更加具体和明确的掌控。作为弱势群体的广大乡村民众，利益极易受到基层政府和其他强势团体的损害。当农民难以在体制内为受侵害的权利寻求满意的权利救济时，就很容易采取过激的维权方式。乡村农民权益维护团体等社会组织对农村维权活动的介入，不仅增强农民群体的维权力量、拓宽维权渠道，更为重要的是，对农民产生了教育和引导作用，指引农民依法理性维权，避免采取过激行为。乡村社会组织在引导农民维护权益的过程，实际上也是其向乡村社会群众展开法治宣传教育的实践，农民依法实现权利维护的同时法律素养也得到了提升。另一方面，乡村社会组织对乡村社会矛盾纠纷解决的介入能够有效促使基层政权及时直面和解决纠纷，防止矛盾和纠纷扩大、恶化以致损害乡村社会整体秩序。农民个体维权行为不容易引起政府重视，而对乡村基层社会群众维权行为的忽视或无视积累到一定程度极易使矛盾和纠纷集中爆发，从而产生群体恶性事件。乡村社会组织能够对乡村基层纠纷进行汇总、对矛盾进行预警。在参与乡村社会治理过程中，乡村社会组织通过对所掌握的矛盾和纠纷的整理、辨别和归纳，可以使农民利益诉求被更为集中、更加有效地反映给基层政府。而基层政府通过与乡村社会组织的协作，能够更加及时有效地掌握乡村社会的矛盾焦点、根源以及农民利益诉求和动因。在此基础上，乡村基层政府组织能够采取更加合理的措施应对矛盾纠纷，避免乡村社会因矛盾长期积累而导致大规模群体性冲突的发生，从而保障乡村社会秩序的稳定与和谐。

作为新崛起的力量登上乡村社会治理舞台的各类乡村社会组织各自代表着不同农民群体的利益。在新时代的乡村社会治理中，乡村社会组织通过参与乡村社会的各项事务，不仅使农民群体的组织化程度得到提高，而且还培育了农民民主法治素养，正在成为基层政府和村庄自治组织之外推动乡村社会治理法治化发展的重要力量。

6. 现代乡村精英是新时代乡村法治化治理的重要力量

在小群体生活实践中，对于社会资源的调动以及在安全、尊重等权威性价值分配方面比其他社会成员具有更大支配能力或影响力的人可被称为精英。而乡村精英，过去被称为“乡贤”，通常指在乡村社会中，在经济财富、社会资源、个人能力等方面拥有优势的人。他们凭借优势取得比别人更大的成就，为所处特定范围的乡村社会作出贡献，并且因此获得权威。乡村精英的构成具有三大要素，即优势资源的拥有、作出社会成就以及具有社会影响力。

虽然我国乡村社会治理已经进入现代化建设阶段，但乡村治理体制近代以来的演变历史给我们提供了经验和教训，那就是我国乡村社会传统的治理资源和结构在很大程度上将继续影响新时代的乡村社会治理走向。当代乡村精英在乡村社会治理中具有其他任何主体都替代不了的功能，而与这种积极作用的发挥具有密切关系的是当前乡村在一定程度上仍然存在传统乡村社会的“熟人社会”特质。我国传统乡村社会历来就由掌握优势资源的乡村精英参与并实现对乡村社会的良性治理。在几千年“皇权不下乡”的封建社会，以乡绅、士绅为主体的乡村精英是乡村社会治理的主要力量，他们充分发挥自身资源优势，在国家与农民之间扮演“中间人”角色，一方面使国家实现对乡村社会的治理，另一方面将乡村信息传达至国家政权。因此，文化传承与历史渊源是普遍的精英主义价值取向的根本源头，也是现代乡村精英参与社会治理的历史依据和现实土壤。

改革开放和市场经济在乡村社会的发展，使社会流动变得更为便捷，也更为频繁，因此，乡村精英所涵盖的范围和内容被大大地拓展。除了长期在乡村定居的本土精英以外，经常活跃于乡村社会，并且影响乡村社会治理的还包括那些本地外出经商、事业有成的经济精英以及本地外出的或在职、或已退休的官员、医生、教师、军官等关心并愿意参与家乡社会治理的各类精英。乡村社会的本土精英除了“村干部”“乡村教师”“乡村医生”“富人”“能人”“老板”等人们普遍认可的精英以外，还应该包括那些依靠农业生产改变经济状况的“中坚”农民以及进行手工业经营赢得乡村社会威信的村民。除了体制内的村干部等精英之外，非体制内的乡村精英在乡村社会治理中发挥越来越大的影响是当前乡村社会治理主体构成的一个显著变化。现代乡村精英在中央及地方政府、乡村社会居民相互之间权力/权利的博弈中具有不可忽视的影响作用。现代乡村精英在乡村社会治理中的重要作用也决定了法治化治理的发展离不开他们的参与。一方面，在乡村社会普遍呈现离散化的情形下，现代乡村精英因其掌握的经济、社会关系、阅历和知识等方面的优势，对于乡村社会居民对国家法治治理理念和方式的认可和接受具有重大影响。乡村精英在乡村社会的权威性使他们关于法治治理的遵从和认可对普通乡村社会居民产生模范引领效应。特别是在村民自治制度的依法落实过程中，村民是否依法进行民主选举、决策、管理和监督，乡村精英的法治素养发挥着关键作用。另一方面，国家政权机构和司法机构在乡村社会的法治治理需要乡村精英的协作，他们对乡村社会的影响力与控制力是法治化治理的重要依托。

二、保障领导力量：建设乡村法治型基层党组织

党对乡村社会治理的领导地位是中国历史和人民的选择，在当前法治

社会的建设过程中，党的核心领导地位不能动摇。在法治建设基础薄弱的乡村社会治理中发挥领导作用，需要基层党组织建设过硬，法治型政党的建设是保障基层党组织在乡村社会法治化治理过程中领导地位和领导作用发挥的基本前提。

（一）法治型党组织的概念内涵

在确定法治型党组织的概念时，政党的执政能力、制度变革以及其与国家治理现代化的关系是必须考虑的因素。方世南教授曾对法治型党组织进行含义确定，他认为，法治型党组织应该是具有强烈的法治思维和意识，以法治为导向，遵循依法执政原则、捍卫宪法和法律的尊严以及维护宪法和法律权威，并且具备规范的党内法规体系，坚持依法全面从严治党以及保障每位党员的各项法律赋予的权益，不断提高依法办事能力的党组织。① 而王世谊教授和邹庆国教授认为，应该从党组织建设的层面分析法治型政党的概念，从治国理政原则及方式，即从依法治国与以德治国关系角度，从思想建党与制度建党层面理解政党的法治特色。因此，新时代法治型党组织的新特质应是将学习型、创新型与服务型融为一体。具体来说，法治型政党应该确保党内法规与国家法律能够相互协调衔接并成为其依法执政的依据，其核心内容应该是对权力进行规制和对权利提供保障，其所依托的体制机制设置科学、运行高效，坚守国家法与党内法规的至上权威，坚持在宪法和法律框架内从事一切活动，坚持对依规治党和依法执政能力的完善与提高。②

（二）乡（镇）基层法治型党组织建设是依法治党的要求

在现代政治文明形成的诸多影响因素中，政党发挥了主导性作用，而

① 参见方世南：《提升五大能力与推进法治型党组织建设》，载《中共云南省委党校学报》2015 年第 1 期。

② 参见王世谊、邹庆国：《论建设法治型党组织》，载《江汉论坛》2016 年第 9 期。

政党的自身建设对于其作用发挥程度具有决定性影响。政党的自身建设应该与其内外部环境的变化相适宜，因此，政党的自身建设必须不断作出调整，以适应内外环境的变化。作为马克思主义政党，我国革命、建设以及改革开放历程证明党对国内外环境变迁具有很强的适应能力。在国家发展的不同阶段，面对国内外、党内外不同的复杂环境，中国共产党提出的目标和建设模式既具有历史继承性，又具有创造性和现实适应性。在保证党的先进性与纯洁性的前提条件下，使党的领导与执政能力在磨炼中得以增强。党的十八届三中全会提出实现国家治理现代化的重大理论观点，而法治化是实现现代化的必由之路。我国虽然是个传统农业大国，乡村社会治理的法治化和现代化仍是新时期中国特色社会主义建设的重要内容。乡村两级基层党组织现代化建设是乡村社会治理现代化的关键要素。中国共产党作为执政党，乡（镇）党组织是乡村社会治理现代化和法治化的核心力量，法治型乡（镇）党组织建设成为乡村社会法治化治理推进的关键环节。在全国普遍进行法治乡（镇）建设的背景下，乡（镇）基层党组织在如何治理乡（镇）社会以及基层党组织本身的具体活动中发挥法治的统御性功能是法治乡（镇）建设的关键问题。推进全面从严治党必须依靠法治。法治型党组织建设体现了法治发展历程的总趋势，是全面依法治国的内在要求，是对基层法治建设要求的科学回应。①

（三）法治型党组织建设原创于基层党建工作

基层法治型政党建设是加强基层党组织执政能力的关键，这是法治在基层社会推进的过程中所得的经验，法治型党组织建设原创于基层法治实践。自全面依法治国战略实施开始，2006 年以浙江为首全国各地都展开法治省域建设，拉开了依规治党与法治省域建设一体推进的序幕。2015 年江苏省苏州市在法治苏州建设的基础上明确提出法治型党组织建设，并且对

① 参见陆树程、郭潇彬：《论法治型党组织建设的逻辑理路》，载《苏州大学学报（哲学社会科学版）》2019 年第 2 期。

其含义和特征作出较为具体的确定。苏州市从基层党组织的法治理念和文化、依法执政程度、党内规则、合法权益保护、与法治地方建设的关系等多方面对法治型政党的目标和特征进行界定。① 苏州对基层党组织建设的有益探索为提升依法执政水平获取很好的经验，成为全国基层党建工作学习的制度创新成果。法治型政党不但从新的理论视角阐释权和法、党和法的关系，而且在法治与政府、与社会一体化建设的实践层面论证了法治与党建、依法治国和依规治党同时推进的实践路径。

（四）乡村基层法治型党组织的建设路径

依法治国在乡村社会治理的推进过程中，党组织干部个人在其中的作用举足轻重。因此，应该增强乡村基层党组织干部个人法治理念，进而充分发挥基层党组织在乡村社会治理中的领导核心作用。我国乡村社会基层党组织数量大，并且与几亿乡村社会群众直接打交道，是广大乡村社会居民对党组织的切身认识。基层党组织的法治水平直接关系法治型政党建设的成败与乡村基层社会民众对共产党依法执政的客观感受。在乡村基层党组织领导乡村法治化治理过程中，应该充分发挥基层党组织在乡村社会的政治、组织、制度、与乡村民众密切关系等方面的资源优势，进行包括自身法治素养的提升、与乡村民众关系的完善以及突出问题的解决等方面的建设和完善。具体而言，首先，从文化意识上武装基层党组织。法治文化意识是党组织依法执政水平的根本所在，作为学习型政党组织，在法治文化的引领下，学习法治知识，提高法治意识和素养是基础。其次，运用法治思维和方式处理与乡村基层社会民众之间的关系。在领导乡村社会治理过程中，乡村两级党委组织应该积极加强并改善与乡村社会居民的联系。真正听到民众的心声、了解民众的需要、回应民众的诉求，保护乡村社会广大群众的合法权益和维护乡村社会法治秩序，从而提高乡村两级党组织

---

① 参见《苏州率先探索法治型党组织建设新实践》，载《苏州日报》2015年4月8日，第1版。

在乡村社会居民群体中的法治威信。最后，充分了解和把握乡村社会存在的严重制约法治建设、侵害乡村社会群众合法权益的突出问题，在坚持改革于法有据的原则的基础上，妥善解决突出问题。

三、完善主要责任主体：构建乡村基层法治政府

基层政府作为国家基层的行政机关，肩负着基层治理的行政职责与国家使命，因而，加快基层法治政府建设是基层治理法治化的关键环节和基本条件。[①] 国家治理现代化与基层社会治理理念在我国的确立，必然使乡（镇）政府职能作出相应转变。乡（镇）政府的“政权经营者”是以过去“统治”“管理”的理论为背景，在国家治理现代化和法治理念下，乡（镇）政府应该以“社会治理者”身份开展治理活动。乡（镇）政府“社会治理者”的身份定位必然使其职能发生变化，“服务”成为其基本职能。党的十八届三中全会确定法治政府与服务型政府是政府职能转变的目标。[②] 而法治是服务型政府本身应有之义，因为服务必须在规则的指引下进行，法律规则体系为服务型政府开展行政活动确定不能突破的行为规制框架。对行政权力进行依法规制和对公民权利提供保护是法治型和服务型政府共同的核心内容。

（一）建设乡（镇）基层法治型政府

法治型政府建设是我国全面依法治国的基本组成部分。政府是国家法律制度与执政党治国理政政策举措的具体实施主体。全面依法治国是党和国家在中国特色社会主义建设的特定阶段提出的重要治国方略，法治政府建设在某种程度上决定全面依法治国的实施效果。在乡村社会治理中，乡

① 参见郭祎、孟大川：《新时代基层法治政府建设理论定位与实践任务》，载《理论与现代化》2019 年第 5 期。

② 参见《中共中央关于全面深化改革若干重大问题的决定》，载《人民日报》2013 年 11 月 16 日，第 1 版。

（镇）政府的法治化程度对乡村社会治理法治化的整体成效具有直接的决定作用。乡（镇）政府是乡村社会治理的主要负责主体，需要将国家法律法规以及党的政策措施在乡村社会进行传达和具体落地实施。在乡村社会，乡（镇）政府的法治化程度直接代表国家行为的法治化，同时是乡村社会治理能否实现法治化的关键。因此，乡村社会治理法治化需要首先实现主要责任主体，即乡（镇）政府的法治化。法治化乡（镇）政府一方面要求乡（镇）政府的行政行为所依据的法律规范都是按照法律既定程序规则创制的，另一方面要求乡（镇）政府工作人员严格按照法律法规行使职权和履行职责。具体来说，乡（镇）政府的机构设立、运行活动以及机构成员的个人行为都要依法进行。首先，乡（镇）政府机构组织的法定化，乡（镇）政府各部门的设置、机构以及运行方式应该完全按照法律规定确定。乡（镇）政府工作人员的录用、任命、奖惩以及待遇等严格执行国家公务员法的规定。其次，乡（镇）政府及其成员的各类行政行为应该以法律为依据，遵守法定程序。最后，乡（镇）政府及其工作人员的乡村社会治理活动应该接受乡（镇）立法机构和乡村社会居民的监督，乡（镇）政府或其工作人员治理社会行为违法时应该能够被及时发现并得到纠正。总之，法治型乡（镇）政府应该是行政权力受到规制的有限政府，是保证国家法律实施的统一性、摒弃地方主义和部门主义的政府。

（二）完善乡（镇）基层服务型政府

服务型政府是依法治国的伟大方略下在法治政府基础上对现代政府建设目标及要求的延伸。法治政府和服务型政府都是伴随我国社会转型产生的，社会发生大转型，对国家治理提出新的要求。“依法治国”与“法治国家”是中国共产党为应对我国社会转型而作出的治国理政理念的重大转变。法治政府是在依法治国进程中提出的关键概念，也是法治中国推进的重要内容。在社会转型要求政府职能也必然作出相应调整的背景下，服务型是法治政府建设的重要目标。服务型政府是从政府职能的角度提出来的，是对政府服务职能的强调，表明政府职能重心的一种转移，也就是从注重经济建设转向注重民生建设，注重向公众提供公共产品和服务。[①] 只有通过改变政府职能，使政府秉持为人民服务的原则，为社会提供优质公共服务，才能通过政府行为来推动法治的进步。

乡（镇）服务型政府的建设和完善既是乡（镇）法治政府建设的重要途径，也是重要目标。在新时代乡村振兴的重要时期，国家对乡村社会公共服务产品投入持续增加。乡村振兴战略从农村教育、农民就业增收、农村基础设施、社会保障、健康和人居环境等方面加强乡村公共产品和事务的投入。[②] 到2022年，国家的投入在乡村社会要达到以下目标：教育方面，实现全部农村基础教育学校（包括寄宿学校）配备（包括师资和校舍、场地）标准化；健康乡村方面，乡（镇）卫生院与村卫生室的建设标准分别达到95%和80%，并且实现乡村居民普遍在乡村就诊；社会保障方面，达到法定人员全覆盖；农村养老方面，实行多模式养老，筹建公益性养老设施，实现全国半数以上的乡（镇）拥有养老服务机构；农民就业方面，建立乡村职业技能公共实训基地，组织农民工职业培训，确保所有转移就业者人均至少获得1次培训机会；农村基础设施方面，改造公路危桥、实施道路硬化，实现村级物流配送点全面覆盖、建设乡村客货运输服务网络，建设乡村河流、水库、防汛报警体系等水利工程，建设乡村清洁能源网络，建设农村新一代信息网络，使中西部乡村家庭宽带达40%的普及率，等等。国家对乡村社会公共服务和产品建设进行目标规划的同时，在资金投入方面也采取了保障措施。这些投入以各种方式到达乡村社会，代表国家进行管理和具体监督执行的是乡（镇）政府，在乡村社会民众的观念中，乡（镇）政府就是这些服务的提供者。

乡（镇）政府在国家实现乡村社会公共投入方面扮演非常关键的角

---

① 参见竺乾威：《服务型政府：从职能回归本质》，载《行政论坛》2019年第5期。

② 参见《中共中央、国务院关于实施乡村振兴战略的意见》，载《人民日报》2018年2月5日，第1版。

色，特别是以项目形式进入乡村社会的基础设施和公共服务设施建设，乡（镇）政府能否在国家法律和政策规制下为乡村社会提供相关服务显得尤为重要。项目最终在村庄落地的过程需要乡（镇）政府上下提供多方面的服务。多数国家项目在乡村实施都需要县级主管部门进行规划和统筹安排。在确定项目具体落实的重点村庄时，乡（镇）政府与上级政府的互动显得尤为重要，关系到项目能否在村庄落地，以及在哪些村庄落地。乡（镇）政府一方面要向行政区域内的各村庄领导传达项目具体情况及其利弊，鼓励符合条件的村庄积极申报；另一方面要向并不熟悉村庄具体情况的上级政府介绍村庄情况并提出有针对性的建议。这个项目的“撮合”过程实际上是乡（镇）政府履行相关职能的过程，同时更是乡（镇）政府进行乡村社会治理、发挥服务功能的具体表现。在项目真正进入实施阶段，乡（镇）政府的服务功能发挥更为重要的作用。虽然乡（镇）政府对于项目本身没有支配权，但是项目的实施过程却依赖于其“协调”服务功能的运行。由于项目主管部门（一般为县级部门）对乡村情况不熟悉，项目实施涉及的征地、拆迁以及后期管理都需要熟悉村庄情况的乡（镇）政府出面协调。离开乡（镇）政府的协调，项目主管部门和施工部门根本无法解决项目实施过程中发生的各种矛盾纠纷。随着国家下乡项目的增多，协调工作日益成为乡（镇）政权的核心任务。[①] 在农业税费改革之后，国家削弱了乡（镇）政府的财权、人事权和事权，乡（镇）政府更多地承担着上下协调的服务功能。一方面，在当前乡村社会项目式治理的运行中，乡（镇）政府对于项目能否顺利实施发挥越来越重要的作用。另一方面，乡（镇）机构改革后乡（镇）政府在财力和人力方面的欠缺造成的与村庄关系的隔阂，致使乡（镇）政府在发挥多方协调服务功能时工作难度大大提高，有时候甚至要利用与所涉村庄领导干部之间的私人感情进行协调，以保证项目顺利实施。

---

① 参见付伟、焦长权：《“协调型”政权：项目制运作下的乡镇政府》，载《社会学研究》2015 年第 2 期。

新时代我国城乡关系已经进入相互融合阶段，国家开始了对乡村社会的“反哺”时期，乡村社会的公共设施和产品及服务大多由国家承担，并以项目的方式到达乡村社会，而乡（镇）政府则成为这些项目的最终执行主体。改革以后的乡（镇）政府权力不断被挤压，面对大量项目实施过程中出现的协调服务工作力不从心，极易导致乡村社会矛盾纠纷的累积和激化。项目制所遵循的国家权力直达乡村的治理逻辑与作为治理直接主体的乡（镇）政权狭窄的制度空间之间产生矛盾，出现乡（镇）政府“协调型政权”的制度困境①。我国乡村振兴的实现和城乡融合将经历一个较为漫长的过程，国家对乡村社会的高投入在相当长的时间内也将是一个常态。在项目式治理的实践过程中，应该通过授权对乡（镇）政府的财权、人事权、事权进行适当扩大，以便其更好地发挥协调服务功能，使国家在乡村社会公共设施及服务和产品的投入取得更好的绩效。当然，扩大乡（镇）政府财权、人事权、事权的同时，应该完善相关的监督机制，以保证乡村社会广大民众的合法权益不被侵犯。从根本上完善乡（镇）政府的服务功能，保障其乡村社会治理绩效，还必须对其体制进行重塑。

（三）建构乡（镇）基层民主型政府

民主型乡（镇）政府的建构是乡村社会治理在主体层面进行法治化的重要组成部分。民主与法治关系密切，两者相互促进。只有在民主政府基础上，才能保证和推进乡（镇）政府的法治建设。改革开放以来，出于对经济建设目标的追求，乡（镇）政府位于压力型体制内的国家政权最底部的层级，需要完成经过上级各层政府不断加码以后形成的各项繁重工作指标。除了国家法律确定的职责外，在实践中，乡（镇）政府还承担着大量上级部门强加的非制度性任务。村庄治理中的一些具体事项直接影响乡（镇）政府工作考核结果（如信访考核中的“一票否决”）和村庄自治能

① 参见付伟、焦长权：《“协调型”政权：项目制运作下的乡镇政府》，载《社会学研究》2015年第2期。

力的欠缺使乡（镇）政府经常采用强制性手段过分积极地“指导”村庄事务。[①] 乡（镇）政府疲于应付上级下达的繁重任务，又受制于“一票否决”型的绩效考核制度，在行使行政职权时为完成任务而作出侵犯乡村社会民众合法权益之举，依法行政难以实现。压力型机制成为阻滞乡（镇）基层政府依法行政的主要原因之一，干部委任制则是压力型机制存在的根本基础。特别是在当前乡村振兴战略实施阶段，跟随项目和资源来自上级政府部门的名目繁多、形式各异的任务越来越多，本已弱化的乡（镇）政权难以凭借以往的“财权、人事权、事权”与村庄保持密切关系，导致乡村社会治理中出现制度困境。乡（镇）政府在乡村社会治理中合法性和威信的提高，直接源于乡村社会广大民众的认可和支持。因此，乡（镇）民主机制的建立和完善是提升乡（镇）政府社会治理成效的重要途径，也是实现和保障乡（镇）政府依法行政的基础和条件。

通过民主选举方式产生乡（镇）政府主要领导是建构民主型乡（镇）政府的重要途径。自党的十五大以后，以民主选举的方式产生乡（镇）领导在我国很多地区的乡村社会推行实践探索，在社会上引起很大的反响和争议。从民主制度完善和法治建设层面说，民主选举产生乡（镇）镇长或镇党委书记是我国基层民主制度实践的巨大进步，不但有助于乡（镇）政府的依法行政，而且推动了依法治国在乡村基层社会的深入展开。保障乡村社会居民基本权利实现的最早最有效的制度是村民自治制度，由村庄民众选举，而非政府任命产生村庄治理领导者。村民自治制度在全国的推行使乡（镇）政府领导的民主选举也被很多地方纳入基层政府改革的范畴之内。在镇长的候选人产生方式上，有的地方采取民主评议或民主推荐的方式，有的地方甚至直接海选产生候选人。候选人的这种产生方式使乡（镇）政府领导人的职位处于开放状态，符合法律规定的普通乡村社会居民都有机会参与乡（镇）政府领导的选举。且不论选举成功概率的问题，

---

① 参见郁建兴、黄飚：《乡镇政府的职能界定与责任承担——基于浙江省三门县小雄镇的个案分析》，载《中共宁波市委党校学报》2013 年第 5 期。

这种民主机制在理论上具有更加重要的意义。由乡（镇）居民选举产生的领导人更多的是对选民们负责，在法律的框架内实现乡村社会民众的权益保护将是乡（镇）政府行政活动的终极目标。因此，乡村群众对乡（镇）领导人产生的影响力越大，乡（镇）政府面对上级下达指令或任务的压力越小，也就越不可能违法行政进而损害乡村社会居民依法拥有的权益。根据国家法律以及党的规范性文件规定，乡（镇）政府的乡村社会治理活动受乡（镇）党组织的领导，党委才是乡（镇）政权的核心。在乡（镇）政府领导人由民主选举产生，而乡（镇）党委书记仍需任命产生的情形下，乡（镇）政府领导与党组织领导容易出现矛盾，不利于乡村社会治理。因此，有些地区把村庄治理中的民主机制借鉴到乡（镇）党组织领导的产生实践中。由此而产生的乡（镇）政府和党组织领导人的权力都来自乡村社会群众授权，群众利益保护成为乡（镇）党组织依法执政和乡（镇）政府依法行政的中心价值目标。乡（镇）党组织的先进性和执政能力直接接受乡村社会居民的普遍判断和评价，民众的认可度将在下一轮选举中作出真实的反应。

四、健全基本主体：完善村民自治组织

村民自治是我国乡村社会基本单位——村庄治理的基本方式，村民自治实现法治化首先需要进行自治组织的法治化建设。村委会是村庄群众自治组织，由本村村民通过民主选举形式产生，因此，自治组织合法产生是其法治建设的前提。除了自治组织以外，在村庄治理中扮演重要角色的还有乡（镇）政府机构和村基层党组织，因此，与其他主体之间法律关系的科学定位也是自治组织法治化完善的主要内容。

（一）完善相关法律制度保障村民自治组织依法产生

我国法律规定，村民委员会是乡村群众自治机构，由村民通过民主选举的方式产生。经过30年的实践，乡村社会民众的民主参与意识已经发生

了巨大变化。几乎每个村民对手中那张选票的价值都有了崭新的认识。因此，当前乡村社会的民主进程问题不在于人们不愿意参与民主选举，在很多情况下是都太过热衷于兑现选票的价值。这在很大程度上是近些年在全国各地农村普遍出现的贿选现象造成的。笔者曾经于村委会换届期间在河北 B 市某县和浙江 Q 市调研，直接进村观察民主选举情况。从选举程序上来说，都注重按照法律规定程序。村民参与投票的积极性也非常高，很多村民专门从打工的外地赶回来投票，委托投票的也都按照法律规定程序进行。从调研情况看，浙江村庄村委会民主选举过程从形式上更为规范，县政府、各乡（镇）政府投入更多。包括区公安局及派出所在每个选举村中都安排警力维持选举秩序；区政府在每个投票点均安排非本区大学生为不识字的村民服务，以便准确投票；投票期间所有的候选人都被乡（镇）政府接走，统一安排学习（观看电视剧《人民的名义》）等措施保证程序合法。除了选举程序上都比较规范以外，两地各选举村还有一个共同点，通过熟人向村民询问“选票有啥好处没”，只要不追问具体给好处的人，回答几乎都是肯定的，有相当一部分村民甚至几个候选人的好处都收。在调研的浙江村庄中，街头巷尾的村民熟练地交流着行话：某某家族（选民）是某某（候选人）的“铁票”，花不了多少钱；某某家（选民）是某某（候选人）的“摇摆票”，得花大价钱。甚至一些“铁票”在投票后，候选人没有作出“表示”，“铁票”就会埋怨候选人不懂人情世故。贿选已经成为很多村委会选举的普遍现象，只是根据各地经济水平的不同贿选的形式和数量有所区别。贿选现象与法律规定的村民自治性质背道而驰，村民并非从候选人的能力、品德等各方面判断其对村庄治理可能作出的贡献而真心推选村委会成员。因此，当前保证村民自治组织依法产生首先需要解决的是如何对贿选行为采取有效的规制措施。

1. 规范村委会的选举程序，减少贿选产生机会

村委会提供的服务职能与乡（镇）政府的服务职能虽然在内容上和服务范畴方面具有相同之处，但二者还是存在本质区别的。乡（镇）政府为乡村社会生产、生活所提供的公共服务是国家的治理行为，而村委会为村庄提供的服务是村庄集体的自治行为。村委会为村庄提供的自治行为的种类、效果直接受村委会成员，特别是主要成员（村委会主任）的影响。在当前国家对乡村社会的“项目型治理”模式下，村委会的集体能力直接决定村庄能否拿到政府的惠农项目。村委会的组成与村庄发展捆绑在一起，与村庄的每一位村民的权益密切相关，因此，村委会的选举应该直接体现大多数村民的真实意思表示。一方面需要排除乡（镇）党委和政府、村党支部对村委会依法选举的非法干涉或影响，另一方面需要杜绝“贿选”现象。近些年，随着基层党组织和政府的依法执政和依法行政的基层法治建设实践的推行，乡（镇）党委和政府、村党支部非法干涉或影响村委会选举的行为已经很少出现。但是“贿选”现象在全国各地农村村委会的选举过程中都比较普遍，而且是经济越发达地区的农村越普遍。贿选不仅严重损害村民自治的基层民主制度基础，而且增加乡村基层腐败现象发生概率，通过贿选方式当选的村干部必然会在其任职期间的村庄治理过程中滥用职权，回收贿选成本。因此，农村自治组织的建设首先要解决贿选问题，包括对现有选举法律制度的严格实施和创设新制度规制贿选行为。

首先，严格贯彻秘密投票原则。法律规定了秘密投票原则。在民主意识相对薄弱、人情观面子观相对浓厚的乡村基层社会，必须创造秘密投票的空间，用于暂时屏蔽村民之间的乡村社会关联，促进民主选举目标的实现。“人民腐化而可以进行贿选的时候，那就适宜于采用秘密的投票方式，为的是可以用不信任来制止贿选者。”① 有些地区在村委会选举过程中采用很多措施用于保证秘密投票原则的实现。在浙江省 Q 市的村民选举过程中，统一要求所有村庄设立秘密投票点，在一个大厅里设置若干个封闭式小隔间，大厅门口有警察把守，非投票选民禁止入内。进入投票大厅之前要经过严格的身份验证，包括对身份证、选民证、投票委托书等证件和文

① 参见卢梭：《社会契约论》，商务印书馆 2003 年版，第 154 页。

件的查证核实。身份验证后由本县的大学生将选民引导至投票小隔间，每个小隔间内的桌子上贴有所有候选人员附有姓名的照片、老花镜。选民不允许携带手机进小隔间，引导员在小隔间外守候，为不识字的选民提供帮助，写票结束后再由引导员引导至专门的出口处的投票箱公开投票离开。这种严密的程序安排切实保证了秘密写票和投票的实现。秘密投票方式大大增加了候选人的贿选成本和信任风险，有些选民即便接受了贿赂，也不一定按照贿选人的意思投票。如此一来，村庄越大、选民越多，候选人的贿选成本就越高，贿选者就很难对选举结果进行掌控。

其次，对委托投票进行严格规范。《村民委员会组织法》规定委托投票制度，在当前大量村民外出打工的大背景下，一方面，委托投票对于村民流动性造成的投票率降低问题的缓解发挥了积极作用。另一方面，法律对委托投票情形只作了原则性规定，缺乏更加具体的有效程序规范。因此，造成实践中对委托投票太过宽松、缺失必要监督，显得过于随意，有的地区甚至出现村庄选民总数的50%以上都是委托投票的现象。高比例的委托投票对直接选举造成损害，法律设置委托投票只是辅助投票形式，但在有些地区的实践中却成了主要的投票形式。委托投票过多为贿选创造了条件，造成选举过程中出现选情失真和舞弊现象。因此，应该对委托投票程序进行严格限制，首先要求必须具备经公证书面委托书，未经公证的，选举组织部门须经多人在场的电话确认。其次从人数上进行限制，一人不能接受三人以上的委托进行投票。

2. 完善对贿选行为的法律责任追究制度

除了从投票环节防止贿选行为的发生，更重要的是建立一种常态机制，使候选人及其支持者不敢对选民行贿，选民也能自动拒绝受贿。

首先，在法律上对贿选作出统一明确的界定。现有的法律规范和政策对于村委会选举出现的贿选行为有多种描述。《村民委员会组织法》中规定，候选人如果是通过采取“不正当手段”获选的，则当选无效。而贿赂是法律所列举的若干“不正当手段”中的一种，但是《村民委员会组织法》并没有明确规定贿选的具体认定标准，因此，从法律上来说，缺乏对贿选的认定依据。2005 年民政部专门针对村委会换届选举印发《民政部发出关于村委会换届选举工作的通知》，对贿选行为作出比较明确、可操作性强的规定。该通知中对于贿选的主体、对象、方式都作了明确规定，候选人本人及其亲友都可以成为贿选行为主体，而所有参与选举工作的人员、本村选民以及其他候选人等都可以成为贿选对象，只要是利益收买，以金钱和财物为主要方式，即可构成贿选。该通知还规定，要将以上行为与乡村社会的一般人情往来、对村集体承诺经济担保以及对村庄公益事业的捐助进行区分。而实践中，却很难作出这种区分，甚至人情往来、公益捐助、经济担保的承诺往往成为贿选的有效途径，导致有些地区农村选举出现富人竞选代替正常村干部竞选的现象。2009 年中共中央办公厅、国务院办公厅印发《中共中央办公厅、国务院办公厅关于加强和改进村民委员会选举工作的通知》对村委会选举过程中的贿选进行重新界定，只要候选人利用利益影响选民投票意愿即构成贿选，而利益的输送可以是候选人及其家属直接行为，也可以是经他们指使他人做出的间接行为，利益本身包括财物、金钱等各种形式。《中共中央办公厅、国务院办公厅关于加强和改进村民委员会选举工作的通知》不再要求对贿选与公益捐助和人情往来等行为进行区分。在村民选举的实践规制中，能够具体应用的是在党和政府规范性文件中对贿选的界定，而且这种界定不同的文件具有不同的标准，因此，从法律上对村民选举的贿选行为进行统一、明确、可操作性强的规定是规制村庄广泛贿选行为的当务之急。

其次，《刑法》对于破坏选举罪的违法行为表现形式中包括贿赂行为。但是，破坏选举罪的规定仅限于对各级人大代表以及国家机构领导选举过程进行规范，村委会民主选举过程中的违法行为并未在其规制范围内。但是，无论从国家立法、党和政府的规范性文件中对村委会的规定，还是从实践中村委会承担的职能来看，村委会民主选举过程中的各种违法行为，包括贿赂都应该被纳入“破坏选举罪”的范畴。《宪法》虽然确定村委会的群众自治组织性质，但其组成及设置都是被安排在“国家机构”一章中。因此，《宪法》从管理和设置上对村委会就赋予了一定程度的国家机构的内涵。《村民委员会组织法》也明确规定了村委会对乡（镇）政府行政职能的协助义务，在实践中，使村委会的某些行为产生的法律后果最终由政府承担。村庄的公共权力由村委会实际行使也增添了村委会的行政色彩。另外，现行《宪法》中已经有某些规定将村委会执行行为视同行政职务行为、将村委会成员视同公务员进行管理。2000 年国家立法机关在对《刑法》相关条款作出的解释中认为，村民委员会人员在救助款项、公益事业款项、国有土地管理等七种情况下对政府行政管理工作的协助行为被视为公务行为，如果在这些行为行使过程中利用职务之便，做出挪用公款、非法占有公共财物或收受他人财物等行为则构成《刑法》中的相对应罪刑。党和政府的规范性文件对于村委会选举过程中的违法行为，包括贿赂，明确规定了应该追究刑事责任。2006 年中央纪委联合多部门专门针对村庄选举过程中的贿选问题发布了《关于认真解决村级组织换届选举中“贿选”问题的通知》，明确规定贿赂构成犯罪的，应由司法机关依法处理。因此，扩大《刑法》中相关条款的适用范围，将村庄选举过程中的贿选也纳入规范，使贿选行为的规制有法可依，有助于推进乡村基层民主完善。

（二）实现乡（镇）政府与村委会关系的法治化

虽然法律对于村民自治组织的定位非常明确，但是由于中华人民共和国成立以后乡村社会治理变迁实际情况的影响，村委会在行使村庄自治权利的同时，还承担着基层政府“代理人”的很多职能。虽然在农业税费改革以后，村委会的行政色彩减退很多，但是，随着国家对农村反哺力度的加强，村委会承接的来自乡（镇）政府的各项任务越来越多。村委会的“行政功能”在某种意义上还是强于自治功能的。“乡政村治”机制在运行实践中很难对乡村两级的职权范围以及利益边界进行界定。因此，在法律框架内，包括国家和各地方都应通过对立法工作的加强，以现有法律为基础，对“乡政村治”制度进行实体法和程序法的补充和完善，为村委会和乡（镇）政府之间职责权限的界定提供法律依据。

首先，在国家立法层面上，特别是《宪法》中明确规定的“乡政村治”原则。在《地方各级人民代表大会和地方各级人民政府组织法》中明确乡（镇）政府在村庄治理过程中的具体职权及其与村委会的关系。同时，在《村民委员会组织法》相关规定的基础上，制定专门的“村民自治法”，从实体权利和程序规范两个方面对村民自治权利行使的各个环节进行具体规范。其次，各省级立法部门以本行政区域的实际情况为依据，制定出可操作性更强的实施办法或细则。在乡（镇）政府与村委会关系上，重点明确两者之间“指导、支持和帮助”以及“协助”的具体内容，包括方式、范围、事项等。最后，在法律中补充乡（镇）政府与村委会各自没有履行相关法律义务时应当承担的法律责任，包括对相关责任人的个人惩处也作出明确规定。只有在具备明确法律依据的前提下，乡（镇）政府、村委会及双方的工作人员才会积极履行法律框架内“乡政村治”模式中各自的职责，最终实现良好的治理绩效。

“乡政”与“村治”之间并非绝对的零和博弈关系，乡（镇）政府与村委会的职责也并非只存在竞争。“乡政村治”机制设置的初衷是共同发挥国家权力和社会权利在乡村社会治理中各自的优势，使二者在对村庄共同治理活动中形成良性互动。特别是在当前城乡融合发展阶段，实现乡村振兴和现代化治理的目标有赖于乡（镇）政府与村委会各自在较为完善的法律制度确定的权责范围内对乡村社会的协同治理。

（三）理顺村两委关系

《村民委员会组织法》明确规定村基层党组织对村民自治活动具有依法领导职责。从理论层面说，村党组织的领导和村委会自治之间并不存在必然的冲突。首先，村两委在村庄社会治理中具有共同目标。党的宗旨是为人民服务，村庄党组织的工作即服务于村民，领导村民开展村庄经济、社会、精神文明、生态文明建设，保障村民自治权利和其他合法权益。村委会是村民自治的群众组织，代表本村民众对村庄事务进行自我治理活动。自治权利行使的根本目标不仅是实现权利本身，还是在村委会的带领下，使全体村民在物质、精神文化各方面的生活水平能够得到提升，最终实现小康。因此，村级党组织和村委会虽然在性质上具有本质的区别，治理权力来源也不同，但是它们具有共同的根本目标：保护和实现村民的权益。其次，在乡村社会法治化的进程中，基层党组织是法治型党组织，其在党内法规约束下，对自身的规制高于国家法律的要求。相对于一般群众而言，党员是从众多群众中选拔的经历了党组织培养和考验的积极分子，因此，一般情况下在各方面具备相对较高的素质。村基层党组织是村庄所有党员的领导组织，是从所有党员中选举出的具有更高政治素质和领导能力的党员构成的组织。村委会是村庄民众通过民主选举产生的。在正常情况下，村民推选村委会干部的过程中，考虑更多的是候选人的经济发展能力，能否为村民实现更好的经济效益，然后才考虑人品和其他能力。而在实践中，一个不争的事实，当前全国各地村委会选举或多或少地都受到很多其他因素的干扰，如宗族势力、灰色势力、富人竞争。以上因素从不同程度上导致村委会成员上任后在村庄治理过程中村民意愿的代表性降低。在这种情形下，村党组织成为全体村民共同利益的保障。最后，为了理顺村级组织中党组织和村委会之间的关系，提高村庄治理效果，应该在法律框架内实现党组织对村庄治理的主导性。乡村振兴战略实施过程中，村党组织成员，尤其是党支书，经选举成为村委会主任的做法，使村党组织主要干部通过合法途径进入村民自治组织。这种“一肩挑”的做法切实解决了实践中因村两委矛盾或关系不协调而影响村庄治理成效的困境。在村主任和书记“一人兼”，村两委交叉任职，村党组织成员或党员任村委会各下设委员会负责人或成员的情况下，虽然党组织实现了对村庄治理的主导性，使村庄治理可能取得更好的成效，但同时对村党组织的自我建设、自我约束提出了更高的要求。只有村党组织在村庄治理过程中严格依法领导和依法执政，才能坚持依法自治和保障村民群众的合法权益。

五、培育社会治理主体：乡村社会组织与乡村精英

乡村基层党组织、乡（镇）政府和村民自治组织构成乡村社会治理的主要主体力量，但是社会力量参与乡村社会的治理是我国传承几千年的传统治理方式。在当前乡村振兴战略实施过程中，以乡村社会组织和现代乡村精英为主要表现形式的社会力量在乡村社会治理中具有不可忽视的影响作用。要使乡村社会力量在乡村社会治理法治化的建设过程中发挥应有的积极功能，应该从理念、法律制度、机制和组织培养等各方面进行完善。

（一）乡村社会力量参与治理的思想基础：转变全能政府理念

“全能政府”理念需要得到修正，在乡村社会法治建设中更是如此。西方法治源于市民社会，市场经济的普遍运行是其存在和发展的大背景。被我国治理理论认可的法治具有鲜明的中国特色，其中最为典型的是中国特色法治与我国的发展阶段、基本国情相适应和并且长期协调发展。大面积的乡村社会空间和几亿人的乡村社会是我国的特色国情，也是影响中国特色社会主义构成的重要因素，同时影响着中国法治在现阶段的发展状态。自改革开放以来，我国乡村社会组织大量涌现，政府虽然仍是社会治理的主要力量，但乡村民间组织也成为不可或缺的主体，“全能政府”的观念从理念到实践都得到普遍的修正。在乡村社会治理法治建设层面，这种观念也理应转变。乡村社会组织以社会内生组织所拥有的独特优势，在乡村社会权力的监督和制约、纠纷解决、秩序稳定、农民权益保护等方面都发挥着重要作用，在某种程度上弥补了政府主导的乡村法治过程中触及不到，或不便触及之处。

制度都是建立在思想的基础上，在全能政府的制度下，从政府的理念和思维上，必然对社会组织产生警惕，对其制度设置也必然是趋于控制。

因此，要解放乡村社会组织的活力，使其在乡村法治化中实现其应有功能，首先应该从思想观念上作出修正。即政府不能包办乡村社会的所有事务，有限政府的理念能为乡村社会组织的发展释放应有的空间，包括政府信任乡村社会组织在治理活动中能够发挥积极作用，从而为其更好地发展创造更为宽松的制度环境。

（二）乡村社会组织的制度空间：健全相关法律制度体系

首先，健全相关管理法律体系是完善乡村社会组织的基本前提。乡村社会组织对于作为基层民主基础性结构的乡村社会结构具有整合作用。乡村社会组织自身发展及其治理能力的提升，对于形成基层民主制度具有重要的完善作用。而民主制度的运行与社会法治建设程度密切相关。乡村社会组织是随着乡村社会市场经济的发展而壮大的，而市场经济是法治产生和发展的前提，因此，乡村社会组织的壮大和进一步发展急需法律制度的支持。在法治社会推进过程中，社会组织作为治理主体之一，必然需要融入法治精神。乡村社会组织必须遵守国家法律法规和各地方立法的规定，组织建设的各项举措也必须依照法律制度。截至目前，我国还没有专门关于社会组织方面的国家立法，因此，乡村社会组织的自身建设以及其在乡村社会中治理活动的规范和规则散见于其他多部相关法律之中。专门立法的滞后造成乡村社会组织的治理权利受到很大的制约，妨碍其本应发挥的社会治理功能。因此，应该加快制定“社会组织法”，对乡村社会组织的性质、职权、设立的具体程序、运行的具体机制等从法律上作出明确的规定，彻底解决低层次社会组织立法的问题。同时，对乡村社会组织的治理活动作出专门规范，一方面使社会组织在为乡村社会提供服务时具有明确的法律依据，另一方面在违反相关法律义务时能够按照法律规定接受惩戒，真正解决当前社会组织法律依据可操作性不强的弊病。通过法律规范对当前乡村社会组织的各层次规范进行有效梳理和整合，该废止的废止、该修正的修正，使与社会组织相关的法律规范体系实现系统化和科学化。

建构以宪法的结社自由原则为基础、国家专门的社会组织立法和相关立法为基本内容、国务院及各部门规章及各地方性规范为具体补充形式的较为完整的社会组织法律规范体系。

其次，从政策制度层面加大对乡村社会组织的扶持，以促进其组织能力的快速提升。第一，乡村社会组织拥有充足的财政支持是其能力发展最为关键的保障。因此，通过乡村社会组织的自身投入、国家财政以资助或奖励方式的投入和项目方式的政府购买服务输入财政投入等方式实现财政保障。第二，从产业及税收等方面为乡村社会组织发展提供优惠政策。一方面，乡村社会组织的非营利性特点完全符合国家的减、免税政策。另一方面，基于乡村社会组织服务于乡村社会的宗旨和实践中促进农业生产的客观现实，各地方政府完全可以将其纳入农业优惠政策体系，正面引导和鼓励乡村社会组织对乡村社会的生产、治理发挥更大的积极作用。第三，进行专门人才培训，为乡村社会组织的进一步发展和壮大提供优质人才资源。当前乡村社会的普遍现象是农民组织化程度低，各农户从数量上具有优势，但是综合素质整体水平较低，缺乏管理经验和合作精神。农户各自为战、低组织化、低科技含量的乡村社会经营主体状态不利于乡村振兴战略实施过程中农业农村的发展和乡村社会的治理。因此，国家应该承担起对农户组织化的责任，各地方政府应该加大投入，增加各种以培育乡村社会组织为目标的教育培训活动，为乡村社会组织的发展和壮大提供优质人才。

（三）创新体制机制：乡村社会精英回归的有效途径

改革开放以来，特别是进入21世纪以后，乡村社会大量劳动力流向城市，导致乡村社会多层面的“空巢”现象的同时，大量现代乡村社会精英也随之流失。现代乡村精英的流失导致乡村基层民主制度的发展遭遇危机的同时，直接影响乡村法治建设的进程。新时代乡村社会治理法治化建设过程中，应鼓励乡村精英从城市向乡村回归，助力乡村社会法治化建设。

1. 接纳现代乡村精英成为村庄治理的重要力量

现代乡村精英不但在号召力及个人威望方面具有优势，往往还是乡村社会积极发展的领头人、政治稳定的有力维护者和乡村法治建设的倡导者。现代乡村精英之所以能够在治理过程中成为具有独特功能的主体，是因为他们在政治、社会和经济等各领域比一般的乡村居民拥有更多的、更优质的资源，这些资源的运用对村庄建设产生良好的推动效应。村庄领导干部是乡村社会治理法治化建设的主要力量，村民对于法治的切实感知往往通过村干部在村庄治理过程中的依法治村而得。新时代乡村社会治理法治化需要懂法、具有较高法治意识与素养的村干部。现代乡村社会精英相对于一般村民来说见识更广、法治素养更高、能力更强，应当成为村庄治理的重要组成部分。而近些年，乡村社会大量年轻人流向城市不愿回村，导致全国大部分地区的农村，特别是中西部农村的村庄治理队伍普遍出现老龄化、思想意识陈旧、知识技能落后的局面，难以适应新时代乡村社会治理法治化建设的需要。现代乡村精英不仅仅指户籍在村庄并常年在村庄生产生活的各类“能人”，还包括从村庄走出去的或经商，或成为国家工作人员、医生、军人等见过世面、具有能力，同时关心村庄建设并愿意回村参与村庄治理的各类精英。这些现代乡村精英相对于一般农民来说受教育程度更高、眼界更开阔、法律意识更强，对国家和各级政府的法律法规和政策的领悟能力更强，对他们进行乡村社会治理过程中需要的法治思维与意识培养相对更容易。因此，各地乡村振兴战略实施的主管部门应该制定更有竞争力的薪酬福利以及职业发展政策措施，吸引更多既有能力又有意愿致力于家乡振兴的现代乡村精英进入村民自治组织甚至村党组织，为乡村社会法治化充实领导人才。从各地实践来看，新乡贤参与乡村治理发挥了一定的积极作用，涵括乡村法制、经济、政治、文化、环境、扶贫等诸多领域。①

---

① 参见陈寒非、高其才：《新乡贤参与乡村治理的作用分析与规制引导》，载《清华法学》2020年第41期。

2. 充分发挥乡村精英在纠纷解决方面的重要作用

在乡村社会纠纷解决方面，现代乡村精英具有不可忽视的积极作用。我国很多地方的乡村社会治理实践证明，很多退休后返乡生活的原政府官员、医生、教师、军人因为在村庄中具有一定的威信和懂得一定的法律知识，在纠纷解决过程中经常扮演现代“乡贤”的角色，很大程度上有助于稳定乡村社会秩序。因此，在国家乡村振兴战略实施的过程中，国家政策对乡村建设和开发的优惠，吸引了各类人员到乡村生产、生活。对于那些被吸引到乡村社会的各类精英人物，特别是原本对乡村社会就熟悉的精英，应该充分发挥他们在乡村社会治理法治化建设中的积极作用。例如，将他们纳入农村法律服务体系，让他们在乡（镇）人民调解委员会或在村一级设置司法工作室等法律服务部门担任调解员或联络员。这些乡村精英一方面熟知乡规民约、各类农村习惯法等“地方性知识”，另一方面对国家法律政策的了解程度较高，学习法律政策的能力也强。乡村精英对纠纷解决所表现的显著效果推动了乡村法治化建设进程。

3. 加强“新乡贤”文化对乡村法治化的推动作用

习近平总书记指出：“要治理好今天的中国，需要对我国历史和传统文化有深入了解，也需要对我国古代治国理政的探索和智慧进行积极总结。”[①] 2017 年、2018 年中央一号文件以及乡村振兴战略规划都强调培育新乡贤文化和发挥新乡贤在乡村社会中的积极影响。[②] 现代乡村精英通过参与村庄治理活动，甚至成为村庄治理的领导人，不仅对于弘扬新乡贤文化具有很大的推动作用，也有利于乡村社会法治建设进程的推进。乡贤文化中蕴含着我国传统道德规范的意义。现代乡贤不但扎根于本土，还具有开阔的眼界，对法治思想和理念具有独到的理解，与中国特色社会主义法

① 赵霞：《文化价值重建与“人的新农村”建设研究》，人民出版社 2018 年版，第 214 页。

② 参见《中共中央、国务院关于深入推进农业供给侧结构性改革加快培育农业农村发展新动能的若干意见》，载《人民日报》2017 年 2 月 6 日，第 1 版；《中共中央、国务院关于实施乡村振兴战略的意见》，载《人民日报》2018 年 2 月 5 日，第 1 版；《中共中央、国务院印发〈乡村振兴战略规划（2018—2022 年）〉》，载《人民日报》2018 年 9 月 27 日，第 1 版。

治具有契合点，“和谐”“公正”“诚信”等理念都是现代乡贤文化的价值追求。我国乡村社会治理法律制度体系是由多元规范形成的体系，其中包含各种重要的软法规范。新乡贤文化在乡村社会治理法治化过程中与现代法治和谐发展、取长补短、相互增益，推动和发展了中国特色社会主义法治的建设。

六、小结

在当前乡村社会发生巨大变迁的背景下，多元主体的法治化治理有利于产生较好的治理成效、有利于巩固基层政权和乡村社会秩序的稳定。乡村法治化主体体系由乡村基层党组织、乡（镇）政府、村民自治组织以及乡村社会组织和精英共同构成。乡村社会法治化治理的实现首先要求治理主体的法治化建设。法治型党组织建设，乡（镇）政府的法治型、服务型、民主型建设是乡村社会治理法治化的关键主体建设内容，是领导力量和主要负责主体实现法治化的保证。村民自治组织是乡村社会的基本治理主体，保证村民自治组织的依法产生和理顺其与乡（镇）政府及村党组织的关系是完善村治主体的重要内容。社会力量是乡村社会治理的重要组成部分，社会治理力量的培育和壮大需要政府从理念上进行转变，从法律制度上提供空间，并从运行机制上作出能够吸引乡村精英回归的创新。

第四章　多样化治理规则：乡村社会治理的法制体系

对于治理实践来说，治理规则的重要意义被韦伯阐述过，并且提醒人们应该更多地进行治理规则的研究。①因为在治理实践的具体运行中，就治理绩效而言，治理规则对其产生的影响力远远大于治理主体所发挥的作用。治理主体仅仅是治理规则的运用者和实践者，真正实现治理的不是主体，而是规则，只是规则假借主体实现了治理。探讨乡村社会治理实践中的治理规则比分析治理主体更有可能切中乡村社会治理的本质与内核。②

一、乡村社会多样化治理法律规则体系的理论基础及实践要求

我国乡村社会的现实情况和社会公共治理的特点决定了乡村社会法治化治理的法律制度体系由多样化的规则构成。乡村社会地域的广阔性、各地法治发展差异巨大以及乡村社会的变化使单纯以国家法为中心的法治在

---

① 参见［德］马克斯·韦伯：《韦伯作品集Ⅲ：支配社会学》，康乐、简惠美译，广西师范大学出版社2004年版，第131页。

② 参见狄金华、钟涨宝：《从主体到规则的转向——中国传统农村的基层治理研究》，载《社会学研究》2014年第5期。

乡村社会“水土不服”。乡村社会治理也是国家公共治理的重要场域，公共治理多元治理主体的特征必然决定治理规则的多样化、多层次性。因此，只有形式呈现多样化、效力位阶具有层次性的乡村社会治理法律制度体系，才能适合新时代我国乡村社会的特殊情况和社会公共治理的需求。

（一）法律多元主义

法治原理及其路径哲学底蕴深厚，因此，它既是乡村社会治理的目的，也是乡村社会治理的路径。但是，当前我国乡村社会出现社会阶层、社会利益分化，乡村社会治理规范必然多元化。因此，在乡村社会治理的法治化中首先需要明确的问题是此处的法治仅仅是国家法的法治还是多元法律规范的法治。中华人民共和国成立以来，我国法学理论研究者多数奉行“国家法一元论”的法治理念。当前该法治理论面临两个无法解决的问题：一是法治理论不能有效指导法治实践。我国地域广阔，民族组成复杂，东西部之间、城乡之间、不同民族种群之间在自然环境、社会结构、族群信仰、文化习俗等方面存在很大的差异。“国家一元论”法治理念指导下的法治实践经常遭遇困境，如“一刀切”的司法改革实践在北上广城市区域和中西部基层法院产生完全不同的两种效果。根本原因在于北上广地区已经进入后工业社会，而中西部乡村基层还处于农牧业时代。二是法治理论无法有效解释实践中出现的法律多元主义的法治形态。

现代法治究竟应该采取“国家法一元论”还是法律多元主义，应该由法治在一个国家的秩序建构中所扮演的角色和发挥的功能来决定。法律多元主义是大多数国家法治秩序的常态，尤其是大国法治的常态。当一个社会出现思想观念、价值和利益的多元需求和冲突时，各方利益主体都希望国家通过法律来协调和解决利益冲突。秉持法律多元主义的法治理论，建构“多元主义的法治共和国”① 是协调和解决多元利益冲突的有益选择。

① 强世功：《“法治中国”的道路选择：从法律帝国到法律多元主义的共和国》，载《文化纵横》2014年第4期。

党的十八届四中全会提出的“依法治国和以德治国相结合”是对“国家法一元论”所带来的弊端的反省。四中全会构想的中国特色法治，除了国家制定法是全面依法治国的核心依据外，对党、军队、政府、基层社会的治理还分别强调了党规党法、军事法律、行政规章、村规民约以及民间习惯法等规范的治理作用，这就是所谓的“党用多元法律治国理政”。

（二）“软法亦法”理念

多中心治理的出现使国家法一元论面临危机。现代治理理论的兴起，特别是公共治理的兴起对“国家法一元论”提出挑战。国家不可能单独完成现代社会的治理，只能与市场、社会联手才能实现公域之治。在现代社会的公共治理领域，国家管理虽然重要，但不再是全部，公共治理越来越呈现多中心化发展趋势。社会公共治理的基础是公民社会，在社会公共治理中，代表国家进行治理实践的政府是有限政府。而有限政府进行公共治理活动过程中所秉持的原则是理性、合作与互动。国家通过法律实现不同利益主体的平等地位，在尊重各种正当利益诉求的基础上，在公共决策过程中，为公众提供广泛参与决策的机会和平台，建构具有竞争合作的机制以保证公共决策的理性化。国家与社会形成合作互动关系的情形下，实现社会治理的法律规范也应当实现多样化，以适应治理主体和方式的多元性和多样化。在这种规则多样化的转变过程中，就需要弱化法律规则的国家性，改变国家垄断法律过程的局面。法律规则多样化需要改变法必须是硬法，法律的实施必须由国家强制力保障的过时观念，建构起软法与硬法并举的混合体系机构。硬法指那些必须由国家强制力保障实施的法律规范，软法规则则不依靠国家强制力，而是依靠公共强制或组织自律机制即可保证其实施。

在国家主义法律观中，法律的核心要素是“依靠国家强制力保证实施”。在当前的社会公共治理中，虽然很多时候国家强制力的使用或威胁使用仍然是法律实施的重要保障，但是，在越来越多的情境下，法律规则的实施法并不是必需，甚至不能运用国家强制力保障。因此，“国家强制力与法的实施呈现为一种或然关系”①。在公共治理领域，除了具有“国家强制力保障实施”硬法规范以外，还存在大量的不是由“国家强制力”，而是由“公共强制或自制机制”保证实施的规范，而且这些规范在社会治理过程中切实发挥着不可或缺的作用。这些“体现公共意志、由国家认可的”，具有实施保证机制的规范被称为“软法”。在我国法治建设的推进过程中，法治目标宏大而硬法规范数量有限，显然仅仅依靠硬法很难实现法治目标，需要软法共同为之。软法规则与硬法规则共同构成了国家法治建设的整体法律制度体系。因此，在当前公共治理模式下，法治的“法”应该是能够体现公共意志，由国家立法机关制定或者国家以各种形式表示认可，凭借国家强制力或公共强制，或自律机制等方式得以实施的规范体系。

国家制定的法律是人类社会关系发展所必需的，对社会生活秩序的维持具有重大意义。但是，与其他所有人制定的制度一样，国家法律也具有其不可避免的缺陷。这些弊端的存在，一方面，源于法律的“时滞”问题，特别是在社会发生重大危机的时候，法律的规范作用对于特定范围内社会秩序的维持常常无能为力；另一方面，法律形式结构固有的僵化性导致法律具有一般性和普遍性，这使法律对个案解决可能出现困难。无论硬法规范如何发展完善，其存在的缺陷都不能通过自我矫正消除。而软法因其本身所特有的灵活、协商以及回应等优点可以从一定程度上弥补硬法的缺陷，进而弥补法律之治的整体制度漏洞。

硬法和软法各自都存在本身的优势和缺陷。二者在法功能上能够进行优势互补。在规范发挥功能所及的范围方面，两者都存在各自无法触及的地方。在社会关系的规范和调整方面，硬法擅长的领域一般恰恰是软法缺陷所在，而反过来，软法的擅长之处正是硬法所不能及之处。硬法常常表

① 罗豪才、宋功德：《软法亦法：公共治理呼唤软法之治》，法律出版社 2009 年版，第 174 页。

现为具有很强的稳定性，可同时又缺乏灵活性，而软法正好相反，因此二者往往能够互补。硬法通常更多是对国家意志的反映而忽视社会民众的意愿诉求，软法则更重视社会意愿的反映而疏忽国家意志的体现。在公民自由方面，硬法更加关注确定基本规范以保障消极性自由的行使而疏忽通过规范创新来促进积极自由的发展。软法更加侧重于创设更为广阔的积极自由空间而疏于探索有效保证消极自由实现的规制；硬法往往重视严格确定纵向不同层级规则之间的效力位阶而忽视横向不同主体制定规范之间的协调，软法则更多关注各类规范间的协同性而忽视法律位阶的基础导致法制统一性受损；硬法往往强调规范制定和实施的过程而疏忽对规范产生的效果进行必要的关注，软法却过于关注规则功能效果而缺乏形式理性；硬法一般因过于重视公共管理而疏忽公共服务，软法更多关注公共福祉却缺乏公共秩序维护能力；硬法关注权力/权利的制约规定而欠缺对权力/权利的激励，而软法强调激励影响主体的行为选择但对权力专横与权利滥用缺乏有效应对手段；硬法往往因过于强调运用自上而下单向的强制模式而忽视通过各主体间双向互动而达到自觉服从的可能性，软法却常常太过关注民主协调的运用导致决策的形成与实施的效率低下；硬法过分信赖国家强制力导致在规则实施过程中极少运用和发挥非强制性措施在调整社会规范中的功能优势，软法则因其过分依赖的非强制性措施所存在的不确定性而常常导致规则实施预期不能被全面兑现；硬法重视张扬国家权力的主导性而欠缺与公众及社会的协同性，软法因其侧重于开放和平等博弈而容易限制国家权力的正常发挥；硬法往往通过对公共机构进行授权的方式来实现社会干预而疏忽公共权威对行为决策的巨大影响作用，软法目标的达成则是社会舆论以及强制性公共权力权威共同作用的结果；硬法常常过于强调法律效力缺少对法律实效的重视，软法通常因对实效过度强调而轻视法律效力；硬法因过于关注对法律惯性的服从而疏于对现实的回应，软法却过于关注对现实的反应导致规范体系的逻辑性、稳定性受损；硬法过于关注法律规范的抽象性以及精英化使其与公众之间存在距离感，软法对规则具体性和平民化的过度彰显使法律的神圣感受到影响。①

在乡村社会法治化治理中，国家制定的由强制力保障实施的硬法固然是治理所依据的制度体系内容的主要组成部分，但是，乡村社会关系中的很多领域和层面还存在许多硬法所不能解决的问题，相反，对于这些硬法无能为力的问题，乡村社会习惯法、村规民约以及乡村社会道德规范却能够发挥很好的治理效果。因此，对于乡村法治化治理，应该以当前乡村社会的法治发展现实的实际需求为基础，根据法律调整边际效益理论，在乡村社会的不同领域和层面对各种规则制度的调整对象进行理性分析，建构规则多元、功能齐全并具有较好实际效果的乡村社会治理法律制度体系。

二、乡村社会治理多样化法律规则制度体系的构成

我国乡村社会是从传统乡土社会发展而来的，过去对人们的行为产生规制作用的主要是习惯法、村规民约和道德规范等乡村社会内部规则。进入现代国家阶段后，法律制度以及党和国家的相关政策随着现代国家机制的建立而渗入我国乡村社会。但是，由于几千年传统规范统治的影响，习惯法、村规民约以及道德规则在乡村社会关系的调整中仍然在其既定的机制内继续运行。在现代国家治理的新时代，法治成为党和国家治国理政的重要形式。在乡村社会治理中，国家制定法是最基本的行为规制规则，同时传统的社会关系调整规则也发挥着不可或缺的作用。乡村社会的法治化治理规则体系是由多种形式的规范共同组成的，各种规范在乡村社会治理中相互协调、相互补充，共同将乡村社会的各种关系规制到法治轨道内加以调整。

乡村社会治理法治化的法律制度体系构成内容中既有硬法，也有软法。从具体的法律制度表现形式看，包括最高立法机关制定的宪法和国家基本法以及其他各层级主体制定的行政法规、部门规章、地方性法规和规

① 参见罗豪才、宋功德：《软法亦法：公共治理呼唤软法之治》，法律出版社2009年版，第409页。

章、乡村自治组织规章、乡村社会组织章程和习惯法等具体的治理规范。我国乡村社会治理法治化的多样化法律制度规则是由我国乡村社会治理主体的多元性决定的。除了国家是乡村法治的本源主体以外，党组织、政府及其各部门、乡村自治机构、各类乡村社会组织和乡村精英都是乡村法治的治理主体。由于各类主体所拥有的治理权力具有不同的来源，各自依据的治理规则也呈现出不同的表现形式。

（一）国家法规则：乡村社会治理的基本制度规则

国家立法机关制定的关于我国乡村社会治理的国家法规范是整个治理制度体系中最重要也是最基本的组成部分，其他治理规则和制度都是对国家制定法的具体化或落实国家法在乡村社会中的实施。

1. 国家根本法确定乡村社会治理的基础原则和制度

一方面，我国乡村社会治理的方方面面都在宪法规定的基本原则规范之下。另一方面，宪法对乡村社会治理特定领域作出专门的规定，由此形成了针对乡村社会治理的相关基础性制度原则。这些原则涉及以家庭承包经营为基础的农村经营体制、农村自然资源（包括土地、森林、山岭、草原、水流、矿藏、荒地、滩涂等）的集体所有权制度及国家对农村集体土地征用补偿制度、国家行政机构对农村社会的层级、农村居民参与国家政治生活的基层人民代表选举制度、乡村基层自治制度等各方面。

我国《宪法》规定家庭承包责任制是我国乡村社会生产活动的基本经营体制。当前我国农村虽然土地属于村集体所有，但其承包经营权属于农户，大部分地区的农村村集体经济规模很小甚至没有村集体经济。因此，在当前我国乡村社会的大部分地区，家庭承包成为主要的农村生产经营方式。关于乡村地区自然资源归属问题，《宪法》对土地和其他类型的资源作出了不同规定。矿藏、水流所有权属于国家，而其他带有土地生产开发性质的资源的所有权则采取有限范围的集体归属原则，即只有那些法律明确规定归属集体的，才能由集体行使所有权，其他都属于国家所有。对于城市市区范围以外的土地则采取农村集体所有的无限范围原则，即除了法律明确归属国家的，其他都归属集体所有。关于农村集体土地所有权变更问题，宪法规定只有一种合法方式，即国家通过依法征收或征用才有可能使土地性质发生改变。国务院是我国乡村社会治理的最高行政领导机构。《宪法》中明确规定国务院享有“领导和管理城乡建设的职权”。在宪法和法律确定的乡村社会治理的基础制度原则和基本制度框架下，需要国务院及其各部门就基础制度原则和基本制度的有效实施制定具体政策和措施。国务院对乡村社会治理的领导和管理主要体现在根据宪法和法律制定相关的行政法规和政策及其各部门确立的与乡村社会治理相关的规章及制度中。县级以上各级人民政府是本行政区域内乡村社会治理的直接管理主体。它们根据国务院及其各部门、上级人民代表大会及上级政府行政部门制定的有关乡村社会治理的法规和政策，可以以本地区的实际情况为基础，为落实各上级机构的法规、政策以及本地区法规确立相关的规章及政策。乡（镇）政府是我国乡村社会治理的具体执行机构。其处于我国行政机构体系末端，具体执行本级立法机构以及上级组织关于乡村社会治理的各种决定与命令。全国各地乡（镇）政府与乡村社会民众直接打交道，是农民眼中代表政府的主体，因此，其能否依法行政，是否真正履行服务型政府的各项职能，对于乡村社会治理法治化具有至关重要的作用。按照宪法规定，乡村社会民众有权直接参与国家政治生活，具体体现在乡（镇）立法机构的代表由农民选举产生并接受监督。

在我国传承几千年、历朝历代的乡村社会治理传统是社会自治。这种乡村自治历史传统在我国宪法中以村民自治制度形式得以表现。宪法规定，乡村社会基层通过群众自治性组织即村委会实行自治，村民自治成为我国乡村基层社会的基本治理方式。村委会通过下设具体负责纠纷解决、治安维护等方面的委员会以处理村庄事务和保障村庄的安定，实现村庄民众对村庄的自我治理。

2. 国家基本法构建我国乡村社会治理的基本制度框架

《宪法》确定了我国乡村社会治理的基础制度原则，对乡村社会治理最重要领域的权利/义务与权力/权利配置作了原则性的确认。这些原则需要国家立法机关制定专门法律将其进一步明确化，以形成乡村社会治理的主要制度组成框架。构建我国乡村社会治理主要制度体系的法律规则包括国家基本法和乡村社会治理的专门法律。现有的国家基本法律中，相当一部分对乡村社会治理具有专门规定的条款。如一般的民事领域立法会涉及对乡村自然资源，特别是土地资源所有权的归属与处分、农村承包经营户法律地位及其承包经营权的保护、农村特别法人性质等内容的明确规定；农村最主要的生产要素是土地，除了以上各民事法律中对农村土地的产权及处分进行民事视域下的规范外，《土地管理法》中的相当一部分条款专门规范农村集体土地的使用和管理。国家基本法中还有很多涉及对农村生产以及经济活动进行规制，① 对乡村地区整体环境、农业生产环节中各类自然资源从多方位进行保护的规定。②

国家基本法中对乡村社会治理的相关方面制定了明确的规范，同时专门的乡村社会治理立法对这些规范进行进一步具体化。农业生产和发展不仅是乡村社会建设最主要的内容，更是我国国家生存和发展需要关注的重要问题之一。截至2024年7月，我国已经制定的关于乡村社会治理的专门法律有30多部，其中绝大部分是关于农业生产和发展方面的规范。经过多次修订的《农业法》是农业生产发展与相关管理的最主要、最基本的综合性法律。另外，还有专门对农业生产以及管理活动进行具体规范的立法，③ 该类专门立法与国家基本法中关于农业生产和经营管理活动规则一起构成

① 具体包括《科学技术普及法》《科学技术进步法》《中小企业促进法》《循环经济促进法》《广告法》《水法》《传染病防治法》《食品安全法》等法律。

② 具体包括《环境保护法》《海洋环境保护法》《固体废物污染环境防治法》《节约能源法》《可再生能源法》等法律。

③ 具体包括《农业机械化促进法》《农业技术推广法》《农产品质量安全法》《农民专业合作社法》《耕地占用税法》《种子法》《粮食安全保障法》等法律。

了我国农业生产和经营管理法律制度；同时，对于农村资源以及环境保护方面国家也制定了专门法律加以规制，[①] 这些法律中的绝大多数条款规范的法律关系出现在乡村地区，它们将国家环境保护立法中与农村地区的相关条款进行进一步细化，因此，农村环境及资源保护有了比较完备的法律制度。在当前我国乡村居民数量巨大、在全国人口中的占比较高的情况下，乡村社会治理对于国家治理至关重要。关于村庄治理的法律规范虽然数量不多，但其专业性、针对性更强[②]，这些法律规范了村庄治理中的自治框架、经济实体运行活动及最常见的村民纠纷的解决。

法律在对《宪法》规定的乡村社会治理的基础制度原则制定相关具体规范时，不同原则具体化的规定在不同的角度相互交织，在基本法和专门法中具有重复性和互补性。如农村自然资源的权力/权利配置的主要内容是土地、森林、草原、水面等资源所有权的归属和利用，因此，将关于自然资源归属与利用的宪法条款进行具体化是民事规范类国家基本法的重要内容。[③] 而农村自然资源是进行农业生产的基本要素，对这些要素进行规制同时也是关于农业生产及发展的专门性法律规范内容的主要组成部分。[④] 因此，国家法律在建构乡村社会自然资源权力/权利配置制度的过程中，也完成了农村经营体制制度的建立。这些不同的法律在宪法规定的基础性制度原则指导下，对乡村社会治理从各自不同的侧重点进行规范，随着法律的修改相互之间不断进行补充和完善，形成了我国乡村社会治理的法律制度体系。

（二）行政法规与部门规章：乡村社会治理法律制度的进一步充实

根据《宪法》的规定，国务院是我国乡村社会治理的最高行政领导机

---

① 具体包括《水土保持法》《水污染防治法》《防沙治沙法》《野生动物保护法》《土壤污染防治法》《湿地保护法》《黑土地保护法》等法律。

② 具体包括《村民委员会组织法》《农村集体经济组织法》《农村土地承包经营纠纷调解仲裁法》等法律。

③ 具体包括《民法典》等法律。

④ 具体包括《草原法》《森林法》《土地管理法》《农村土地承包法》等法律。

构。我国乡村社会治理工作从政府的角度来说涉及很多部门，国务院及其各部门需要为具体落实执行国家通过立法构建的乡村社会治理制度而确立相关的行政法规以及部门规章。这些行政法规和部门规章一方面对国家法律构建的乡村社会治理主要制度进行进一步具体化，另一方面对国家立法在乡村社会治理领域存在的空白进行必要和适当的补充。

1. 国务院出台的行政法规中关于乡村社会治理的法律制度

国务院作为乡村社会治理的最高行政主管部门，根据宪法和法律，制定了一系列关于乡村社会治理的行政法规。我国关于乡村社会治理的行政法规中，数量最多的是农业生产、经营和管理方面的规定。这些行政法规有的对农业综合生产经营活动进行规范，如对农业普查、农业保险、农业机械安全监督管理、农田水利等制定了条例；① 有的则是国务院根据相关专门立法，对于农业的几个主要组成部分制定了专门的条例，对相关国家立法进行具体化。② 为了保证农产品质量，维护人民身体健康，针对专门的农产品，以及特定的生产经营环境，国务院颁布了相关的条例予以规范。③ 粮食和棉花都是关系国计民生的重要因素，国务院对粮食收购、流通以及中央储备粮管理、棉花质量监督管理等都制定了条例进行规范。④ 根据国家法律和行政法规，农业农村部和国家林业和草原局每年都会发布相当数量的部门规章，对农业生产、经营和管理的各个环节进行规范。除对农业生产、经营和管理进行规范外，我国行政法规同时还关注农村环境和资源保护。国务院专门针对水土保持、基本农田保护、草原防火、森林

---

① 具有包括《农业普查条例》《农业保险条例》《农业机械安全监督管理条例》《农田水利条例》等行政法规。

② 具体包括《森林法实施条例》《森林病虫害防治条例》《抗旱条例》《植物检疫条例》《基本农田保护条例》《土地调查条例》《土地复垦条例》《土地管理法实施条例》《重大动物疫情应急条例》等行政法规。

③ 具体包括《兽药管理条例》《农药药管理条例》《农业转基因生物安全管理条例》《乳品质量安全监督管理条例》《生猪屠宰管理条例》《种畜禽管理条例》《饲料和饲料添加剂管理条例》等行政法规。

④ 具体包括《粮食流通管理条例》《中央储备粮管理条例》《粮食收购条例》《棉花质量监督管理条例》等行政法规。

防火、退耕还林、家畜规模养殖污染防治、植物新品种以及野生药材、濒危野生动植物进出口管理等方面颁布条例，[①] 以保护乡村地区的生态环境和自然资源，同时保证各地农业的可持续性生产。

2. 各部门规章确立的乡村社会治理规章制度

为了贯彻执行国家法律以及行政法规关于乡村社会治理的相关规定，国务院各部委单独或者联合发布部门规章，将法律和行政法规具体化，形成能够落实于实践，具有具体专管部门的细则和办法。在现有的国家部委中，几乎所有的部委都发布过关于乡村社会治理的规章。农业农村部和国家林业和草原局所制定的规章大多数是针对农业生产、经营管理行为和农村环境资源保护进行规范。自然资源部对农村土地的规划、集约利用、复垦、登记和闲置土地的处理制定了专门的办法，以完善国家关于农村土地制度的相关规定。乡村社会治理是一个综合治理领域，国家各部委在该领域存在很多职权交叉与重合的情况，因此，各部委就乡村社会治理的某个方面联合发布规章非常常见。例如，在对村民自治制度中关于村级民主监督的规范方面，2012 年 9 月，民政部、中央纪委、中央组织部等十二部委印发《关于进一步加强村级民主监督工作的意见》，该意见为《村民委员会组织法》的实施制定了更加明确、更易操作的详细规则，极大地推动了我国乡村民众自治制度的发展进程。为保护农业用地土壤环境，进而保障农产品安全，2017 年 9 月环境保护部与农业部联合公布《农用地土壤环境管理办法（试行）》，以进一步加强相关部门对农业用地保护的监督以及管理工作。

3. 地方性法规和规章地方化了乡村社会治理制度

我国农村地域相当广阔，情况相当复杂，各个区域农村的具体情况存在巨大差异。各地在贯彻和实施宪法、国家基本法、行政法规、部门规章中关于乡村社会治理的相关内容时，都会针对本地的实际情况，制定相应

① 具体包括《退耕还林条例》《畜禽规模养殖污染防治条例》《植物新品种保护条例》《草原防火》等行政法规。

的地方性法规以及规章。恰恰是这些地方性法规和政府规章，在某种程度上对于当地乡村社会治理来说具有更加重要的意义。特别是当国务院对某些乡村社会治理立法并没有制定相应的实施条例或细则时，地方性法规或地方政府规章对相关法律在特定区域的具体实施非常重要，这些地方性法规和规章成为当地乡村社会治理具体领域具体制度的重要内容。例如，1998年《村民委员会组织法》正式施行，并且成为构建乡村基层群众自治制度的重要法律依据。在国务院没有制定关于村民委员会组织法实施条例或细则，国务院各部委也没有公布相关的部门规章的情况下，全国各地省级地方立法机构几乎都通过了本行政区域关于村民自治制度的具体操作办法，[①] 用于在地方具体落地实施《村民委员会组织法》，维护村庄民众的合法权益，建设基础民主制度；除河南与内蒙古两个行政区以外，其他29个省级立法机关都出台专门“村委会选举办法（条例)”，以保障村民依法行使民主权利。还有部分地方的省级立法机关或政府对村务公开制定了地方性法规或规章。[②] 这些地方性法规和地方政府规章成为具体落实宪法、国家立法关于乡村基层群众自治制度的重要地方法律依据，这些规范是在遵循国家法律规定，同时充分考虑当地复杂情况的前提下制定的，因此，具有更强的可操作性和实践意义。

（三）党内法规：乡村社会治理的重要保障规则

毛泽东同志最早提出“党内法规”的概念“制定一种较详细的党内法规，以统一各级领导机关的行动”[③]。因此，党内法规是用于调整党组织内部关系以及规制党员行为的制度规则。但是党在国家治理中的特殊地位决

① 四川省和北京市立法机关分别通过《〈村民委员会组织法〉实施办法》和《实施〈村民委员会组织法〉的若干规定》，其他29个省、自治区和直辖市立法机关结合本行政区域的实际情况，先后通过《实施〈村民委员会组织法〉办法》。

② 广东、河北、甘肃、山东、四川等省立法机关先后通过《村务公开条例》，湖北、陕西、宁夏、海南等省、自治区政府公布关于村务公开的政府规章。

③ 参见《毛泽东选集》（第2卷），人民出版社1991年版，第528页。

定了党内法规不仅对党组织内部关系的调整和广大党员的行为具有严格的规制作用，同时对于国家法律具有重要影响。1978 年，邓小平同志指出："没有党规党法，国法就很难保障。"① 党的十八大以后，党中央对于党内法规有了更为科学的定位，它是指对党组织所有活动以及所有党员行为具有严格拘束力的各类党内规章制度的总称。党内法规实践可以由党中央、中纪委以及各省部级单位的党委出台确定。② 习近平同志指出，党内法规制度是从根本上铲除党内腐败现象和不良作风的保障，因此，要"健全党内规则体系，扎紧党纪党规的笼子"③。习近平同志认为党内法规对广大党员提出了比法律规范还要高的要求，要求党员在遵守国家制定法以外，还"要严格遵守党章等党规，对自己提出更高要求"④。2014 年，党的十八届四中全会对中国特色社会主义法治体系进行全面阐释，"完善的党内法规体系"⑤ 成为其重要组成部分之一，同时指出"党内法规既是管党治党的重要依据，也是建设社会主义法治国家的有力保障"⑥。党的十八届四中全会对党内法规与国家法律关系的定位成为新时代中国法治的根本特色，是依法治国在理论和实践方面的重大突破。⑦ 在党组织内部，党内法规具有较强的拘束力，并且适用于党组织本身以及全体党员。因此，党内法规具有"法律和政策双重性质"⑧。

"截至 2021 年 7 月 1 日，全党现行有效党内法规共 3615 部"⑨，这些

---

① 参见《邓小平文选》(第 2 卷)，人民出版社 1994 年版，第 147 页。

② 参见《中国共产党党内法规制定条例》，载《人民日报》2019 年 9 月 16 日，第 3 版。

③ 中共中央纪律检查委员会、中共中央文献研究室编：《习近平关于严明党的纪律和规矩论述摘编》，中央文献出版社、中国方正出版社 2016 年版，第 61 页。

④ 习近平：《加快建设社会主义法治国家》，载《理论学习》2015 年第 2 期。

⑤ 《中共中央关于全面推进依法治国若干重大问题的决定》，载《人民日报》2014 年 10 月 29 日，第 1 版。

⑥ 《中共中央关于全面推进依法治国若干重大问题的决定》，载《人民日报》2014 年 10 月 29 日，第 1 版。

⑦ 参见肖金明：《论党内法治体系的基本构成》，载《中共中央党校学报》2016 年第 6 期。

⑧ 伍华军：《论党内法规的基本范畴》，载《法学杂志》2018 年第 2 期。

⑨ 中共中央办公厅法规局：《中国共产党党内法规体系》，载《人民日报》2021 年 8 月 4 日，第 1 版。

党内法规成为国家治理的重要法律规范依据之一，在乡村社会的法治化治理中，党内法规的规范作用具有更为重要的意义。中国共产党基层组织是乡村社会治理的领导力量，其他各类主体开展各种治理活动均需要党进行领导及指引。乡村社会法治化的成效如何很大程度上由党领导的法治状态所决定。在我国乡村法治建设体系中，假若乡村基层党组织不能有效实现法治化，则乡村法治建设就会遭遇困境，而且直接影响党在乡村基层的执政基础。而党内法规对党员的要求比国家法律还要高，根据党内法规治理乡村两级党组织成为乡村社会基层党组织依法执政的保障。乡村基层党组织对乡村社会治理的领导和执政活动不但要在国家法律编制的“笼子”里进行，还要严格遵守要求更高的党内法规制度。同时，党内法规的严格落实还是国家法律制度在乡村社会治理中得以顺利实施的保障。乡村社会治理的主要责任主体是乡（镇）政府，其社会治理活动在乡（镇）党组织的领导下进行，而且实践中乡（镇）政府工作人员大部分是党员。具体的治理行为最终都是由人完成的，个人的法治意识水平直接影响乡（镇）党委依法执政和乡（镇）政府依法行政的能力和水平。而党内法规对党员高于国家法律的要求使代表乡（镇）政权具体履行治理职权的党员干部普遍具备更高的法治素养和为人民服务的奉献精神，这在很大程度上是保障国家法律在乡村基层社会得以顺利有效实施的重要因素之一。党内法规因其具有的软法功能优势，在国家法律没有明确规范的领域内常常发挥着重要作用。在乡村社会治理中，由于我国在该领域的整体情况非常复杂，各地差异很大，因此，对于普遍适用于全国乡村社会的相关法律的制定，国家向来表现得非常理性和谨慎。但是，乡村社会具体领域的具体事务并不会因国家法律的缺位而消失，此时，乡村基层党组织及政府在乡村社会治理中应用党内法规往往能够取得较好的成效，成为乡村社会治理的先进经验并表现出较高的前瞻性。

（四）各级党政部门规范性文件：乡村社会治理的重要制度组成

由于乡村社会治理法律制度体系本身存在不完善的因素，各级党政部门的规范性文件（政策）就成为乡村社会治理法律空白或不完善领域的有效补充，甚至发挥着重要作用。虽然从理论层面说，当前我国国家治理现代化的建设过程中，法律法规应该成为各领域治理活动所依据的主要规则，但是，在我国乡村社会治理的各个层次的规则中，党和政府规范性文件确定的政策发挥着其他规则不可取代的功能，尤其在一些还缺乏明确法律规范的领域，政策在乡村社会治理中扮演着主要角色。这些软法的贯彻和执行为农业、农村、农民各方面的发展提供了实实在在的优惠，产生了良好的治理绩效，获得了治理体系中各层次普遍的接受和认可，成为乡村社会治理制度体系不可或缺的内容。党和政府的规范性文件在我国乡村社会治理中地位的重要性与我国特定的农村社会发展历史和现实状况密切相关，是在特定的客观环境背景下的理性选择。

1. 党的重要文件引领乡村社会治理的相关国家立法

党的十八届四中全会提出“党和社会主义法治的关系是一致的”“党的领导是法治的‘题中应有之义’”“党要领导立法”等重要理论。[①] 这些理论是党总结几十年国家治理经验及教训而得出的科学结论，对我国乡村社会治理领域尤其具有重要意义。

我国农村地域分布广，各地农村的具体情况复杂，存在很大的差异，地区间发展不平衡的现象严重，与任何一个其他国家的乡村社会治理状况都具有很大的差别。一方面，我国乡村社会地域跨度极大、区域自然条件和发展现状呈现极大差异，因此，就乡村社会的现代治理先例和经验来说，无论是从农业现代化发达的西方国家，还是从推行小农经济形式的东亚国家，都无法找到一个与中国乡村社会比较契合的情况加以学习和借鉴。另一方面，我国是一个农业人口数量极大的社会，乡村社会治理规则的制定和推行对社会稳定至关重要。因此，在乡村社会治理立法方面党和国家一直秉持谨慎态度。通常在一个治理立法出台之前，需要党和政府制

① 参见《中共中央关于全面推进依法治国若干重大问题的决定》，载《人民日报》2014年10月29日，第1版。

定规范性文件，依据政策在一定数量的典型地区进行规则试行，只有试行结果实证了该规则既能满足国家宏观层面要求，又有益于农村居民普遍权益的实现，还被广大村民接受，不会对农村社会稳定造成不利影响，国家立法机构才在试行经验的基础上开始相关立法。因此，党的规范性文件实际上往往领导着国家立法活动。

中国共产党的重要会议形成的文件不仅是确立我国乡村社会治理政策的重要依据，并且对我国乡村社会治理立法具有重要的指导意义。中国共产党全国代表大会报告、中共中央委员会全会通过的关于农村工作的文件和中央农村工作会议文件确定的有关乡村社会治理的重要方针政策，这些重要文件不仅直接指导国务院及其各部门、各地方政府农村改革和发展工作的开展，同时引领乡村社会治理的立法工作。以农村土地经营制度为例，土地是农民进行农业生产的基本要素之一，也是农村居民经济权利得以实现最重要的来源。我国对有关农村集体土地经营制度相关法律规则的确立及修改，历来非常慎重。当前我国农村集体土地在家庭承包基础上的双层经营机制的逐步形成及深入改革和完善，是在遵循一条通过党的重要文件的指引，政府对相关政策的试行实践基础上，条件成熟以后立法机构进行相关立法或法律法规的修改的路径。从 1982 年第一个中央一号文件对 1982 年《宪法》关于农村土地所有权性质确定的影响，到随后三个中央一号文件内容决定了 1985 年《继承法》和 1986 年《民法通则》对农村承包权及承包制度相关规定的确定；从党的十三届八中全会决定促使 1993 年宪法修正案与《农业法》对农村土地承包制度的性质、内容的具体化，到党的十五届三中全会决定推动农村土地承包法立法工作并最终于 2002 年通过；2014 年中央一号文件和 2017 年党的十九大对农地“三权”分置的强调推动了农村土地承包法的修订，并最终于 2019 年 1 月出台施行。

国家在运用党的重要会议产生的重要规范性文件所确立的关于乡村社会治理的各项政策在解决农村特定领域治理问题的过程中，摸索和积累了大量的实践经验，并在此基础上形成从农业、农村社会、农民利益出发的有效制度和规则，在条件成熟的时候最终通过立法的方式加以确定。从该层面上说，党的重要文件引领了国家立法的正确的方向。

2. 各级党政机关的规范性文件是乡村社会某些重要领域的主要治理制度规则

在乡村社会治理的某些领域，如农村扶贫和农村社会保障方面，国家立法几乎空白，治理规则的主要表现形式是党和国家的各类规范性文件以及各地方依据这些文件制定的各种地方性规范。在法律制度供给不能满足乡村社会治理现实需求时，党政机关的各种规范性文件发挥了重要作用。虽然这些规范性文件确立的政策从制度构成的角度来说存在诸多内在缺陷，但是对于乡村基层很多现实而急迫问题的解决具有显著的效果。以我国农村扶贫工作为例，当前我国政府在农村地区的扶贫是政府通过扶贫形式的财富再分配。在现有关于扶贫工作的治理规则体系中，还没有国家立法和行政法规，效力层次最高的规范是国务院部门规章①。从改革开放后，党和国家根据不同时期扶贫工作的不同侧重点，制定了大量的规范性文件，形成了具有各个时期鲜明特点的扶贫政策，这些政策的实施保证了我国每个阶段性扶贫工作目标的有效实现。

从改革开放开始至1985年，我国主要通过农村土地经营体制的改革，极大解放了生产力，农业生产发展获得显著成效，乡村社会居民生活状况也得到很大的改善。同时，从1980年开始，国家成立了“支援经济不发达地区发展资金”，对经济不发达地区进行专门扶持，财政部发布部门规章对资金进行管理。② 从1986年开始，我国加大扶贫力度，进入开发式扶贫阶段，从国家到地方设置了专门的扶贫机构，出台了大量的扶贫政策。特别是1994年以后，除了中共中央、国务院、国务院各部委每年或者单独或者联合发布相当数量的通知、意见、实施方案、规划等规范性文件外，

① 2001年财政部、国家税务总局和海关总署联合发布的《扶贫、慈善性捐赠物资免征进口税收暂行办法》（已废止）和海关总署发布关于以上暂行办法的实施办法。

② 《支援经济不发达地区发展资金管理办法》1987年颁布、1997年修改、2003年被废止。

国家还根据不同时期农村贫困的不同特点，从顶层设计上出台了一系列重要举措，对我国扶贫工作作出中长期规划。党和国家采取多种内容和途径，由多项政策保障的扶贫开发举措，最终使农村贫困地区的经济、文化、生活状况得到改观，为农村居民小康生活创造条件。到2011年，我国乡村社会居民已经基本不存在生存和温饱层面的问题，贫困人口数量呈现大幅度下降。在此基础上，国家于2011年出台《中国农村扶贫开发纲要(2011—2020年)》，重新设定了扶贫开发的任务目标。2014年，党和政府发布《关于创新机制扎实推进农村扶贫开发工作的意见》，提出精准扶贫机制。党和政府相关文件的贯彻和落实使全国范围内全面展开了农村地区的精准扶贫工作。2011—2015年，各级党和政府在乡村社会的扶贫工作获得了巨大成效，乡村贫困人口减少1亿多人，贫困发生率降低11.5%，[①]贫困地区农民生活质量得到明显改善。党和政府于2015发布中共中央、国务院关于打赢脱贫攻坚战的决定》和2016年《国务院关于印发“十三五”脱贫攻坚规划的通知》提出多种途径、多样措施开展脱贫攻坚工作以达到重新确定的目标。截至2017年年底，我国农村贫困人口有3046万人[②]，至2018年年末，该项数据已降至1660万人[③]。

我国人口数量大，社会发展底子薄弱，减贫是全国人民的一项长期而艰巨的任务。改革开放以来，党和国家根据不同时期、不同地区农村贫困的具体情况，通过发布规范性文件确定了一系列农村扶贫政策。改革开放后的40余年间，党和政府正是利用政策相对灵活性，在不同时期对不同地区通过政策制定不同的扶贫举措，对这些政策的贯彻和执行使我国与贫困抗争运动取得了丰硕的成果，让7亿多人口脱离贫困。特别是党的十八大

---

① 参见《国务院关于印发“十三五”脱贫攻坚规划的通知》，载《中华人民共和国国务院公报》2016年第35期。

② 参见《2017年全国农村贫困人口明显减少　贫困地区农村居民收入加快增长》，载国家统计局官网，https://www.stats.gov.cn/sj/zxfb/202302/t20230203_1899843.html。

③ 参见《2018年全国农村贫困人口减少1386万人》，载国家统计局官网，https://www.stats.gov.cn/sj/zxfb/202302/t20230203_1900237.html。

以来，我国乡村社会扶贫取得了巨大的成就，到 2018 年年末，贫困发生率已经下降至 1.7%，农村贫困地区人年均收入实际增长达 10.0%。[①] 这些成就不仅代表我国人权领域的巨大进步，更是全球减贫事业所取得的重大胜利。

党和政府规范性文件在当前我国乡村社会治理中发挥着非常重要的作用，特别是规范性文件确立的政策具有的短期内见效快的特点，在乡村社会具体问题的解决方面存在其他规范不可替代的作用。但是，政策治理规范有其自身的缺陷，如政策的可持续性问题、政策“寻租”带来的腐败问题等。同时，作为同为乡村社会治理规则体系组成部分的党和政府的规范性文件与法律规范两套规则本身不可能完全一致，在实践过程中必然会产生冲突。完善乡村社会治理规则体系成为当前乡村社会治理法治化过程中的关键环节，特别是完善规则体系中的法律制度规则更是当务之急，因为法律制度规则的完善可为政策规范划定科学的框架。

（五）乡村传统规则：乡村社会治理法律制度的重要补充

我国现代乡村社会具有几千年通过传统规则调整社会关系的历史，这些规则主要包括乡村社会习惯法、村规民约[②]、宗族法律以及道德规范。新时代的乡村社会虽然在社会结构以及性质方面都发生了巨大的变革，但是传统规则在乡村社会关系调整过程中仍然具有重大影响，村规民约、习惯法以及道德规则在我国现代乡村社会治理中仍然具有不可或缺的地位。

1. 村规民约

党的十八届四中全会在强调法治社会建设时，提出进行多领域多层次的依法治理，并要求充分发挥各种形式的规范对社会治理的正面影响功

---

① 参见《2018 年全国农村贫困人口减少 1386 万人》，载国家统计局官网，https：//www.stats. gov. cn/sj/zxfb/202302/t20230203_ 1900237. html。

② 在大多数场合“村规民约”与“乡规民约”在使用上并无严格区分，两者可以通用，我国法律中主要采用“村规民约”一词，“乡规民约”主要在文化传承意义上使用。

能，其中包括村规民约。[①] 在法治国家和社会的治理中，村规民约的价值被重新审视，地位得到提升，在乡村振兴战略实施背景下，乡村社会治理中应该运用村规民约，并且充分发挥其在乡村社会关系调整中的特有优势。

村规民约是村庄民众在村民自治过程中，就村庄公共及公益事务、纠纷及治安等与村民利益相关事项的办理，按照规定程序进行共同商议讨论确定的，并能够约束全体村庄民众的村庄社会规范。村规民约的规则都是村民在日常生活中产生的，具有内生性，也容易被村民认可和遵守，因此，在村庄社会关系调整中具有重要功能，通过村规民约，能够实现村庄的低成本治理。由于我国宪法和法律具有至上权威，村规民约的相关规定不得与国家立法相悖。同时，我国乡村社会治理中，国家与乡村社会之间具有较强的互动性，村规民约通常是在国家法律指导下制定并实施的。[②] 乡村社会治理过程中，村规民约在基层民主保障、公共事务管理、集体资产的分配和保护、自然资源的保护和利用、乡村环境卫生保护促进、村庄社会团结互助的加强、乡村陈旧风俗习惯的改变、道德文化的传承、乡村治安的维护、民间纠纷的解决等乡村社会治理环节都发挥着积极的作用。[③]

2. 乡村社会习惯法

“习惯法不仅是一个历史现象，也是一种现实社会规范。”[④] 我国乡村社会地域跨度非常大，各地乡村社会经济发展程度差距也很大，同时我国

---

① 参见《中共中央关于全面推进依法治国若干重大问题的决定》，载《人民日报》2014 年 10 月 29 日，第 1 版。

② 《村民委员会组织法》第 27 条规定：“村民会议可以制定和修改村民自治章程、村规民约，并报乡、民族乡、镇的人民政府备案。村民自治章程、村规民约以及村民会议或者村民代表会议的决定不得与宪法、法律、法规和国家的政策相抵触，不得有侵犯村民的人身权利、民主权利和合法财产权利的内容。村民自治章程、村规民约以及村民会议或者村民代表会议的决定违反前款规定的，由乡、民族乡、镇的人民政府责令改正。”

③ 参见陈寒非、高其才：《村规民约在乡村社会治理中的积极作用实证研究》，载《清华法学》2018 年第 1 期。

④ 高其才：《习惯法的当代传承与弘扬——来自广西金秀的田野考察报告》，载《法商研究》2017 年第 5 期。

还是个多民族国家，少数民族人口总体数量可观，并且大部分生活在偏远乡村地区。我国乡村社会本身由于历史传统因素就存在习惯法产生和发展的土壤，再加上乡村社会在全国范围内存在的地域、经济和民族差异，使乡村社会出现内容丰富、表现形式多样、功能全面的习惯法，这些习惯法规则在乡村社会治理中具有重要地位。特别是在一些少数民族聚居的乡村社会，习惯法非常发达，其在乡村社会治理中发挥着主要的治理功能。这些习惯法有的以宗族习惯规则，也有的以村落习惯规则等各种不同形式出现。它们存在于乡村社会治理的各个领域，包括农业、畜狩猎、婚丧嫁娶、交换借贷、村庄公共事务处理、社会纠纷解决等各方面；涉及范围既有民事规范也有刑事规范，既有实体规范也有程序性规范。在一个特定的习惯法发达的乡村社会，社会内部的生产、社会各项活动都有相对的习惯规则加以规制，因此，习惯法对于我国乡村社会治理具有重要意义。

习惯法在我国乡村社会治理中之所以能够发挥重要影响，是因为其在实践中经常被适用。相关治理主体适用习惯法的一个非常关键的因素在于我国乡村社会习惯法和国家法之间在很多方面具有一致性。就法律规范的目的及作用、具体内容及纠纷解决等层面看，乡村社会习惯法和国家法存在许多共同之处。两者通过规则的设置表现出对某些价值的共同追求，对某些行为的共同鼓励或禁止。例如，诚实信用、尊老爱幼、和谐友善等价值原则不但是国家法所倡导的，也是乡村社会习惯法所提倡的；偷窃、虐待老人、违背协议等都是国家法和习惯法所共同禁止并主张惩罚的。另外，很多习惯法的形成，特别是以成文法形式表现的习惯法的制定，是以国家法的相关规定和精神为基础的。当前乡村社会习惯法一般都要求乡村社会居民遵守国家法律法规，听从党的领导。

乡村社会习惯法和国家法之间存在共源同生的联系，在乡村社会治理实践中能够相互影响。两者不仅在功能、内容和纠纷解决方式方面存在很多共同之处，也在一定程度上对国家制定法具有补充作用。乡村社会治理中还存在一些国家法所不能或不便触及的层面：如村民之间的社会交往关系的一些具体行为，最典型的就是红白喜事，国家法律不便作出规范，但乡村社会习惯法一般都有具体的规范，而且这些规范随着农村社会经济的发展自动作出调整，具有国家法律所不能比拟的灵活性。有些社会关系国家法与乡村社会习惯法都是制定调整规则的，一般来说，它们具有不同的侧重点。国家法的相关规定往往是原则性、一般性的，而且更加注重通过禁止和惩罚手段实现调整功能；而乡村社会习惯法的相关规定往往更加明确和具体，更加切合乡村社会居民的日常生产生活实际，而且更为强调社会和谐，主张通过感化、舆论等手段实现社会关系的调整。因此，更加具体明确、更具针对性的乡村社会习惯法不仅有效调整乡村社会关系，而且在客观上发挥着对国家法的补充功能。

3. 乡村社会道德规范

法律与道德都归属于社会规范范畴，都能调整特定范围内社会成员的行为。法律是调整社会成员行为的主要规范，但并非人们所有行为都能被划入法律规范调整范围。社会道德规范中那些没有被确立为法律规范的部分规则对社会成员的行为仍具有规范性作用，这些规则往往都是属于规范人的观念、思想的内容。法律主要是规范社会成员行为的规则，在我国乡村地区，由于几千年乡村社会治理传统方式的影响，法治观念在乡村基层的基础薄弱，道德思想观念对乡村居民的行为方式具有重大影响。对于乡村社会中那些同时违反法律与道德规范的主体，需要予以两个层面的双重惩罚；对那些没有触犯法律规则，但是有违道德规范的主体，需要进行道德惩罚。道德惩罚是对违反道德规范的主体所施加的从舆论及道义等层面出发的无形精神性惩罚措施。这种惩罚往往以违反道德规范的主体被谴责或被屏蔽在他们以往归属的特定“圈子”之外的形式表现出来，道德惩罚给人带来的精神和生活影响在很多时候甚至大于法律惩罚带来的影响。可见，道德规范在乡村基层治理，维护社会的公序良俗及和谐稳定方面发挥着重要作用。

（六）乡村社会治理法制体系中各种规则的效力位阶

形式表现多样化是我国乡村社会治理所依据的法律规则的重要特点，在乡村社会法治化推进过程中，必然出现对治理规则的适用选择问题，不同的规则适用可能对不同的乡村利益团体产生极具差异的影响。因此，规则效力位阶的确定显得尤为重要。在乡村社会治理法治化的法制规则体系中，位于效力位阶顶端的是全国人大及其常务委员会作为国家最高权力机构确立的宪法和与乡村社会治理有关的基本法。政府是我国乡村社会治理的主要责任主体，国务院根据宪法和国家基本法履行其法定职责而制定与乡村社会治理相关的行政法规。国家最高立法机关制定的法律和国务院制定的行政法规是我国乡村法治化治理的所有治理主体都应该遵守的规范制度。国务院根据国家法律，对乡村社会治理的相关方面出台相对应的行政法规。政府各部门和各地方政府根据国家基本法和行政法规，在法律法规允许的范围内，依据其法定职责范围制定有关乡村社会治理的部门规章。除了法律和行政法规以外，部门规章和地方规章也是各基层政府在乡村法治化推进过程中的重要法律制度依据。中国共产党是乡村社会治理的领导机构，中共中央就乡村社会治理各领域事项，或者单独印发，或者与国务院及其相关部门联合印发有关乡村社会治理规范性文件，形成相关规章制度。这些规章制度是各级地方党组织和政府开展乡村社会治理活动所依据的规范性文件。并且各级地方党组织和政府根据党和国家以及各上级组织出台的规范性文件，可以印发本行政区域内关于乡村社会治理的对应性文件，成为本行政区内各级党组织以及政府乡村社会治理制度依据。乡村社会村民自治是我国乡村社会治理的基本形式，因此，传承几千年的乡村社会习惯法、村规民约及道德规范在乡村社会关系调整中发挥着不可替代的作用。各种治理规范的产生程序及来源依据决定了下级规则必须与其上级规范保持一致。

在乡村社会治理法治化的整个法制规范体系中，宪法处于最高效力位阶，而法律仅次于宪法。各级治理主体为了实施宪法、法律以及上级部门制定的规范会因地制宜地制定更为具体可行的落实规则。特别是各地方主体在制定相关治理规则时，更多的是考虑地方利益或部门利益，因此，乡村社会治理法律制度体系内出现“规则打架”现象并不偶然。在乡村社会治理实践中，“规则打架”现象最典型的是党和政府的规范性文件确定的改革制度措施与现行法律相悖，以及国家立法机构确立的规范与乡村社会中村规民约或乡村社会习惯法的冲突。我国的改革措施一般都是通过党和政府规范性文件确定，改革必然会对现行的制度产生冲击，甚至突破现行法律制度，对农村工作的改革更是如此。当前农村正在进行的“土地征收”“宅基地”“经营性建设用地”的改革就是对现有土地管理法等法律法规的突破。在如何处理改革与法治的关系时，习近平同志多次指出，凡属重大改革都要于法有据，在整个改革过程中，都要发挥立法的引领、推动和规范作用①。乡村社会治理中“三块地”的改革实践充分体现了“重大改革要于法有据”的重要原则。② 国家法与乡村社会的习惯法或村规民约在特定的乡村社会关系调整中出现不同规定也是乡村司法机构执法人员经常遭遇的情境。因为法律具有统一性，以具有普遍性的主体为对象，关注的是共同体的行为，并且是抽象行为，其不能具体到去关注个别主体或是个别行为。我国各地乡村差异很大，代表城市的、市场经济的法律伴随国家政权下达乡村社会，因此在治理中缺乏普适性。而乡村社会习惯法、村规民约等传统规则具有深厚的地方文化积淀基础，是在长时间的乡村社会关系发展实践中形成的，充分结合特定乡村社会情、理、法，被乡村社会居民普遍认可和接受的规则体系。这些规则具有地方性、灵活性、文化性等特征，与国家法存在一定的区别，由此在乡村社会法治化治理过程中

① 参见《习近平：凡属重大改革都要于法有据》，载《新京报》2014 年 3 月 1 日，第 1 版。

② 2015 年 2 月 27 日，党的十二届全国人大常委会第十三次会议通过《关于授权国务院在北京市大兴区等 33 个试点县（市、区）行政区域暂时调整实施有关法律规定的决定》，授权国务院在北京市大兴区等 33 个试点县（市、区）推进农村土地制度三项改革。这是国家权力机关通过授权方式推动改革的一项重大立法实践，是改革必须于法有据的典型事例。

会出现适用规则的冲突。但从总体上看，国家法和乡村社会习惯法等传统规则之间是以国家法律为主导的相互配合的补充关系。在坚持国家制定法的原则下，对于那些与现代法治具有共同价值追求但同时呈现地方的、文化的特色的乡村社会传统规则还是应该鼓励其在法律实践中的适用。但是，对于与现代法治精神背道而驰的恶俗习惯法，应该进行严厉压制打击，以免破坏乡村社会秩序和损害乡村居民合法权益。

三、当前我国乡村社会治理法制体系存在的问题

虽然当前我国乡村社会治理的法律制度整体框架已经建立，但是，这个体系存在一些显而易见的不足之处。国家有关乡村社会立法存在不平衡现象。在整个国家立法数量中，乡村社会治理立法总体占比小。我国乡村社会居住人口数量大，乡村社会对于国家稳定具有重要意义。因此，乡村社会立法应该成为我国国家立法的重点领域，但是，在国家整体法制体系建成时，有关乡村社会治理的国家立法无论是在从数量上还是在全国立法总数中所占的比例来说，都显得不足。同时，国家关于乡村社会的立法明显滞后于社会、经济等各方面的发展。特别是关键领域的国家立法不能与乡村社会发展的步伐相适应，造成被迫违法。乡村社会治理的多种法律规范之间存在的矛盾冲突，导致乡村社会治理过程中规则适用的混乱。

（一）乡村社会治理的国家立法不平衡

自改革开放以来，我国在经济社会等领域得到飞速发展的同时，法治建设也开创了新局面。但是在改革开放初期，国家的工作重心是经济建设，法律建设是围绕市场经济体制的建构展开的，因此，法律的制定和实施明显倾向于经济领域，以至于一些弱势群体和社会公共领域的利益被忽视，这种现象在乡村社会治理领域尤为明显。从整个国家立法发展来看，乡村社会治理领域的立法少于其他领域。该领域的国家立法数量与“三农”在国家发展中所具有的重要性并不相称。截至 2023 年 12 月 30 日，我

国现行有效法律共计300件,[①] 其中，关于“三农”方面的立法有30多部，在全国立法数量中所占比例约为10%。[②] 农业与工商业、农村与城镇、农民与城镇居民基于法律制度得到的支持和权利保障水平还存在很大的差距。

在乡村社会治理领域的法律规范体系内，各方面的法律规范呈现不平衡、不完善的现象，某些方面甚至存在规范的严重欠缺。就现有乡村社会治理法律规范来说，对“三农”问题的规范，国家立法和行政法规大多集中在“农业”，而对“农村”和“农民”关注甚少。因此，造成对乡村社会治理的一些重要领域，立法存在明显不足，有的甚至是空白。根据2024年6月在全国人民代表大会网站的法律法规数据库，分别对“农业”“农村社会”“农民”三个方面的法律规范进行搜索的数据结果来看，该领域的立法明显不足。在对“农业”领域的法律规范记录的搜索过程中，除了“农业”外，还有与农业生产、管理密切相关的各重要组成部分，如“森林”“渔业”“草原”“农药”“化肥”“农产品”“粮食”为关键词进行搜索。搜索记录结果显示，关于农业生产、管理的专门法律的记录有29条，行政法规的记录有75条，国务院部门规章的记录有245条，地方性法规的记录有1178条，而地方政府规章的记录有1167条；对农村社会治理领域法律规范搜索以“农村”“村民委员会”“村务公开”“农村扶贫”“农村社会保障”“农村养老保险”“农村医疗保险”“农村低保”“农村五保”“农村教育”“农村医疗”“农村环境”等为关键词，结果显示，关于该领域的专门法律的搜索记录有9条，行政法规的记录有14条，国务院部门规章的记录有17条，地方性法规的记录有390条，地方政府规章的记录有

① 参见赵乐际:《全国人民代表大会常务委员会工作报告》，载《人民日报》2024年3月15日，第1版。

② 2023年4月7日农业农村部召开的全国农业综合行政执法能力建设推进工作视频会公布：在农业农村领域已制定法律24部、行政法规28部、部门规章144部、地方性法规规章600多部。参见李婧:《高质量推进新时代新征程农业农村法治建设》，载《农民日报》2023年4月14日，第5版。

567 条；对关于农民权益保护的法律规范搜索的关键词主要有“农民”“农民工”“农村土地”“征地”“宅基地”等涉及农民权利保障的各个方面，结果显示，关于该领域的专门法律的搜索记录有 4 条，行政法规的记录有 15 条，国务院部门规章的记录有 5 条，地方性法规的记录有 123 条，地方政府规章的记录有 234 条（如图 4－1 所示）。

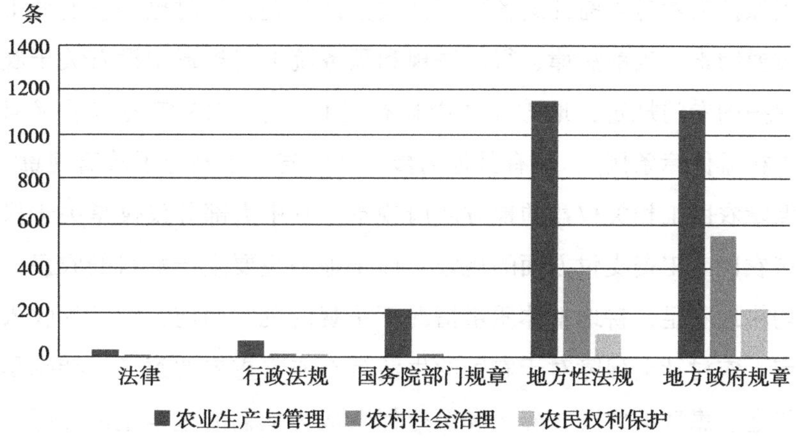

图 4－1　乡村治理法律规范

通过对搜索记录的数据统计分析得知，在乡村社会治理的法律规范中，从数量上看，农业生产和管理方面的法律规范多于农村社会治理和农民权利保护方面规范的总和；从各治理领域法律规范的立法层次上看，关于农业生产和管理方面的高层次立法，即国家立法和行政法规显然多于农村社会治理和农民权利保护领域在此层次的立法。

农民权利保护方面的法律法规严重欠缺，其中，法律库的 4 条搜索记录中有 2 条是《农民专业合作社法》和其修订本，严格意义上该法属于农业生产经营领域的法律规范，另外 2 条是关于农村土地的。[①] 因此，从国家立法角度来说，农民作为身份特殊的弱势群体，得到国家专门立法进行保护的权利只有土地承包经营权，即种地的权利。对于近些年引起农村社

① 分别是《农村土地承包法》和《农村土地承包经营纠纷调解仲裁法》。

会很大不满，给农村社会稳定造成一定威胁的征地问题，最高的规范是行政法规，而且是专门针对解决水利水电工程建设引起的征地问题。对于城市化过程中农村土地被大量征用而产生的一系列问题，各地方都很少以专门立法的方式加以规范①，部分省市则以专门的地方部门规章方式加以规范，有的省市甚至没有任何形式的法律规范，而依据政策进行管理。农民工权利保护依然是当前社会各界广泛关注的问题，同时也是影响城市化的一个重要因素。当前法律、行政法规和国务院部门规章中没有关于农民工权利保护的专门规定，地方立法中只有河北省于 2013 年公布了《河北省农民工权益保障条例》，还有其他为数不多的省、市制定了政府规章②。即便是保障农民工相关权益的地方政府规章，其中大部分仅仅是关于保障建设领域农民工工资支付方面的规定。以土地为主要生产资料的农民，在我国人均耕地不足，耕地整体质量情况不乐观的现实面前，农民的收入非常不稳定。农村社会保障对于农民的生活具有非常重要的意义，特别是对于那些年老、患病的农民，养老和医疗保障成为他们的基本生活保障。但是我国法律没有关于农村社会保障方面的规定，最高层次的法律规范是关于农村五保供养方面的行政法规，农村医疗保障只有少数省、区、市的地方立法③和地方政府规章④，农村养老保障方面最高层次的法律规范是地方政府规章，我国先后有 8 个省、直辖市和 5 个地级市政府公布农村社会养老保险办法或规定。⑤

（二）乡村社会治理的国家立法滞后于乡村社会发展

除了某些方面的法律规范的空白外，乡村社会治理法律规范长期存在

① 只有长沙市和汕头经济特区有相关的地方性法规。

② 涉及省、区、市分别是辽宁、宁夏、兰州、武汉、鞍山、大连、成都、邯郸等。

③ 云南、江苏、青岛等省市制定关于农村合作医疗方面的条例。

④ 山东、江西、哈尔滨、苏州、大连地方政府公布农村医疗保障方面的规定。

⑤ 所涉省、市分别是湖南、海南、黑龙江、江苏、湖北、云南、上海、天津和厦门、南京、抚顺、南昌、青岛。

立法滞后的问题。以农村生产经营体制和土地制度为例，从 1978 年开始，部分省份的农村就开始包产到户或包干到户，到 1982 年年底，全国大部分地方的农村都已实行包干到户。在包干到户的情形下，农户成为相对独立的经营主体，这种经营方式完全改变了人民公社三级所有，以队为基础的农村统一生产经营机制。但是在全国普遍推行包干到户的农村经营形式的情况下，相关的法律规范却迟迟不能出台。一直到 1998 年党的十五届三中全会明确要求确立保障土地承包关系的法律后，全国人大常委会才开始着手推进制定《农村土地承包法》，最终于 2002 年审议通过，2003 年开始施行。土地是我国农民的基本生产和生活保障，但是在农村土地承包法实施之前，我国有几亿农民基于土地所享有的各项权利并没有法律上的保障，一直处于国家政策调整的范围。在乡（镇）企业使用农村土地的问题上也出现过类似的情形，在我国农村乡镇企业出现和蓬勃发展时期，并没有专门的法律进行规范管理。根据《土地管理法》的相关规定，非农建设用地只能利用国有土地，因此乡村社会主体对农村土地的建设使用未经国家征收程序也属非法。在乡镇企业的实际发展过程中，农民或农村集体组织大都使用自己的土地兴办乡镇企业，使大量的农用地非法转为农村集体建设用地。等到 1997 年《乡镇企业法》开始生效施行，对乡镇企业使用农村土地有了具体法律规定的时候，全国的乡镇企业发展已经过了最辉煌的时期，大批因乡镇企业破产而造成的农村集体建设用地闲置成为乡村社会出现的一个新问题。在当前农村承包地已经大量流转，乡村振兴战略提出“产业兴旺”的总目标之际，现有的农村土地法律制度严重限制了乡村产业的发展和乡村振兴战略的有效实施。农村集体建设用地“非农业”用途依照现有法律相关规定还是处于被限制状态，但事实上很多地区的乡村已经将一些闲置的集体建设用地用于乡村旅游、养老等非农业产业经营。大量承包地多年来已经呈现一定规模的集中生产经营趋势，土地的流转实践也已经远远超出现有法律规范的“土地承包经营权”流转范畴，农村集体土地已经在流转实践中实现了所有权、承包权以及经营权的分置，但是

《农村土地承包法》的修改直到2018年年底才完成。

乡村社会治理法律制度的滞后在另外一个重要领域的体现是关于村民自治法律与村庄结构变迁和自治现状的不适应，以至于全国很多地区自治活动不能依法规范。就现行的《村民委员会组织法》来说，对于选民资格、候选人条件、村委会成员的离任审计、违规选举、贿选、干扰或破坏选举等违法行为的界定以及处置，村民申诉期限及终结、罢免程序、延期换届等或者根本没有作出规定，或者只有原则性、模糊的规定，在实践中可操作性差；在实践中，村民自治的民主决策、管理和监督流于形式，在很大程度上是因为《村民委员会组织法》中对以上相关规定太过笼统。对于村民代表会议以及村民会议等村民决策和监督机构的设置、职权和运行机制、其与村委会的关系等方面都没有作明确的、可操作的具体规定；村民自治权利经常受到政权的挤压，主要原因是村委会与村党组织的关系不够明确，法律只是规定村党组织对村委会工作进行领导与指导，具体领导和指导的领域和内容并没有明确。现行的村民自治法律制度的规定，不是过于原则、可操作性差，就是不太合理、不符合村庄自治实际，导致村民自治实践工作开展时遭遇无法可依或有法不能依的局面。基层调研过程中，关于村民自治制度的改进方面，在乡（镇）及村干部群体中存在一种普遍意见，都认为村委会三年任期过短，一方面会造成选举成本浪费，另一方面不利于村干部对村庄治理作较长时间的规划，应该改为五年任期。而对于同样的问题，村庄民众一般都支持三年任期，村民认为，三年任期有益于村庄反腐败和村民利益保护。村民自治30年的实践表明，现有的法律制度显然滞后于村庄自治的发展和出现的新需求，因此，很多学者提出制定村委会选举法以作弥补。

改革开放以后，我国乡村社会治理立法一直遵循这条思路：先制定政策，通过政策实施，认为条件成熟了再考虑立法，在法律没有出台之前，由政策代替法律规范成为乡村社会治理相关领域的主要依据。对既存的与农村发展现实不适宜的法律的修改也是如此。同时，法律制定机关习惯于在建构主义的理念下自上而下地促进规范植入、规范整合、规范确认，较少从社会需求的角度考虑乡村自治组织的规范转化、规范吸收和规范创新。[①] 长此以往造成法律总是滞后于农村改革和发展现实，结果是要么没有相关法律，直接适用政策，要么法律与政策不相符，在执行中法律形同虚设。这种国家立法滞后于政策或农村社会现实发展状况的情形，凸显了党和政府的规范性文件确立的政策在乡村社会治理中发挥至关重要的作用。

（三）乡村社会治理法律规范之间存在冲突

乡村社会治理的各种法律规范之间存在矛盾冲突是我国乡村整体治理效果不佳的重要原因。除了国家基本法之外，其他各规范的制定主体都容易从本层级或本部门的侧重点出发制定相关的乡村社会治理规则，从而出现各种规范之间的矛盾与冲突。这些规范冲突从规则涉及的领域来看包括乡村社会治理的每一个领域，从制定主体方面来看包括传统的法律规范之间的冲突，也包括传统法律规范与其他规范之间的冲突。从法律制度层面看，体现为各种层级之间的规范存在的不协调。由于乡村社会治理规则治理主体的多元性、表现形式的多样化、调整范围的广泛性等特点造成各规则之间矛盾冲突的情况非常复杂，很难一一道清。国家立法机构确立的法律规范是整体规则体系中位阶最高的规则制度，因此，规则冲突中最为典型的表现形式是不同国家立法之间存在冲突或其他规范和国家立法的不一致。对乡村社会治理几个重要领域的法律规则冲突进行分析基本上可以达到对所有与国家法相冲突的相关情形管中窥豹的效果。

1. 乡村社会治理重要领域的法律制度冲突

村庄民众自治是我国乡村社会治理的基本形式，土地问题是乡村民众最关心的问题，因此，以村民自治制度和土地问题的相关治理规范之间的

---

① 参见高其才、张华：《乡村法治建设的两元进路及其融合》，载《清华法学》2022 年第 6 期。

矛盾冲突为例最能说明乡村社会治理规范之间冲突的普遍性。

(1) 农村集体土地法律制度中的规范冲突

我国乡村社会治理中土地是与乡村居民关系最为密切的生产生活要素，土地制度关系到乡村社会治理的根本。乡村振兴战略的实施需要完善的制度保障，其中土地制度是制度保障体系中的关键部分。我国现有的土地法律制度存在明显的缺陷，其中最主要的表现是不同法律关于农村集体土地利用和管理的规定存在冲突。根据现有相关法律的规定，[①] 任何主体为了任何目的需要利用农村集体土地的，只有一个途径，就是经过国家为公共利益进行征收将其变更为国有土地。我国在工业化以及城镇化的快速发展进程中，使用了大量农村集体土地。有相当部分国家征收的集体土地并非因为“公共利益”产生的需求，而是基于经营性用途，因此，《宪法》和《土地管理法》规定的不一致在理论上和实践中都造成国家对土地征收过程中公共利益范围被扩大化。关于土地制度领域的法律规则冲突还体现在使用权转让方面，宪法规定土地使用权可以依法进行转让，《物权法》(已废止) 及《民法典》确定城市建设用地使用权是可以以各种方式（转让、出资、互换等）进行流转并抵押。而《土地管理法》规定农村集体土地（包括建设用地）使用权不得以各种方式进行转让用于非农业建设。法律对农村集体土地使用权的限制性规定，不但造成基本法与国家根本法的冲突，实践中严重限制了农村集体组织和乡村社会民众利用土地进行生产经营活动，还对乡村振兴战略的有效实施造成了制度阻碍。

在乡村社会治理不同层面的规则发生冲突时，不同的利益群体总是按照自身利益诉求进行规则适用的选择。对符合自身利益规则的放大或强调以及对不符合自身利益规则的抵制导致乡村社会治理常常因治理规则的冲突而陷入困境。以宅基地的审批为例，《土地管理法》规定我国农村社会

---

① 《宪法》第 10 条第 3 款规定：“国家为了公共利益的需要，可以依照法律规定对土地实行征收或者征用并给予补偿。”《土地管理法》（2004 年修正）第 43 条规定，“任何单位和个人进行建设，需要使用土地的，必须依法申请使用国有土地”。

居民实施“一户一宅”制度，农户需要使用住宅用地的，需要经过乡（镇）政府审核，由县级人民政府批准。如果是修建农房需要占用农地的情形，必须首先经过农用地转用申请审批程序。但是，实践中乡（镇）人民政府和县人民政府不可能了解本乡（镇）或本县所有农户的住宅情况，20世纪八九十年代，广大农村村民宅基地的批准权实际上都由村两委决定。农民只需要给村两委提交宅基地批准申请，村两委将申请提交到乡（镇）的，基本就是被批准了，即便是占用农用地（甚至是耕地）的情形也是如此。这种操作一方面造成大量耕地被占用盖农户住宅。在农户利用家庭承包地盖房时，乡村观念中没有人认为这是违法的，村干部也是如此。农民普遍认为，地已经分给我家了，是用来盖房（在“一户一宅”的原则下）还是用来种粮那是我的自由；另一方面造成村民观念上的错觉，认为宅基地的审批权在村两委。实践中，村民只要将审批材料交给村两委就开始动工盖房，审批程序事实上流于形式。在宅基地审批过程中，出现村两委接受村民审批申请材料后未及时交与乡（镇）以便乡（镇）再向县级主管部门递交备案，导致长期以来村民并不知自家农房属于法律意义上的违章建筑。在近些年乡村宅基地及农房确权、整顿违章建筑的活动中，有些农户的唯一住宅被执法部门强拆，引起农户与基层政府的对抗，影响乡村社会的稳定。

（2）村民自治法律制度中的规范冲突

关于村民委员会的性质问题，实践中存在很多矛盾，这些矛盾产生的根源在于法律规定具有冲突之处。现行宪法一方面规定村委会是“基层群众性自治组织”，其组成人员由村民选举产生。另一方面村委会本身可以设立各种下设组织以办理村庄各项事务、维护村庄秩序。[①] 从上述规定来看，村民委员会是一个纯粹的社会组织。但是，立法者关于村庄民众自治具体内容在《宪法》中的位置却被安排在“国家机构”框架内。根据

---

① 参见《宪法》，载全国人大网（国家法律法规数据库），https://flk.npc.gov.cn/fl.html.访问时间：2024年8月24日。

“体系解释”①，显然立法者将村委会视同国家机关性质，其相关活动自然应该视为国家活动。就此来看，《宪法》对于村委会的性质定位本身就是模糊的，甚至具有矛盾性，而《村民委员会组织法》则明确规定村委会为群众性自治组织的性质，并不是国家机构或国家机构的派出机关。法律的这种矛盾规定势必导致实践中村委会性质和身份的模糊与混乱。根据《宪法》的相关规定，村委会可以被视为乡（镇）政府的派出机关，乡（镇）政府也有权力向其下达各类行政任务。

除了《宪法》与《村民委员会组织法》中的相关规定对村民自治性质定位存在差异外，该制度在实践中遭遇的困境很大程度上是由于有关村民自治内容的法律规定不明确、各种法律法规之间不一致。这些不同层级和类型的规范的侧重点不同，从而使乡村社会治理中的每一主体都去寻找有利于自己的法律规则加以适用，因此导致制度供给内在性困境的产生。在乡村关系方面，《村民委员会组织法》规定，乡（镇）政府对村委会工作应该予以指导、支持和帮助，村委会也应该协助乡（镇）政府相关职权在村庄的开展。但是具体的“指导”“协助”方式有哪些，哪些事项和事务是可以进行“指导”“协助”的，“指导”“协助”过程中都应该遵循什么原则等问题，法律都没有进一步明确。《村民委员会组织法》同时还明确，乡（镇）政府在对村委会工作进行“指导”“协助”过程中，不能对其自治事项造成任何干预。实践中，无论是乡（镇）政府还是村民委员会都可以从《村民委员会组织法》的这个条款中找到有利于自己的合法性根源。很多乡（镇）政府通过与村两委签订责任状，直接为村治主体制定工作目标，将村两委视为准行政机构。但是1990年中共中央批转文件②规定乡（镇）政府有权为村委会布置行政任务，而后者对前者在村庄的行政任务不仅仅是“协助”而是“完成乡政府布置的任务”，并且能否“按期完成党和政府下达到村的任务”成为村级组织建设的基本目标。1994年中共中

---

① 杨仁寿：《法学方法论》，中国政法大学出版社1999年版，第107页。

② 参见《全国村级组织建设工作座谈会纪要》，载《农村经营管理》1991年第4期。

央发布的另一个文件①，再次强调村委会应该“积极完成乡（镇）政府布置的工作任务”。以上中央党组织的规范性文件都没有提到《村民委员会组织法》中关于乡（镇）政府不得干预村民自治事务的规定。

在村两委关系方面，村两委权力都有各自的合法性来源。党章以及各级党组织发布的各类规范性文件是村党组织领导权力的来源。而村委会村庄治理权的合法来源是国家相关法律规定和村民选举。1998 年《村民委员会组织法》对村委会与村党组织之间的关系并没有明确的规定，只是原则性表述了乡村基层党组织的核心领导地位。但农村社会基层党组织包括乡（镇）和村两个层级，因此，法律并没有明确规定村级党组织与村委会的具体关系。虽然 1998 年《村民委员会组织法》中没有明确规定，可是中共中央 1990 年发布的规范性文件②中作了非常具体的规定。不但村委会的各种村庄自治行为需要在村党组织的领导下进行，并且还要接受村党组织对其干部的考核和监督。在 1994 年文件③中，更是明确村党支部必须将村委会置于领导之下。2010 年修改以后的《村民委员会组织法》也明确了村党支部对村委会的领导权。但是具体的领导方式和范围没有在法律规则中再涉及，因此，在村庄治理的实践中，由于村两委职权合法来源存在差异，其在各自行使职权过程中甚至出现互相争权扯皮的情况，导致村庄治理工作的混乱。

2. 国家法与乡村社会传统规则的冲突

我国乡村社会是一个长期由传统习俗规范的场域，这些传统习俗表现为习惯法和村规民约等形式。传统习俗通常是乡村居民在共同的地域内长时间的共同生产生活过程中形成的，以村规民约和习惯法形式表现出来的传统习俗在乡村社会中的影响力不亚于国家正式制度。而且由于两者之间

---

① 参见《中共中央关于加强农村基层组织建设的通知》，载中国经济网，http：//www.ce.cn/xwzx/gnsz/szyw/200706/17/t20070617_ 11789532. shtml。

② 参见《全国村级组织建设工作座谈会纪要》，载《农村经营管理》1991 年第 4 期。

③ 参见《中共中央关于加强农村基层组织建设的通知》，载中国经济网，http：//www.ce.cn/xwzx/gnsz/szyw/200706/17/t20070617_ 11789532. shtml。

合法性来源的不同在具体内容和实践中必然出现冲突。

(1) 村规民约与国家法的冲突

村规民约形成于村民的合意行为，受到传统乡村文化的影响，这种影响有正面的，也有负面的。在村庄治理权力被乡村社会灰色势力控制的情况下制定的村规民约必然不能代表多数村民的意愿。村规民约违反国家制定法和侵犯村庄民众合法权益的现象在我国地域广大、情况复杂的乡村社会难免出现。在实践中，最典型的村规民约违法侵害村民权益的是土地权益分配方面。例如，对于出嫁女或入赘婿的土地承包权，法律确定土地承包权是每个农村集体组织成员都拥有的基本权利，并且这种权利以家庭为单位得以行使。而农村集体组织成员资格的取得依据是户籍入村。在实践中，对于出嫁女，结婚以后户籍没有转出娘家所在村庄，即并没有失去该村庄集体组织成员资格的情形下，按照国家法律规定，她们仍然具有土地承包权。但是，实践中，很多村庄利用民主程序制定村规民约集体合意剥夺出嫁女的土地承包权，入赘婿的情况类似。在土地权益的行使涉及经济数额较大时，如土地征收补偿款的分配，这种冲突造成了乡村社会治理某些领域的混乱，甚至产生矛盾纠纷。在宅基地的管理方面，为了应对乡(镇)政府对于村庄违章建筑管理的行政任务，有些村庄的村规民约作出粗暴、违法的规定以限制村民随意翻建农房，如授权村两委对违法翻建房屋的村民进行罚款，有的罚款数额达几千元，或者不给村民办理正常盖章手续等限制其正当权益的规定。这些村规民约所确定的具体内容显然超出国家法律规范的村民自治范畴。村规民约属于群众自治性“合约”，无权赋予任何组织或个人罚款的权力，对于金额较小的违约金的设定还属合理，但是如果违约金的数额较高，甚至直接赋予村委会或其他组织或个人以处罚权则将对村民正当权益造成损害，村规民约的这些规定与国家法律规范之间存在冲突。

由于村规民约的性质和定位法律并没有作出明确的规定，因此，其在与国家法之间的关系上难免出现“语言混乱”。村规民约主要规范乡村社会居民的日常生活行为，从性质属于自治规范，但同时，村规民约必须符合国家法律的规定。特别是在法治社会建设的推进过程中，要求每个村庄制定村规民约成为各级政府对行政区域内乡村社会法治化治理的内容之一。村规民约的制定从某种程度上说是在政府自上而下的任务中开展的，并不是乡村社会居民出于社会自治需求内生的。因此，实践中很多地区村规民约的确立都是在乡（镇）政府的具体指导下进行。这就难免出现国家法对村规民约的侵蚀现象，其中一个典型表现是乡村社会习惯规则在村规民约内容中的体现成分日益萎缩，这不利于村规民约的应有功能在村庄治理中得到充分发挥，因此，应该正确处理国家法与村规民约的关系。

（2）乡村社会习惯法与国家法的冲突

乡村社会习惯法与国家法在赖以存在的社会基础、所追求的价值目标以及保障实施方式等多方面都存在一定的不同，两者之间的差异是显而易见的。乡村社会习惯法和国家法两者之间所存在的冲突主要表现为具体规则内容的不一致。具体来说，所涉及领域既包括民事方面，也包括刑事方面。

首先，在规范的适用对象方面。乡村社会习惯法主要来源于特定的乡村社会生产生活空间，而且该空间具有典型的熟人社会特征。因此，乡村社会习惯法的应用具有严格的内外区别，习惯法按照人划定特定的适用主体。身份资格不同，使不同主体所适用的权利义务标准也出现差异。因此，就有内部人和外人的区别，如同一个村庄的村民之间与不同村庄的村民之间的关系处理适用涉及的权利义务具有明显差异。而国家法的适用主体主要以属地原则为基础，国家制定法在全国范围内对所有人适用统一的权利义务标准。其次，在民事规范内容方面。规范乡村社会婚姻家庭、财产所有权和债权债务关系的规则内容与国家法律相关规则有很多不一致的规定。乡村社会习惯法中财产所有权主体一般都以组织或团体形式出现，如家族、家庭甚至整个村寨，个人很少能够成为独立的财产所有权拥有者。而按照法律规则，财产所有权既可以属于组织，如国家、各类团体，社会组织等，也可以属于个人单独所有，并且国家有义务为个人所拥有的财产权提供法律保障。在民事领域另一个典型不一致是关于婚姻家庭继承内容的规定。在乡村社会习惯法中，订婚对于男女双方的婚姻成立是具有约束力的，而该行为在国家法框架内并没有法律拘束力。个别乡村社会习惯法至今还存在剥夺妇女的继承权，即便女儿在父母晚年承担更多赡养照顾义务的情况下，只要家庭中有男性继承人存在，女性继承人还是很难实现根据国家法规定拥有的继承权。从意识上来说，在乡村社会，包括被女儿赡养的父母和赡养者本人，都普遍认为妇女继承权不被支持。另外，乡村社会习惯法中对于家长权、尊长权维护方面的内容，国家立法中基本不涉及。最后，在刑事规范方面。习惯法与国家法的不一致显得更为突出。很多关于针对人身权利的行为，在乡村社会习惯法中被视为具有正当性，但在国家法领域却有明确的违法性。例如，家长在管教子女过程中采取的打骂甚至严重的暴力行为、夫妻关系中的暴力行为等，这些行为在乡村习惯法中可能是家长权的表现，也可能是正常的家庭内部关系处理行为，但在国家法范畴内是禁止的行为，而且法律对于行为者应该实施惩罚措施。对于这些严重违反刑法的行为，无论按照乡村社会习惯法是否正当，由于其对社会或个人具有严重危害性，必须对其实施国家法规范。

四、乡村社会治理法律制度的完善

《宪法》中关于我国乡村社会治理的原则性规定，确立了我国乡村社会治理的基础性原则。国家基本法和专门乡村社会治理立法构建了我国乡村社会治理的基本制度框架。行政法规和部门规章对宪法和乡村社会治理的相关国家立法进行具体化，进一步补充和完善乡村社会治理制度。各省级立法机关以及政府在遵循国家相关法律法规与部门规章的基础上，结合每个行政区的具体情况，确立适合每个行政区特点的地方性法规及规章，使国家建构的乡村社会治理各层次的法律机制在各地乡村基层得以顺利推行实践。我国现在已经基本上形成了多层次，内容覆盖乡村社会治理各方面的法律体制，但是必须看到，这个法律体制还存在很多不足之处，很多地方需要进一步的补充和完善。

（一）完善乡村社会治理关键领域的法律制度

1. 农村集体土地法律制度的完善

乡村振兴战略中，乡村经济的振兴是重中之重，农村的产业兴旺，农村农业的现代化是重大课题。农村土地制度是推进农业现代化、建设乡村产业和推动乡村经济发展最重要的制度影响因素。自党的十八大以来，党和国家对深化土地改革提出诸多重要政策并开展试点工作，将经过实践检验证明行之有效的政策和试点实践过程中积累的成功经验及时以法律规范的形式加以确定，有利于为乡村振兴提供稳定的法律制度保障。

（1）完善农村集体土地征收制度

征地制度多年来一直被诟病，其中的原因比较复杂，但综合而言包括以下几个方面：一是从法律规定和实践中都存在政府征地的理由——“公共利益”范围的扩大化；二是村集体组织与农民几乎都无法从被征收集体土地所产生的巨大土地增值收益中获得相应的利益；三是缺乏对失地农民提供系统社会保障的相关制度措施。改变以上困境最有效的途径是对现行土地管理法中的相关条款作出相应修正。首先，应该将《土地管理法》第43条进行废除，该废除不仅使政府不再是市场上唯一的建设用地提供主体，而且从立法上达到了消除扩大公共利益征地宪法授权的效果，同时还解除了农村集体经济组织利用社会资本对集体土地进行经营性开发的法律限制，有利于乡村产业的兴旺发展。其次，明确规定国家征收土地的公共利益具体事由，以减少经营性建设需要利用农村集体用地时通过国家征收方式改变土地用途的情形。通过法律规定非公共利益用地由用地当事方直接面对农村集体经济组织和农户，由农村集体经济组织和农户获取土地因用途改变产生的增值收益，依据“市场经济‘等价交换的基本原则”[①] 对被征收者进行充分补偿。最后，修改《土地管理法》第47条，在国家出于公共利益原因征收集体土地时，在提高征地补偿标准的基础上，应该明确规定征地程序，并为被征地农民提供多元的保障机制，从社会保障、住房和就业培训等方面给予更加完备和具体的保障措施，使农民在部分或全部失去土地的情形下收入不会减少，生活、养老、医疗等各方面具有长期、充分的保障。

（2）对农村集体建设用地进行扩权赋能

乡村振兴中产业兴旺首要需要解决用地及资金需求问题。农村集体建设用地是新产业发展的主要用地来源，同时也应成为农村产业发展壮大的重要资金来源之一，从法律层面对农村集体建设用地扩权赋能不仅能够吸引社会资本参与乡村新产业新业态的发展，同时也使农民有可能“不依赖于耕地，但同时又不必进城搞务工经商”[②]，返乡利用集体建设用地创业或就业。

现有法律规范虽然限制了村集体组织对村建设用地相关权利的全面行使，可在实践中，违法利用村建设用地进行各种形式的经营活动在乡村已然成为普遍存在的现象。党和政府通过在各试点区域推行相关土地改革以探索对农村集体建设用地权能进行完善的有效途径。2015年到2018年年底，在全国33个试点区域推行的农村集体经营性建设用地入市改革为该类性质土地实现与国有土地同权同价，同等入市的探索提供了有效路径。全国各地已经有13个城市展开在集体建设用地上进行租赁房开发的试点，这一方面满足了一大批在城市里生活但无力解决住房的外来人口的刚性需求，另一方面增加了农村经济组织和农户的资产和收入。在全国各试点区

① 参见邹爱华、徐讯：《改革开放以来中国土地征收法变迁及展望》，载《决策与信息》2018年第10期。

② 参见陈锡文：《实施乡村振兴战略，推进农业农村现代化》，载《中国农业大学学报（社会科学版）》2018年第1期。

域刚刚结束的集体建设用地改革试点实践为乡村振兴过程中对该类土地的利用提供了先进经验，这些先进的先行措施应该通过法律修正的方式使之成为明确稳定的法律制度。因此，在废除现有《土地管理法》第43条的前提下，应该对其第63条的相关内容进行修改，使农村集体建设用地与国有土地一样，可以进行出让、出租、入股和抵押，以助力乡村新产业新业态的培育和发展。

采取有效措施对宅基地用益物权权能进行完善。首先，对2018年中央一号文件中的“宅基地和农民房屋使用权”的内容从法律上作出明确规定。虽然现有法律制度中已经有了“宅基地使用权”的概念表述，但按照《民法典》的相关条款，① 结合土地管理法中“一户一宅”的限制性规定，宅基地使用权是村庄居民基于村集体组织成员身份无偿获得，并限于农户建造自用居住房屋为前提，农户虽然实际使用宅基地但对其并无收益权。当前法律对宅基地使用权在制度设计时以农户的居住为主要功能②。而2018年中央一号文件中“适度放活宅基地和农民房屋使用权”③ 中的“宅基地和农民房屋使用权”显然不是以农户居住为主要功能。宅基地“三权”分置的立法必要性是在保障农户居住权的同时，进行赋权扩能，兑现宅基地的财产权④。之所以需要“赋权扩能”是因为现行法律对宅基地财产权的实现作了限制性的规定，宅基地不得出租、转让用于非农业建设。“兑现宅基地财产权”最常见的方式是对宅基地使用权进行出租或转让，即通过获取宅基地经营权的形式实现土地财产性收益。对宅基地拥有经营权是农户行使该类土地财产权的前提，并且只有其经营权可以转让，大量的农村闲置宅基地和农房才能吸引社会各方面资源，乡村的新产业新业态

---

① 《民法典》第362条规定：“宅基地使用权人依法对集体所有的土地享有占有和使用的权利，有权依法利用该土地建造住宅及其附属设施。”

② 参见宋志红：《宅基地“三权分置”的法律内涵和制度设计》，载《法学评论》2018年第4期。

③ 《中共中央　国务院关于实施乡村振兴战略的意见》，载《人民日报》2018年2月5日，第1版。

④ 参见刘守英：《宅基地“三权分置”影响几何》，载《时事报告》2018年第3期。

才能得以发展壮大。因此，应该从法律规范方面明确宅基地“三权”分置中的使用权不仅指农户的居住权，还应该包括宅基地经营权，并且该经营权能够进行依法转让。其次，法律规范确定对宅基地进行抵押担保行为的合法性。农户可以将自住房屋使用权、宅基地的经营权人可以将宅基地的经营权向银行提供融资担保，以获得新产业新业态发展资金。最后，法律明确规定宅基地的退出机制。有学者建议，通过国家立法来确定村集体组织对村庄宅基地具有依法处置的权力，“明确集体之宅基地法律处分权，如集体经济组织具有收回宅基地的权利”①。对于已经实现“一户一宅”基础上的村庄农户闲置宅基地，法律应该制定相关退出机制。或者由村集体组织在对相关农户作出相应补偿的基础上进行收回，已经收回的宅基地以及农房村集体组织有权进行统一支配利用；或者直接转让给符合宅基地申请资格的农户用于旧房翻新或拆除重建新房。

（3）农村承包土地权能的法定化

从法律上对农户的承包权进行严格保护，只有承包权是稳定的，经营权的流转才有保障。对于土地承包权进行完善包括三个方面的内容：一是有关期限问题。在第一轮土地承包期限届满后第二轮顺延了30年，2008年第一次提出“长久不变”，党的十九大报告中再次强调的“再延长三十年”② 已经被写入2018年新修改的《农村土地承包法》中，使农户与土地之间的承包关系具有长达40年长期稳定预期③，这对于土地经营权的流转是一个重要的保障。二是从法律上保证所有具有合法身份的村庄民众的土地承包权。一方面，当前相关的土地规范制度虽然明确村民因集体组织成员身份而依法享有对土地进行承包的权利，但是在承包权与经营权相分离、经营权发生流转的情形下，应该从法律上强调承包户与承包地之间存

---

① 参见李凤奇、王金兰：《我国宅基地“三权分置”之法理研究》，载《河北法学》2018年第10期。

② 参见《中国共产党第十九次全国代表大会文件汇编》，人民出版社2017年版，第26页。

③ 全国大部分地区土地第二轮承包从1997年开始，到2027年大部分农户与承包地30年的承包关系期满。

在稳定不变的承包关系。另一方面，基于承包权具有身份属性，村集体组织应该根据村庄内部村民实际增减情况定期对土地承包状况进行调整。农地承包关系虽然是以农户为单位建立的，但是每户的具体承包数量是按人口均分数量为基础确定的。村庄内部每个集体组织成员基于其所拥有的合法资格获取对村庄土地的承包权利。承包权的产生应该以具有集体组织成员资格为前提，因此成员资格的产生与消灭均将引起相应承包权的产生与灭失。现有《农村土地承包法》"增人不增地、减人不减地"的规定在赋予符合法律规定资格的村庄成员土地承包权的同时，限制了承包关系确定后新增合法成员承包权利的实现。该制度虽然对维护乡村社会稳定具有一定意义，但是对村庄新增合法成员基本土地权利造成损害。土地不仅是我国乡村社会居民进行生产活动所需要的基本生产因素，同时还承载着乡村社会保障功能，现有法律规定意味着村庄新增合法成员在相当长时间内没有最基本的土地保障。因此，还应该从法律层面对新增成员的土地承包权提供保障措施。考虑到频繁调整土地不利于农村社会的稳定，可以设定按照集体组织成员变化的实际情况调整承包地的周期，如5年调整一次，具体的土地调整程序和办法各地农村可以根据实际情况实施。事实上，无论是在已经结束的第一轮承包期内，还是正在进行中的第二轮承包期，承包地调整在全国的很多农村地区已经是广泛存在的现象。因家庭成员数量变动引起的土地调整并不会影响该农户与土地之间的稳定承包关系，按照集体组织成员的实际变化定期调整土地不但不必然影响农村社会的稳定，相反，土地调整在现实中还发挥着社会保障、乡村社会治理功能和土地资源配置效应①。三是法律明确承包地的退出机制。承包地的退出包括部分退出和全部退出。部分承包地退出主要是针对农户家庭中部分成员因各种原因主动放弃或因死亡丧失农村集体经济组织成员资格的情形，部分承包地退出机制的完善是"增人增地、减人减地"有序、平稳实现的保障。全部

① 参见冯华超、卢扬、钟涨宝：《论土地调整的合理性与必要性——兼论土地制度改革的方向》，载《西北农林科技大学学报（社会科学版）》2018年第1期。

承包地退出主要是针对农户全家已经在城镇落户，并且被纳入城镇社保机制范畴的情形。承包地退出机制的法律完善是对村庄内拥有合法资格的村民土地权利进行保护的重要体现。

2. 村民自治法律制度的完善

（1）完善村民自治在宪法中的地位

首先，《宪法》总纲中关于村民自治的地位。在当前法治国家、政府和社会共同推进建设的新时期，国家充分重视对社会权利的法律保护。随着人们对社会分权理念逐渐认可和接受，各种具有不同价值取向的社会组织迅速成长，并且对社会治理发挥越来越重要的影响。村民自治组织在性质上也属于社会组织，从逻辑层面来说其与代表国家的各类主体之间属于并列关系。现行《宪法》在对国家政治生活作出规范安排的同时，也应该对其他社会组织的活动作出合理安排，对社会组织及其活动进行宪法层面的法治化。现行《宪法》的编排体例中，“总纲”在共同体秩序中只涉及国家政治生活方面的内容，而社会团体组织生活并没有被纳入。如果《宪法》中对政治共同体与社会组织分别安排专门的章节进行规范，就会使社会组织成为国家整体秩序的组成部分。如此一来，《宪法》对国家基本秩序进行确定时，要同时对政治共同体和社会组织的运行规则进行规范。具体到村民自治制度，如果在专门规定社会组织运行的规则制度结构中，而不在当前的“国家机构”部分安排村民自治相关具体内容，就不会出现当前村委会地位模糊的问题。其次，在宪法中确定村民自治权。既然村民自治组织是我国村庄治理的基本且最直接的主体，村民行使自治活动的权利是依照法律取得的，那么在《宪法》中明确村民自治权就显得非常必要。在“公民基本权利与义务”章节中，应该明确规定“村民自治权”是普通公民在具有法律规定的乡村社会居民身份后应该享有的一项基本权利，这样才能从根本上保证该权利的落实以及保护其在实践中不被形式化和侵害。《宪法》中明确自治权成为公民基本权利和义务的内容不仅能有效推进乡村基层社会村民自治制度的理论和实践的发展，同时还能推动城市社区群众自治的发展。

（2）制定专门的“村民自治法”

由于现行法律与村民自治相关的规范较少，该制度实践的主要法律依据是《村民委员会组织法》。而其中有关村民自治的规范整体呈现原则性，实践过程中遭遇的很多情形在法律中都没有明确规定。更为重要的是，村庄民众自治涉及民主选举、决策、管理以及监督四个环节，而不仅是组织一方面的内容。《村民委员会组织法》虽然对民主决策、管理以及监督也作出了相关的具体规范，但是整部法律主要还是以村民委员会为中心，侧重于其产生、职权和运行的规范。即便是决定村委会组成的民主选举环节也存在很多不具体、难以操作的问题，以至于理论和实践部门都有专家建议确立具体的“村民选举法”。《村民委员会组织法》应对自治实践时显得力不从心是村庄民主决策、管理以及监督普遍流于形式的重要原因。因此，在对村民自治30年实践的宝贵经验以及教训进行总结的基础上，制定专门的“村民自治法”，从选举、决策、管理和监督各个环节制定具体的、具有可操作性的规则规定，真正实现乡村居民对村庄的完整自治权。

（二）加强党内法规的建设和完善

由于党内法规制度在乡村社会治理中所具有的不可或缺作用，对该制度的完善也就成为构建多样化乡村社会治理法制规则体系的重要内容。党在乡村基层社会的执政基础直接受到乡村基层党组织法治化程度的影响，加强党内法规建设是乡村社会法治化治理的必然选择。

对于党内法规完善，首先，从内容上应该保证全面性。党对中国建设的领导涉及方方面面，要求党组织本身始终保持先进性。党内法规是党组织自身建设的主要保障依据，只有通过科学、完善的规则对党组织工作进行有效规范和对党员行为进行规制，才能保持党组织本身的先进性以及党员的模范性。因此，党内法规建设从内容上应该涵盖党的领导和工作、组织及思想、反腐及作风和民主制度建设等各个领域的各类规章规范的完善。其次，党内法规建设应该彰显党章中心地位，将党章的建设列为整体制度完善的核心内容。党章是党组织的根本法，在其他类型规范制定及完善过程中，要充分遵循党章精神的统帅地位及其核心价值。同时完善党内法规体系层级的有序性，按照法治原理制定和完善相关规则，建构科学合理的制度结构框架。最后，在中国特色社会主义法治体系中对党内法规进行正确定位。在国家治理现代化的进程中，法治规则呈现形式多样化。党内法规需要正确处理与其他规则体系，特别是与国家制定法之间的关系。党内法规与国家法律具有高度的关联性，因为它们都遵循现代法治原理并都以“良法”为共同的价值追求。但是两者区别分明，国家法律和党内法规在不同的领域发挥不同的功能，在国家治理过程中进行良性互动。党内法规确定的纪律规范对党员提出了比国家立法对普通公民所确立的更高标准，党纪严于国法。

党内法规建设伴随党组织自身建设完善的每个阶段，党的十八大以来，党中央加快了法规建设进程。2013 年，党中央开始筹划党内法规的系统建设工程，并且专门出台五年规划纲要进行建设工程进度设计。[①] 该规划纲要指出对党内法规建设要以宪法为上为基本原则，保证其与国家法律的内在统一性；规划纲要还确定了五年中法规制度建设的具体领域，包括党的工作方面、思想方面、党的作风、党组织本身、反腐败以民主集中等领域的全面建设。以健全党的领导以及执政方式为目的党内法规建设进程中，强调了对党领导国家立法的程序进行科学规划、完善党对执法工作的领导机制以及党员带头守法等为内容的党领导法治建设的规则完善。党的十八届四中全会以后，党内法规建设进入更快的发展阶段，在短短的几年时间内，党中央完成了一系列党内法规的制定和修改工作。2015 年完成五

① 参见《中共中央印发〈中央党内法规制定工作五年规划纲要（2013 — 2017 年）〉》，载《人民日报》2013 年 11 月 28 日，第 1 版。

部党内法规的制定和修改工作[①]，2016 年完成三部党内法规制定[②]，2017 年分别制定和修改了一部党内法规[③]，2018 年 2 月，党中央印发中央党内法规制定工作第二个五年规划（2018—2022 年）[④]，党内法规的建设和完善提出进一步的部署。截至 2021 年 7 月 1 日，全党现行有效党内法规共 3615 部，其中，党章 1 部，党的组织法规 153 部，党的领导法规 772 部，党的自身建设法规 1319 部，党的监督保障法规 1370 部。[⑤] 这些党内法规的运行为乡村社会法治化的推进提供了重要的制度保障。

（三）加强乡村社会治理传统规范的建设

1. 完善村规民约和乡村社会习惯法规则

村规民约在乡村社会治理过程中发挥着不可替代的积极影响，通过嵌入乡村社会治理体系自治、法治、德治三个维度，村规民约发挥有效治理的重要作用，[⑥] 这种积极作用在乡村社会的各个领域都能得以体现。因此，村规民约对于乡村社会关系具有较为全面的调整作用，从而推动乡村社会发展，维护乡村社会的稳定。但是，村规民约在发挥积极作用的同时，由于受到现实因素的制约，难免会对乡村社会治理产生一些负面影响。因此，应该从制度上入手，对村规民约进行完善。

首先，从中国特色社会主义法治建设的高度对村规民约进行制度顶层

---

① 2015 年 6 月印发《中国共产党党组工作条例（试行）》、8 月印发《中国共产党巡视工作条例》、9 月印发《中国共产党统一战线工作条例（试行）》、10 月修订了《中国共产党纪律处分条例》、12 月印发《中国共产党地方委员会工作条例》。

② 2016 年 6 月通过《中国共产党问责条例》（已失效）、10 月通过《中国共产党党内监督条例》和《关于新形势下党内政治生活的若干准则》。

③ 2017 年 4 月发布《中国共产党工作机关条例（试行）》，7 月修订了《中国共产党巡视工作条例》。

④ 《中共中央印发〈中央党内法规制定工作第二个五年规划（2018—2022 年）〉》，载《人民日报》2018 年 2 月 24 日，第 1 版。

⑤ 《中国共产党党内法规体系》，载《人民日报》2021 年 8 月 4 日，第 1 版。

⑥ 参见向颖：《村规民约嵌入新时代乡村治理的有效性——基于 J 省的个案研究》，载《社会科学家》2023 年第 6 期。

设计。虽然《村民委员会组织法》明确规定村规民约是村民自治实施的规范依据，很多地方立法和部门规章也将其列入乡村社会治理的规范体系之中，但是，其法律地位和性质却始终没有得以明确规定，因此造成实践中在适用上的困境。因此，从制度上明确村规民约的地位和性质，对于村规民约的适用尤其重要。村规民约是国家法律认可的乡村传统治理规范，也是我国乡村社会治理的软法规范组成内容。其虽然并非由国家立法机构直接确立，但是立法部门确定的法律认可它的法律性质。除了《村民委员会组织法》以外，其他国家法律也通过间接的方式认可村规民约在村民自治中的规范地位。由于村庄民众自治权是由《宪法》规定的，而村庄民众集体按照民主原则制定村规民约是村民行使自治权利的重要内容，因此，《宪法》也间接认可了村规民约的自治规则地位和性质。村庄民众可以按照各村庄的具体情形，因地制宜地各自独立创设和实施村规民约。同时，虽然村规民约是《宪法》、法律认可的自治规则，但它的制定和实施是经过法律授权进行的，因此，村庄民众民主制定和实施村规民约都必须依照法律的相关规定有序进行。其次，保障村规民约创制和实施的合法性。按照法律的授权，村规民约应该是村民按照民主原则共同创制并得以实施。村民民主在很大程度上受到村庄社会结构的影响。在村庄治理主体村民委员会和村级党组织能够保证村庄民主有效实施的情况下，实现让大多数村民参与村规民约的讨论创制过程，由此产生的村规民约能真正表达广大村庄民众的真实意愿，这种规范的创制实施就具有合法性基础。在当前我国乡村社会国家权力缺场，村庄常住人口人员流失严重的情形下，村规民约的制定又是政府在乡村社会治理中对村庄所下的硬性任务之一，在很多地区的村庄，村规民约直接由村级党组织和村委会制定。这种村规民约一方面很难保证质量，难以体现乡村社会民众的普遍意愿，不利于村民合法权益的保护；另一方面如此产生的村规民约在村庄民众群体中存在认可度的缺陷导致很难在治理实践中发挥积极作用。因此，对于村规民约的创制和实施应该充分考虑村庄的具体社会结构现实情况，而非适用统一固定模式。对于村庄社会结构稳定、民主制度实施效果较好的村庄，村规民约在村庄治理中能够较好地发挥积极作用；对于那些社会基层民主运行状态差的村庄，政府部门应该对村规民约的创制和实施进行有效指导，推动基层民主的发展，防止村规民约被非理性操控。最后，从村规民约在乡村社会治理实践运行的各个具体环节入手进行完善。在创制过程中，关键在于保证村民积极参与，使村规民约成为村民真正认可的关系调整规则。在规则的内容方面，提高村规民约的质量，在不违反国家法律规定的前提下，根据地方实际情况，创制出既与国家法律保持一致，又具灵活性、可操作性强的村规民约。真正发挥村规民约有效规范社会关系和保护村庄民众合法权益的积极治理作用。在规则实施方面，明确村规民约实施主体，并且在严密的监督下实施。对村规民约实施的监督既应该包括来自乡（镇）政府、村级党组织和村委会，更应该保证来自村庄社会组织和普通村民的监督。村规民约应该有明确的执行主体，并且在法治轨道内具体执行。

2. 加强现代乡村道德规范建设

道德规范对乡村社会的治理不但能够促进村民自治更加有效，还能从一定程度上对法治的不足进行弥补。因此，乡村社会治理法治化进程中应该加强对道德规范的建设。

首先，挖掘传统文化中的优秀道德规范因素。中国儒家文化是几千年传统乡土社会的主要治理规则，因此，传统伦理道德的渗透力一直延续至新时代的乡村社会。国家现代化建设和市场经济虽然对乡村社会形成巨大冲击，但是中国传统道德伦理在现代乡村社会仍然保留丰富的文化资源，仍然影响我国乡村几亿人的观念以及行为方式。因此，现代乡村社会道德规范建设仍然可以以在乡村社会中得以保留的传统文化为资源，从中挖掘传统文化遗留的优秀道德因素。通过对广大乡村社会民众进行传统文化教育，启发村民潜在的道德自觉性。① 其次，充分发挥村规民约、乡村社会

---

① 参见乔惠波：《德治在乡村治理体系中的地位及其实现路径研究》，载《求实》2018 年第 4 期。

习惯法对乡村道德文化建设的重要作用。乡村社会的习惯法形成于长期的生产生活实践过程，是乡村社会成员普遍认可的规则，这些规则本身带有我国传统伦理道德因素，体现乡村社会成员共同的道德理念。通过民主方式由村民群体共同创设的村规民约受中国传统文化的影响也带有浓厚的道德意味。习惯法和村规民约虽然没有强制性，但是它们自发性的产生方式使得其中的道德伦理因素对乡村社会成员产生约束力，促使人们普遍遵守。乡村社会治理实践中对习惯法和村规民约等传统治理规则的应用事实上也是对道德规范进行建设。最后，弘扬社会主义核心价值观，为新时代乡村道德文明注入新生血液。在我国传统乡村社会向现代转型的过程中，社会伦理也必然呈现转变态势。社会主义核心价值观是新时代社会伦理的核心所在，乡村社会道德伦理发展和转变也必须吸收其中的精髓才能适应新时代社会发展的新趋势。因此，应该加大核心价值观在乡村区域的教育力度。将核心价值观融入乡村社会治理实践中，如乡村政府在全镇所有村庄范围内每年评比“和谐文明村”或“道德模范村”。村庄治理中有些地区的村委会下设道德评议委员会，定期进行村庄的“文明家庭”“道德榜样”“最孝儿媳”“模范老人”“好婆媳、好姑嫂、好妯娌”等称号的评比活动，使村民在日常社会中潜移默化地接受道德伦理教育。

五、小结

现代社会治理理论关注社会公众参与公共治理，在治理多元主体之间的合作活动中，治理规则也呈现多样化。我国各地乡村社会在社会结构、自然条件、文化习俗等各方面都存在很大差别，对于国家法律法规以及相关政策实施，各地的适用情况也不尽相同。因此，乡村社会治理的法律制度体系由层次各异、形式多样的具体规范规则构成。国家立法、党内法规、行政法规和部门规章、党政机构的规范性文件、地方性法规和规则以及乡村社会传统规则共同构成了乡村社会治理的法律制度体系，每一种规则都在治理实践中发挥着其他规则不可替代的特有功能。当前乡村社会治理法律制度中存在国家立法不足、整体滞后于乡村社会发展步伐、各种规则之间存在冲突等缺陷。因此，必须对乡村社会治理法律制度体系进行建设和完善，包括加强国家立法，特别是空白领域的立法和关键制度的法律完善，党内法规和乡村社会传统治理规则等方面的建设。

第五章　乡村社会法治化治理的实践路径

由乡村基层党组织、乡（镇）政府、村民自治组织、乡村社会组织和现代乡村精英构成的乡村社会法治化治理的多元主体体系内各主体分工明确，并且在法治轨道内进行自身建设和完善。治理法律制度体系中国家立法、党内法规、行政法规和部门规章、地方性法规和规章、党和政府规范性文件、乡村社会传统治理规则等为乡村社会法治化提供了多样化的治理依据。乡村社会法治化治理需要完善的主体在健全的法律制度框架内运行，每一类主体都应该在法治轨道内相互协作进行治理活动，发挥各自特有的功能。

一、依法治理理念的培育：乡村社会法治化治理的观念基础

依法治理理念有赖于社会居民普遍具有较高的法治素养水平，法治宣传教育是提升乡村社会居民法治意识的有效途径。从20世纪80年代开始，我国展开了系统化的普法教育活动，2016年和2021年国家分别发布

“七五”“八五”普法规划,[①] 这两个五年普法规划对基层法治意识的培育都作出了明确的规定。其中,“八五”普法规划明确强调将普法与加强基层依法治理有机融合。我国是一个传统农业国家,在未来的几十年内还将有几亿人在乡村生活是我国面临的特殊国情。乡村基层社会法治化是社会主义法治国家的构成内容,乡村民众普遍法治意识的培育与提高是乡村社会法治建设的关键环节。历史和现实各方面原因造成乡村基层社会成员法治意识普遍相对薄弱,加之当前农村社会结构发生的变化,使乡村法治教育与城市社区相比面临的客观条件更加复杂。因此,必须针对农村社会的客观现实情况,从法治宣传教育的重点对象、责任主体、重点内容和方式方法上采取适宜的普法机制,以实现法治宣传教育的实际效果。

(一) 乡村基层社会治理主体是法治教育的重点对象

社会治理主体的法治意识程度、是否按照法治思维行使治理行为对于治理行为相对人及其身边一定范围人群的法治意识影响极大,乡村基层治理主体的治理行为将直接对农村社会成员的法治意识产生培育或破坏作用。

1. 加强乡村基层执法机构的系统内普法

乡村基层执法机关的执法活动让农村居民产生切实、直接的法治实践感受。在乡村基层执法实践活动中,行政执法行为随意性、司法不公等不合法、不规范的执法行为客观存在。不合法、不规范的执法行为不能满足农村居民预期的执法需求,更为严重的后果是使农村居民怀疑法律的公平公正性,从而不信任法律,遇到问题不再诉诸法律途径解决,对法律也失去了解、学习的动力和兴趣。执法人员素质普遍不高、业务不强是产生不规范执法行为的重要原因之一。提高乡村基层执法人员的法律素养,保障

---

① 2016年4月,中央宣传部、司法部发布《关于在公民中开展法治宣传教育的第七个五年规划(2016—2020年)》;2021年6月,中央宣传部、司法部发布《关于开展法治宣传教育的第八个五年规划(2021—2025年)》。

执法行为的规范性有益于增强农村居民对法律的信任和学习了解法律的积极性，因此对乡村基层执法主体的法治宣传教育成为农村社会成员法治意识得到普遍增强的重要保障。2017 年中央与国务院印发了《关于实行国家机关“谁执法谁普法”普法责任制的意见》，强调加强执法系统内的普法，以提高执法人员的法律素质，“增强社会公众的法治意识”，该文件的出台为乡村基层执法部门内部法治意识宣传教育的开展提供了制度保障。

2. 村干部是乡村法治教育的重点对象

村两委是村庄治理的主要主体，村民自治是《宪法》规定的村庄社会治理形式，自治的各个环节都在村党组织以及村委会的领导及组织下严格遵循法律进行。村两委干部直接参与和管理农村居民的生产经营和日常生活的各项活动，村干部的法治意识水平的提高为其依法处理村庄事务，以身作则守法提供保障。村干部运用法治思维处理村内各项事务，能影响村民学习法律的热情，引导村民使用法律和依法办事的行为模式的形成。除了对村务的治理之外，村两委还承担很多乡（镇）政府对农村社会的行政事项的实际执行和对接外部产业资源工作。政府资源和外部产业资本在农村社区内的公平传递有赖于村两委干部具备较强的法治意识以及对相关法律政策的精准掌握，否则很难避免对外接资源的“精英俘获”现象，使村庄内部弱势群体遭到排斥。由于农村居民对法律的感知和印象直接来自村干部日常的治理行为表现，村干部应该首先成为农村法治宣传教育的重点对象。除了村两委干部以外，其他党员、村民代表、纠纷调解人员等农村社区治理的积极参与者也应该成为农村法治宣传教育的重点对象，他们法治意识的提高能够带动对一般农村居民的法律意识的培育。

（二）建立多层次的法治教育责任主体体系

根据“七五”普法规划，2017 年 5 月中共中央办公厅、国务院办公厅印发《关于实行国家机关“谁执法谁普法”普法责任制的意见》，为法治教育在各领域的深入展开提供了制度保障。相关文件确定了“七五”阶段承担法治宣传教育责任的主体不再只限于国家司法行政部门，而是由各级党委与政府、社会团体等所有可能参与宣传教育的单位与个人共同组成，形成真正的“大普法”格局。“八五”普法规划继续推进“大普法”的责任主体制度。在“大普法”格局中，乡村基层社会执法机构和村两委既是重点普法对象又是法治宣传教育的主要责任主体。

1. 乡村基层执法部门是乡村社会法治宣传教育的主要责任主体

国家机构规范的执法活动是法治教育最直接和有效的方式，回应了人民群众对国家机关规范性执法的多元化需求，国家行政机关和司法机关是“谁执法谁普法”机制中的主要普法责任主体。[①]“八五”普法规划再次明确强调“谁执法谁普法”的普法责任制。[②]乡村基层治理中的行政机关和司法机关主要包括乡（镇）司法所、派出所、法院派出法庭、检察院派驻检察室等机构。

（1）乡（镇）司法所

乡（镇）司法所是我国乡村基层公共法律服务的直接提供者，普法工作是司法所的主要机构职能之一。司法所法治宣传教育职能的履行除了传统的建设各种教育场所、组织群众性法治文化活动等形式各异的活动外，“八五”普法要求把普法融入执法、司法过程中。司法所是最基层的司法部门，其法治宣传教育工作可以与人民调解、社会治安管理、基层法律服务的提供等工作相结合。除了将法治宣传教育与本部门的其他职能行使相融合以外，司法所还可以与其他基层执法主体或法律专业团体建立有效的联合机制开展法治宣传教育活动。联合治理机制在及时有效地化解矛盾纠纷的同时，也为针对农村居民法治宣传教育工作的展开提供了很好的平台。

（2）公安派出所

乡（镇）派出所是乡村社会民众接触最广泛、最熟悉的基层执法机

① 参见江必新：《将法治宣传嵌入执法司法活动之中》，载《中国司法》2018年第1期。

② 参见《中央宣传部、司法部关于开展法治宣传教育的第八个五年规划（2021—2025年）》，载《人民日报》2021年6月16日，第1版。

关。作为公安机关最基层的农村地区派出所，其日常处理的大部分是未达到治安违法程度的普通纠纷[①]，因此，平息纠纷成为乡（镇）公安派出所重要的日常工作内容。派出所接警的纠纷种类繁杂，几乎囊括了乡村基层社会治理的各个领域，有些矛盾纠纷所涉及的性质和领域虽然有专门的主管部门，可是老百姓还是会直接求助派出所。派出所对于接警的事件无论有无权限，能不能根本解决纠纷，依法处理的过程就是对矛盾当事方及其周围群众法治宣传教育的实践。派出所在处理性质严重，应该采取治安处罚措施的事件时，需要详细告知当事人及其家属采取治安处罚措施的执法依据；对于不需要进行治安处罚的，向纠纷双方当事人详细介绍相关法律法规、政策的规定，在当事方充分了解纠纷事件所涉及法律的前提下，采取符合法律规范的能被各方接受的解决方案消解纠纷。对于派出所没有权限，不能根本解决的问题，引导当事人在法律的轨道内解决纠纷，或者通过诉讼途径，或者联系对纠纷事件依法行使管理权的相关部门从根本上解决矛盾纠纷。

（3）乡村基层司法机关

乡村基层司法机关包括人民法院派出法庭与人民检察院派驻检察室，派出法庭以及派驻检察室是传播法治理念的重要阵地，对乡村社会法治宣传教育发挥着不可或缺的作用。为了贯彻落实“谁执法谁普法”，最高人民检察院于2017年6月印发《关于实行检察官以案释法制度的规定》，确定检察官通过以案释法的方式开展法治教育活动，其中包括在办案过程中的释法和专门针对社会公众的释法。该规定明确了人民检察院围绕案件办理应该进行以案释法的七种情形，以案释法的对象、内容、形式，同时还确定了专门对公众释法的情形、内容及方式。乡村基层乡（镇）检察室在

① 李亮在《基于派出所法律实施的基层社会治理法治化——以浙江K派出所为例》一文中，在对浙江省三个派出所进行调研的基础上，根据派出所在2015年1月至6月半年间的接警资料，派出所接警处理的事件中70%—80%是无法达到治安违法处理标准的普通纠纷。参见李亮：《基于派出所法律实施的基层社会治理法治化——以浙江K派出所为例》，载《北方法学》2017年第2期。

实行以案释法制度的过程中，案件当事人和其他的案件诉讼参与人的合法权利得到了充分的保障，同时接受了切实有效的法治宣传教育。人民法院派出法庭在依法行使审判权的过程中，在各个环节，以各种方式通过以案释法向农村居民进行法治宣传教育。在立案环节，派出法庭的司法工作人员向当事人阐明相关法律内容，分析各方权利义务，引导当事人对案件结果进行合理预期，从而依法表达诉讼请求；在案件调解和审理过程中，向当事各方详细阐释认定事实、适用法律与判决的形成之间严谨的逻辑关系。我国基层法院已经推行多年巡回审判，巡回审判机制不仅方便了乡村基层人民群众诉讼需求的满足，也是一种通过以案释法的方式对乡村居民开展法治宣传教育的有效途径。全国很多地区的乡（镇）人民法庭对于在当地具有典型性的诉讼案例，频繁出现的案例都采取巡回审判的方式。从普法的角度来看，巡回审判能够取得较传统审判形式更加良好的法治宣传教育效果。

2. 村级法治宣传教育主体

（1）村两委干部

村两委是村级治理的责任主体，根据《村民委员会组织法》和党内相关法规的规定，村两委直接负责村庄的经济社会等各领域的发展。村两委干部是乡村民众生产生活活动的直接参与者，是村庄各项事务的治理主体。农村是一个基于血缘及地缘关系的熟人社会，法治宣传教育不例外地受熟人社会文化的乡土逻辑影响。村干部是与村民生产生活密切相关的同一社区居民，从物理空间和治理角色的角度来说都是农村居民法治宣传教育最便利的主体。村民对村庄事务的参与积极性取决于村两委对村民关于村民自治法律规定的宣传程度，其中包括自治法律知识的普及和村两委在治理村庄时是否依法治理让村民所感受到的法治体验。村两委在对接政府反哺资源和外部产业资本后，能否严格按照法律和政策的规定在村庄内进行资源公平传递直接影响村民对于公平正义等法治价值的认识和接受。村干部在处理村民之间的纠纷以及群体性事件时是否公正、是否以法律为依据，是否让村民真正理解相关法律对他们的影响以及违反法律行事可能承担的后果，将决定村民在纠纷处理过程中的行为选择和法治意识的培育。

(2) 各类“嵌入式”的村庄治理主体

近年来，为了加强乡村基层治理主体力量，国家组织和推行不同的形式“嵌入”参与乡村基层治理，如驻村、包村、大学生等各类外来村干部。这些以“嵌入”的方式参与乡村基层治理的主体相对于村干部来说，具有更丰富的法律知识储备和更强的法治思维和法治意识。在村庄工作一段时间的外来干部们与村民形成“半熟人”关系，取得村民一定的信任后，成为村民身边真正懂法的“自己人”，对村民进行法治宣传教育工作具有得天独厚的优势。这些“嵌入”乡村基层社会的“外来人员”对乡村基层治理的参与，使乡村基层部分矛盾纠纷被及时依法化解，更深层次的意义是对村民们进行了生动的法治宣传教育，提高了乡村社会民众的法治素养。

(三) 确定有针对性的法治教育内容

在乡村社会治理中，不同的群体成员扮演的角色不同，法治素养水平也存在很大的差距。因此，只有根据各类成员群体的具体情况确定有针对性的法治教育内容，才能切实提升乡村社会民众的普遍法治意识。

1. 主要治理主体的法治教育内容

作为乡村基层社会治理主体，在治理实践过程中涉及的所有法律都是治理者应该学习的重要内容，这些内容也是乡村基层社会执法机构根据“谁执法谁普法”责任制度确定本系统法治教育的内容组成部分。村干部本身没有接受专业的系统法律教育，也没有执法经验，因此对基层治理相关法律需要进行专门的培训学习，特别是村庄治理过程中普遍适用的法律应该由法治宣传教育主管部门组织学习并进行考核。

“八五”普法规划将“深入宣传党内法规”确定为“普法重点内容”

之一。[①] 党内法规和制度是乡村社会治理主体法治宣传教育的重要构成部分，与法治体系相比，法治体系下普法宣传的重要拓展内容是党内法规宣传。[②] 首先，乡村基层治理主体的成员大部分是党员，其在履行法定职责、进行依法治理的同时应该严格遵守党内法规和制度。其次，党内法规是乡村社会治理所依据的规范制度体系不可或缺的内容。从微观层面讲，法治体系下执法行为开展离不开权力行使者的主观能动性和法治意识；从宏观层面讲，党内法规是治理所依据的核心法。[③] 最后，治理主体严格遵守党内法规开展各项社会治理活动是实现乡村依法治理的重要保障。“党规党纪严于国家法律”[④]，对权力进行制约和监督是党内法规的内在定位之一，党内法规对乡村基层治理主体的规范和引领进一步保障了乡村基层党员干部治理行为的规范性，为防范党员干部的腐败设置又一道屏障。对党内法规的宣传和教育主要通过组织乡村基层治理主体学习和遵守各级党组织制定的各类党内规则制度进行。

2. 与乡村社会成员普遍权利和义务相关的法律及制度

国家主要法律和村民自治法律的学习。首先是与每个村民切身利益关系密切的国家基本法，[⑤] 都应该成为所有村民的法治教育学习内容。村民自治是我国农村基本治理方式，即村庄每一位村民都自愿依法进行民主选举产生村民委员会，依法参与村务的民主决策与管理，并且对村委会以及村党组织的治理活动进行民主监督。对与村民自治相关的法律制度的充分理解和运用是广大村庄民众有效实现自治的前提基础。事实上，实践中有

---

① 参见《中央宣传部、司法部关于开展法治宣传教育的第八个五年规划（2021—2025年)》，载《人民日报》2021年6月16日，第1版。

② 参见陈思明：《“谁执法谁普法”普法责任制的法治思考》，载《行政法学研究》2018年第6期。

③ 参见王耀海：《党内法规的制度定位——马克思主义法学探索之四》，载《东方法学》2017年第4期。

④ 《中共中央关于全面推进依法治国若干重大问题的决定》，载《人民日报》2014年10月29日，第1版。

⑤ 具体包括《选举法》《村民委员会组织法》《宪法》《民法通则》《民事诉讼法》《刑法》《刑事诉讼法》等国家立法。

相当部分的村民对自治法律规则并不熟悉，当前的村民自治大都停留在形式上的村民选举环节，村务的决策和管理在广大农村地区很难做到体现大部分村民的意愿，民主监督也往往流于形式。对村民进行自治法律制度的普及从客观上可以起到对村两委规范性治理村庄的监督作用。对宪法、民法、刑法的学习普及有利于农村居民了解自身权利和义务，培养村民的维权和责任义务意识。

乡村社会常见纠纷涉及的法律制度的普及。乡村社会出现最频繁的矛盾纠纷是土地及家庭关系纠纷。让农村居民了解国家关于农村土地及婚姻家庭关系的法律规定是防止矛盾激化升级，有效化解纠纷的有效途径。因此，与农村土地、婚姻家庭关系相关的法律制度应该成为乡村社会群众的重点教育内容。[①] 乡村社会居民学习了解土地法律规范，有益于村民依法使用土地和理性依法解决纠纷。乡村社会居民对婚姻继承及家庭成员人身、财产保护的相关法律规则的掌握和普及，使婚姻家庭关系中的弱势群体权利得到保护（未成年人依法实现接受义务教育的权利、老年人得到赡养、妇女被尊重）的同时，依法解决婚姻家庭矛盾纠纷。农民工在农民群体中所占比例可观，其权利保护日益被社会关注。农民工为城镇化推进作出极大贡献，但是该群体在城市生产生活中始终处于弱势状态，合法权益极易被损害。在权益被侵害时，农民工容易采取极端措施应对，特别是涉及农民工群体的权益时，维权行为很容易上升为危及社会稳定的事件。造成损害农民工权益事件频发的原因非常复杂，其中该群体普遍法律及维权意识淡薄是一个重要因素。对农民工进行相关法律知识的普及是保障农民工合法权益以及社会稳定的有效途径之一。向农民工进行关于劳动、生产安全、保险保障等方面的国家立法以及各类地方性法规的教育和普及，使农民工在就业的各个环节中懂得如何保护自身权益，在出现相关劳动纠纷

---

① 与土地纠纷解决相关的法律有：《土地管理法》《农村土地承包法》《农村土地承包经营纠纷调解仲裁法》《土地管理法实施细则》等；与婚姻家庭相关的法律有：《婚姻法》《继承法》《老年人权益保障法》《妇女权益保障法》《未成年人保护法》《反家庭暴力法》等。

时选择法律的途径实现对合法权益的保护，通过依法维权实践增强法治意识。

3. 规范农业生产经营主体行为的法律制度

有效规范农业生产经营活动是乡村基层社会治理的重要组成部分。农业生产活动为全社会提供粮食和农副产品，生产经营者是否依法进行生产经营活动决定农产品的产品质量和安全，影响全国人民的生命健康；同时，农业生产活动对农村生态环境具有直接的影响作用，近年来，农村生态环境的恶化，不规范的或违法的农业生产活动是重要原因之一。农业污染属于无法修复的面源污染，过量使用化肥、农药导致的水、土壤等资源的农业污染已占到全国总污染量的1/3—1/2①。因此，对农村社会的农业生产经营者进行食品质量安全、农业生产资料使用等方面的与生产经营活动相关的法律法规的教育普及意义重大。针对不同类型的农业生产经营主体按照生产经营范围进行具有不同侧重内容的法治宣传教育。有些法律法规的了解和遵守适用于所有农业生产经营主体，应该进行全面普及，如有关食品安全以及水土、大气污染治理的；② 对于传统种植业的生产经营主体，重点普及的法律内容应该包括与农作物生产经营相关的各种因素，如种子、农药、水利等方面的法律法规；③ 对于畜牧业经营者或农村养殖农户，与牲畜饲养及乳制品的生产规制相关的法律法规都应该成为其重点学习内容。④

4. 对农村留守青少年进行以宪法为中心内容的法治宣传教育

根据民政部2018年9月发布的留守儿童数据统计结果，2018年我国

① 参见高俊、计晗、温铁军、董筱丹：《国家综合安全基础在于改善乡村治理——关于问题意识和政策选择的讨论》，载《中国软科学》2017年第2期。

② 具体包括《食品安全法》《农产品质量安全法》《土壤污染防治法》《水污染防治法》《大气污染防治法》等法律。

③ 具体包括《农业法》《种子法》《农药管理条例》《基本农田保护条例》《土地复垦条例》《农田水利条例》《农业转基因生物安全管理条例》等法律法规。

④ 具体包括《畜牧法》《动物防疫法》《乳品质量安全监督管理条例》《重大动物疫情应急条例》《畜禽规模养殖污染防治条例》《生猪屠宰管理条例》等法律法规。

乡村社会留守儿童的总数达697万余人，其中，6—16岁的儿童占78.3%，处于义务教育阶段的占78.2%①。留守农村的未成年人由于常年远离父母，缺少来自家庭的教育和关怀，容易成为违法犯罪行为受害者的同时也容易成为违法犯罪行为的实施者。人在青少年时期形成的思想观念对其一生具有重大影响，社会普遍法治意识培育的效果很大程度上取决于青少年群体法治观念和意识的培养，"七五"普法规划将青少年列为普法重点对象，"八五"普法再次强调加强青少年法治教育。而对青少年法治宣传教育担负重要责任的主体是学校。从2017年开始，教育部组织编写的初中政治课程的名称从原来的"思想品德"改为"道德与法治"，关于法律制度的教学内容比重也大幅度提高。在高中政治课程设置安排中，法治教育板块相关比例也大幅提升。各地教育主管部门还组织编写各种类型的法治教育读本以及其他辅助教材对青少年进行普法。青少年普法的政治课程中以宪法知识为中心内容，同时对刑事和民事领域以及未成年人保护方面的法律制度的相关内容也进行了介绍。通过系统的政治课程学习，使青少年全面了解公民权利义务、中国特色社会主义基本制度、国家机构及其运行机制，培育青少年坚持宪法至上、崇尚法治精神的理念，同时提高自我保护意识和防止对他人进行违法侵害行为的发生。

5. 党和政府政策的宣传教育

除了法律法规，直接影响乡村基层居民生产生活的还包括各级党和政府的政策。在立法还存在空白的领域，各级党委和政府规范性文件确定的政策是保障农村居民相关权利的重要依据。例如，在社会保障领域，我国没有制定专门的"社会保障法"，全国也只有少数地方通过地方立法的形式对乡村居民医疗保障作出相关规定②，农村居民养老保障方面最高层次

---

① 《2018年农村留守儿童数据》，载民政部网，http://www.mca.gov.cn/article/gk/tjtb/201809/20180900010882.shtml。

② 国务院网站法律法规库信息显示，全国只有云南、江苏、青岛等省市通过地方立法规定农村医疗保障制度，山东、江西、哈尔滨、苏州、大连等省市地方政府公布农村医疗保障方面的规定。

的法律规范是地方政府规章[①]，农村低保制度方面全国各地几乎没有任何形式的法律规定出台，其他地方都依据各级党和政府文件中的相关规定执行农村社会保障政策。但是低保、医疗保险和养老保险几乎实现了全国农村地区的覆盖，在农村社会产生了良好的社会效益。与农村治理相关的党和政府规范性文件涉及的内容大多是国家反哺农村的政策，政策的落地实施与农村居民的切身利益密切相关。对农村居民进行政策宣传和教育，不但让每个农户都真正了解相关政策对自身权益的影响，同时有利于村民对乡村基层干部执行政策的过程进行监督，督促乡村基层治理主体依据规则公平公正地落实党和国家的政策。

（四）运用注重实效性的法治教育方式和载体

“七五”“八五”普法规划都要求对普法的方式方法进行创新。农村的特定社会状况与城市存在很大的差异，一些创新的普法方式方法在城市社区所取得的良好效果在农村不一定能够实现。从注重实效的角度，对于乡村基层社会不同的主体，应该采用不同的形式以及载体开展法治宣传教育活动。

1. 对农村留守居民加强传统方式的法治宣传教育

在农村留守的村民，除少数“中坚农民”外，一般都是妇女儿童、老弱病残。大部分留守村民的文化程度不高，与外界沟通交流少，因此，一些浅显易懂并且容易获取的表现形式更有益于提高法治宣传教育效果。例如，大部分中西部地区的农村留守村民家中不装配无线网络设备，不使用智能手机，在城市社区效果显著的利用新媒体网络平台及客户端进行法治宣传教育的方式对于留守村民没有太大的意义。传统的宣传教育方式仍然是相对适合留守村民的普法方式，为了提高普法实效，通过创新对普法内容的表达以实现法律知识和法治意识与乡村社会居民进行有效

---

① 国务院网站法律法规库信息显示，湖南、海南、黑龙江、江苏、湖北、云南、上海、天津、厦门、南京、抚顺、南昌、青岛等省（省辖市）地级市出台农村社会养老保险办法或规定。

对接。

通过身边随处可见的图片、文字形式的宣传材料了解法律知识，提高法律意识。普法部门为农村地区专门编写内容有针对性的纸质宣传资料发放农村居民学习传阅。例如，有的省份编写《农民法治常识读本》，以案例的形式介绍农村社会常见的纠纷以及法律解决途径和结果。书中文字和图片并存，文字表达浅显易懂，村民当成故事书阅读和互相传讲。宣传资料中的案例与村民身边熟人遭遇的纠纷相似，村民在读故事、讲故事、听故事的过程中学习了相关的法律知识，法治意识得到培养；有的地方普法部门向乡村基层居民发放印有语言通俗易懂、与农民生产生活密切相关的法律知识和案例的日历画和扑克牌，使村民能够天天接触法律，大大提升乡村社会民众学习和了解法律知识的机会和兴趣；农村墙体和告示牌是常见的进行法治宣传的载体，特别是经过村庄的主要交通要道两侧、村民活动中心场所周围的墙体和告示牌都经常被利用以进行普法教育。在特定阶段对以特定法律制度为重点内容的普法活动，在已经以其他形式进行具体宣传的前提下，墙体上语言简洁易懂的法治宣传标语能够加强村民对特定法律制度的认识和必须遵守法律的观念；观看电视节目是大部分留守村民生活中最主要的娱乐活动，通过电视进行法治宣传教育具有受众面广、村民对法律的理解接受相对容易的优势。通过电视节目进行普法最好的运行机制是地方电视台与执法普法部门联动合作，开辟以农村居民为受众的专门的法治宣传教育栏目，由执法部门提供农村执法的真实案例并加以专业的分析，以农村居民能够理解和接受的语言和方式阐释案例中运用的法律知识和体现的法治观念。

普法、执法、文化部门、律师团体等组织建立联动机制，组织各种形式的送法下乡和法治进乡村等法治宣传教育活动。普法部门与文化部门联合组织的法治文艺表演是各部门联动的传统法治宣传教育方式之一。法治文艺演出的形式一般比较受乡村基层居民的欢迎，但是，要真正实现通过演出实现村民学习法律知识和感受法治意识的目的，需要考虑在演出的内容和表达方式的选择上与农村居民的兴趣点和接受能力相契合。以农村社会生产生活中发生的真实法律事件或纠纷案件为素材，采用当地农民最熟悉、最受欢迎的表演形式（地方戏曲、小品、快板等），将大大提高法治宣传教育实效。例如，内蒙古乌兰牧骑自编自导，以牧民生活为普法素材，进行深受牧民们欢迎的“二人台”表演，在法治宣传教育过程中取得显著效果；各普法、执法部门与专业律师团体联合下乡为农村居民提供法律咨询服务的活动，在助力村民合法权益的维护、引导村民理性选择纠纷解决途径的同时，提高了农村社会的法治意识水平；人民法庭对于典型案例进行巡回审判，开展田间的、草原的、马背的、湖面的等各种具有地方特色的法庭，深入案件发生地开庭，组织当地村民参加旁听，以实践形式进行法治宣传教育。

2. 利用新媒体平台进行农民工法治宣传教育

为响应“八五”普法规划对法治宣传教育方式方法进行创新的精神，全国各地各级政府都大力开发各类利用互联网平台客户端进行普法的新形式，这些创新形式具有特别的优势，尤其对于城市区域法治教育实效提高具有显著效果。微信、微博、QQ、手机报、今日头条、一点资讯等公众传媒成为法治宣传教育的常见新载体。人民群众利用电脑、手机查阅法律信息、接受法律服务，及时向专业律师进行相关法律咨询。互联网及人工智能技术等现代高科技为城市社区的法治宣传教育提供了丰富的资源。农民工常年在城市中生活，大部分配备智能手机，通过多媒体平台获取各类信息成为农民工了解社会的主要途径。农民工作为城市建设主体之一，理应分享国家和各地政府提供的社会成员法治素养培养的福利。因此，一方面各普法相关部门应该及时引导和普及农民工利用各类新媒体平台接受法律公共服务，另一方面对农民工负有普法责任的各执法机构应该建立联动机制，利用新媒体普法平台针对农民工经常遇到的法律问题提供专门的、更为方便快捷的服务内容，使农民工能够和喜欢利用新媒体平台获取法律知识、解决工作生活中遭遇的法律问题和提高法治意识水平。

二、基层党组织的依法执政：乡村社会法治化治理的领导保障

法治建设在我国具有多层面体现，依法执政和进行党内法治建设是政党层面的主要内容。党内法治成为国家、政府以及社会法治的主要带动力量应该是当下中国法治实现最为可行的一条路径。[①]“全面推进依法治国最主要的障碍可能来自执政党各级组织，执政党依法执政的水平制约着全面推进依法治国的进程。”[②] 乡村振兴战略确定在乡村社会治理的多元主体体系中，基层党组织是其中的领导力量。党始终是推进乡村法治的决定性力量。[③] 乡村社会法治化建设需要基层党组织通过完善依法执政以及建设党内法治发挥引领作用。乡村基层党组织的依法领导以及依法执政是实现乡(镇)政府法治化与乡村社会法治秩序的前提基础。

（一）乡村社会治理法治化视域下基层党组织依法执政的必要性

中国共产党是我国乡村社会治理法治化的领导力量，党组织依法执政是乡村能否实现法治化的关键。依法治党、建设法治型政党是法治中国建设的首要命题,[④] 同时也是乡村社会治理的首要命题。

1. 乡村基层党组织的依法执政是乡村法治化治理的基本保障

中国共产党是我国的执政党，党的基层组织在我国乡村社会法治化治理中居于领导地位。共产党作为执政党其执政行为必须依法进行，基层党组织的乡村社会治理活动也必须在法治的轨道中发挥领导作用。乡村基层党组织在行使乡村社会治理职权时必须以国家宪法或法律授权为前提，只有在法律规制的框架内，乡村基层党组织才能将国家的公权力运用于乡

---

① 参见伍华军：《论党内法规的基本范畴》，载《法学杂志》2018 年第 2 期。

② 参见肖金明：《全面推进依法治国理论与实践创新》，载《山东社会科学》2015 年第 1 期。

③ 参见张林江：《从“送法下乡”到“法治乡村”——中国乡村法治建设的社会学考察》，载《政治与法律》2023 年第 2 期。

④ 参见肖金明：《法治中国建设视域下依法执政的基本内涵与实现途径新探》，载《山东大学学报（哲学社会科学版）》2015 年第 3 期。

村社会公平和正义的保障。进行自我扩张的功能是权力的本质特性，并且其价值趋向往往在扩张过程中得以彰显。乡村基层党组织运用公权力行为极有可能为乡村社会群众谋取福利，也有可能对乡村社会群众的合法利益造成损害。因此，法律规制是乡村基层党组织执政行为正常运行的保障。宪法和法律的规制一方面赋予乡村基层党组织必要的权力，以保证乡村社会秩序得到很好的维持，促进乡村社会不断进步和发展；另一方面，法律规制框架能够有效监督和制约乡村基层党组织权力的扩张以及滥用。

乡村基层党组织是我国乡村社会治理的领导力量，社会治理法治化程度受制于党组织依法执政现状与水平。因此，进行乡村基层党组织依法执政理念以及实践创新是乡村社会法治化实现的根本需要和基本前提。乡村基层党组织是否能够依法治权、依法治官，是否能够在法治轨道内行使决策权、执行权和监督权，是乡村党组织依法执政的关键，也是乡村法治化的内容和表现；乡村基层党组织和党员干部是否具备较强的法治品性和法治思维，是否习惯于运用法治思维和法治方式处理乡村社会治理过程中遇到的各类问题，是否能够按照法律行使权力，按照制度办理事务，是乡村社会治理法治化的重要考评指标。作为我国乡村社会治理的领导核心，乡村基层党组织依法执政水平直接影响执政对象对乡村社会法治化的理解和认识，对其领导的其他乡村社会治理主体的行为模式具有直接引导功能。因此，基层党组织在乡村社会治理中能否依法执政是乡村法治化实现的关键因素。

2. 乡村基层党组织依法执政是乡（镇）政府依法行政的前提条件

“依法治国、依法执政、依法行政是一个有机整体，关键在于党要坚持依法执政、各级政府要坚持依法行政。”① 乡（镇）党组织依法执政是乡村社会治理法治化的基本保障，而乡（镇）政府依法行政是乡村法治化的

---

① 参见习近平：《加强党对全面依法治国的领导》，载《求是》2019 年第 4 期。

主要表现。如果乡村基层党组织不能保证依法执政，乡（镇）政府的依法行政也就流于形式，很容易置法律于不顾而纯粹依政策行政甚至违法行政。因此，乡村社会治理中的乡村基层党组织与基层政府之间的依法执政与依法行政具有密切的关联。乡（镇）政府依法行政状态直接取决于基层党组织依法执政能力的运用。如果不能保证乡（镇）基层党组织依法执政，乡（镇）党委和乡（镇）政府的关系很难理顺，乡（镇）政府依法行政就会化为泡影。① 除宪法和其他国家制定法外，党内法规也是规制乡村基层党组织执政行为的法律。对各级党组织的执政方式、程序规则、途径及体制运行等问题是党内法规建设的核心内容之一。党内法规通过自身建设和完善，使党和国家权力之间的关系得以规范和调整，使各级党组织在法律制度框架内掌握和运用国家权力，通过国家权力依法完成执政活动。因此，乡村基层党组织的乡村社会治理活动在遵守国家法律的同时，还应严格遵守党内法规。

（二）完善党在法治轨道内对乡村社会治理的领导

“领导”从本质上体现了两个主体之间的影响与被影响的关系，其不应该具有支配或强制性的特点。在影响与被影响的格局中，居于领导地位的主体一般都具有主导性。被影响者在信念、价值追求乃至客观行为上都会受到领导者的影响。在乡村基层社会中，乡（镇）基层党组织的领导体现在对党组织内部、乡（镇）政府及其各部门以及村民自治组织和其他各类乡村社会组织的领导。乡（镇）党组织在行使领导权时，针对以上三类主体采用的具体形式并不相同。对于党组织内部，可以直接通过党内组织权力的推动。对于乡（镇）政府的领导，一是从中央层面在法定程序内将党有关乡村社会治理的主张转化为国家法律或政府政策，在乡（镇）政府得以贯彻和执行；二是通过法定程序使乡（镇）党组织推荐的人选成为乡

① 参见肖金明：《法治中国建设视域下依法执政的基本内涵与实现途径新探》，载《山东大学学报（哲学社会科学版）》2015 年第 3 期。

（镇）政府主要领导。对于各类社会组织，包括村庄自治组织和其他乡村社会组织的领导，不能凭借党和国家权力进行强制实施，应该以党组织“崇高理想的影响力”“为人民牺牲的精神”“人民意志和利益体现的引导力”来感召和影响。但是实践中，基层党组织对社会组织的领导往往还是通过经合法程序使党员或党推荐的人成为社会组织的主要领导来实现。乡村基层党组织对乡村社会法治化治理的其他组织或个人实现有效领导是当前乡村社会法治化治理中党组织依法领导的重要内容，也是最具挑战性的内容。

1. 加强党组织对村庄治理的依法领导地位

村庄治理是我国乡村社会治理的主要内容，而参与村庄治理的主体包括党组织、政府、群众自治组织以及各类其他社会团体和个人。所有参与村级治理的主体在村庄治理中都发挥着各自的重要作用，所有主体各自行使治理职权的活动需要一个组织进行统一领导、协调。中华人民共和国成立以来我国乡村社会治理的传统和经验是乡（镇）和村党组织领导村庄治理。当前乡村社会转型过程中所引起的各种结构性挑战在乡村社会的村庄状态中得到典型的展现。村庄治理情况越来越复杂，治理成本越来越高、治理难度越来越大。因此，加大乡村基层党组织对于村庄治理的领导力度成为新时代乡村社会治理必须作出的改革与创新。具体而言，首先，需要建立乡村两级党组织集中统一领导的相关具体制度。这个工作需要县级党组织相关部门在对本行政区域内的乡村社会具体情况进行深入调查研究、充分了解及掌握乡村社会、经济等各方面实际状况的基础上，以《村民委员会组织法》为基本依据，制定出关于基层党组织领导村庄治理的全局性及根本性的领导制度。依法明确基层党组织在村庄治理中的领导核心地位，保证各类共同参与村治的其他所有主体和个人在党组织的统一集中领导下对村庄进行有序治理。其次，在党组织的领导下充分发挥其他各类村庄治理主体的积极治理功能。基层党组织对村庄治理的领导是根本性和原则性的，并非包办村庄治理的一切活动。村级党组织和村庄自治主体应该在其他各类社会组织上级对口单位的协助下，促进乡村社会组织加强自身建设，提升其在村庄治理过程中的依法治理能力，充分发挥应有功能。

2. 创新党组织在村治中的领导机制

乡村基层党组织在乡村社会治理中领导功能的实现程度在很大程度上取决于领导机制的运行方式。在传统“乡政村治”模式下，基层党组织在村治中一方面强调“管理”价值的实现，而忽视“服务”功能的行使，另一方面更多地通过运用行政权力，进行自上而下单向度的命令形式实现在村庄治理过程中的“领导”。新时代背景下，随着乡村社会结构的变迁，社会阶层的分化，代表不同利益群体的各类乡村社会组织大量涌现，过去的强制、刻板的领导方式已经很难再被乡村社会接受。凭借政治权力进行的命令式的强制管理方式不仅使乡村基层党组织在村庄治理中难以发挥本应具备的领导功能，而且容易造成乡村社会民众与党组织形成对抗和冲突，导致乡村社会党群、干群关系的紧张化。实现党组织在乡村社会治理法治化建设过程中的领导功能，必然需要改变和创新党对村治的领导机制模式，构建一种适合当前城乡融合，在乡村振兴战略背景下进行乡村法治发展的新模式。

基层党组织的村庄治理领导权主要体现在领导所有参与村庄治理的组织和个人对村庄的治理活动。因此，基层党组织的领导对象主要是社会主体，从国家治理运行机制层面说，对于社会主体的领导不能运用强制性的政权力量，而应该利用党组织的先进性和“为人民服务”的本质特性影响广大的乡村社会其他治理主体和民众。因此，进行服务型政党建设成为乡村两级党组织创新领导机制、提升领导威信的重要内容。服务型政党在党的十八大报告中被正式确定成为新时期执政党建设的战略目标，而基层服务型政党强调“以服务群众、做群众工作”为党组织的主要任务。① 服务型政党建设具体到乡村基层党组织建设来说，将党领导下的“人治权威”

① 参见胡锦涛：《坚定不移沿着中国特色社会主义道路前进为全面建成小康社会而奋斗——在中国共产党第十八次全国代表大会上的报告》，载《求是》2012 年第22 期。

过渡到“法治权威”是关键。2014年党中央专门印发《关于加强基层服务型党组织建设的意见》，提出从组织体系、服务载体与格局等方面进行乡村服务型政党组织建设。

“所谓服务型基层党组织，就党的基层组织的功能或任务的角度而言，就是以联系群众、服务群众、凝聚群众、造福群众和做群众工作为主要任务的基层党组织。”①“为人民服务”是党的基本工作宗旨，为广大乡村群众提供切实需求的服务成为乡村基层党组织工作的核心价值导向。同时，服务功能在乡村社会的切实实现也是中国共产党作为执政党获取乡村民众认可、真正实现国家政权控制乡村社会的重要途径。在农业税费取消之前，村级党组织忽视对村庄社会的服务职能，一味充当乡（镇）党组织及政府的代理人对村庄实施管理权。在农业税费增加、农民负担不断加重之时，村级党组织依靠上级行政权力在村庄的管理活动出现了危机，党群、干群关系一度出现恶化。村庄社会环境的恶化在很大程度上是由于村党组织存在功能定位偏差，过于强调管理而忽视对村民的服务。村基层党组织与村民的紧张关系造成党组织在乡村社会中的权威性降低，执政和领导的合法性资源不断流失。相对而言，服务活动作为非权力的影响力，深受广大乡村民众欢迎，这也是民众对基层党组织的期盼。因此，充分发挥服务功能成为乡村基层党组织重新树立权威、巩固合法性基础的有效途径。特别是在当前城乡融合和乡村振兴战略实施阶段，国家对乡村的政策已经发生了巨大变化，从过去的“夺”完全转为“予”，对乡村社会的财政投入项目种类增多，数额也大幅度提升。国家对于城乡关系的定位变化不但从财政政策上得到充分的体现，在权力的分配上也发生了重大变革。在国家投入大量进入乡村社会的同时，乡（镇）党组织及政府的权力被大大削减，财权、人事权和事权大都被县级党政机构收回。因此，党组织在乡村社会治理中的职能更多时候是以服务形式表现出来的。在国家大量资源向

---

① 参见齐先朴：《加强基层党组织服务群众能力建设实证研究》，载《中共南京市委党校学报》2020年第4期。

乡村社会流入的过程中，需要在乡村基层党组织的组织和领导下提供高质量的服务，保障国家投入在乡村社会治理中产生较好的绩效。

在中国特色社会主义进入新时代的当下，面对乡村社会发生的深刻变化，党的领导也必须进行功能结构性转变。党的领导从过去注重革命和生产转而关注社会和利益协调。对社会的关注即包括为社会提供服务，乡村基层党组织作为执政党的基层组织，为乡村社会服务更是其基本职能所在。为乡村基层社会民众服务不仅仅是基层党组织的理念性转变，更体现在实践中具体服务方式和内容方面。首先，乡村基层党组织的服务体现在其引导乡村社会居民在乡村振兴战略实施过程中将党和国家的政策在乡村社会进行贯彻和落实，使国家对乡村振兴投入真正转化为广大乡村社会居民能够实际享受的实惠。其次，服务乡村社会民主进程的发展。乡村民主是国家民主制度的重要内容，社会发展阶段性局限和民众普遍较低的民主意识是限制其发展的主要因素。乡村基层党组织作为法治型党组织，应该通过建立乡村社会利益表达和协商机制等平台，引导乡村公民积极参与民主活动，推动基层民主发展建设。再次，除了乡村基层党组织以外，对乡村社会居民承担服务职能的更为直接的主体是乡（镇）政府和村委会，而乡（镇）政府和村委会在乡村两级党组织的领导下开展各项工作。因此，基层党组织对于乡（镇）政府职能转变以及村庄民众自治组织的服务水平提升负有领导责任。最后，基层党组织可以对乡村各类社会组织进行领导。通过培育及扶持社会组织，尤其是公益性组织，为乡村社会提供基层群众真正需要的公共服务。为乡村社会和群众组织提供法律政策、精神文化服务是乡村基层党组织与其他乡村社会治理主体共同的服务内容，但是向乡村社会输出具有服务意识及能力的党员干部是党组织所特有的服务内容。乡村基层党组织的每个党员是广大乡村民众直接密切接触的党组织代表，党员的服务意识水平充分反映了服务型党组织的完善程度。因此，对全体基层党员干部进行服务于人民的意识教育是服务型党组织构建和完善的关键。只有广泛分散于乡村民众之间的党员干部具有浓厚的为乡村民众服务的意识，基层党政组织乃至中国共产党的整体威信才能提高，党在乡村基层社会的执政基础才能被夯实。

乡村基层党组织为社会民众提供的服务和乡（镇）政府以及村民自治主体所提供的服务具有明显区别。在服务型基层党组织建设过程中，其功能发挥逻辑从依靠“行政”转而依靠“社会”，空间上也从“公权”空间转向“社会”空间。乡村基层服务型党组织建设过程中，应该对党组织、基层政府和村民自治组织三者的服务职能界限进行区分。乡村基层党组织发挥服务功能时，应该保证乡（镇）政府和村委会等其他主体的服务职能独立。乡村基层党组织运用法治、民主制度和程序引导乡（镇）政府和村民自治机构为乡村社会提供公共服务产品，而非本身直接提供。在乡村社会公共服务体系方面，乡村基层党组织运用其资源优势，包括组织、干部、党员人才资源，领导建构和完善乡村社会公共服务体系。

3. 实现党组织在村治中的依法执政和领导功能

乡村社会由无数个村庄组成，党在乡村社会执政地位的巩固必然离不开基层党组织对村庄治理的领导。而宪法规定我国乡村社会治理的基本形式是村民自治，自治的实现通过村委会具体完成。因此，基层党政组织要实现对村庄治理的领导核心地位首先需要保证党组织主要人员进入村委会。

村民自治组织是群众性组织，其所拥有的自治权不是国家公共权力，而是一种社会权利表现形式。村民自治权的设置本身是为了让乡村基层群众享受民主权利，因此，其依法行使关系我国乡村社会几亿农民的切身利益。由于我国乡村社会普遍权利意识薄弱，对村民自治权的监督完全依靠乡村民众远远不够，因此，从维护广大乡村社会公民权利和利益的角度出发，乡（镇）两级基层党组织对村民自治权进行有效掌控就成为必要。法律规定村庄自治主体的主要成员均由本村民众通过直接选举而产生。过去村庄领导人由村级或上级党组织直接任命产生，村庄治理权力来源于党组织授权。而村民直接选举使村民自治组织主要成员的职位空前开放，村民无须经过党组织的考察即有权参加村民自治组织领导职务的竞争选举，村庄治理权力合法性来源是村民群众授权。由此，乡村基层党组织对村民自治组织的控制能力大大削弱，在国家对乡村社会实施“多取少予”阶段，村庄对于政府的财政支持缺少期待，村民自治组织对于乡村两级党组织和乡（镇）政府下达的指令置若罔闻的现象大增。村党组织要对村庄治理掌握控制权首先得进入村民自治组织，因此也需要经受村民选票的考验。在实践中，有些地区在乡村社会治理中村党支部成员通过参加村主任竞选的方式进入村民自治组织取得村庄的治理权，由此解决执政党权力在村治中的合法性问题。未担任村委会成员的村支部组织成员或其他党员在村委会下设的各机构或农村民间组织中发挥积极作用。

农村党支部的成员通过村民民主选举的方式进入村民自治组织，或者以其他的合法方式使村党支部成员或其他党员成为村委会下设各委员会的负责人只是基层党组织依法执政的开始。在村庄治理的民主决策、管理及监督阶段，更是考验党组织依法行政能力的重要环节。在村民自治活动的每个阶段，村党组织及党员个人都应该积极发挥其依法履行自治职能和行使自治权利的先锋模范作用。具体来说，在村委会关于日常事务的处理过程中，村庄党支部的成员应该透彻理解国家和政府相关的村庄治理法律和政策规定，并且公开准确地向村民传达，从而使村民充分了解和理解乡（镇）党组织和政府以及村党组织的具体治理活动。在村庄治理权力机构和监督机构的民主决策和民主监督活动中，村党支部意图的贯彻和实现，需要治理主体中的党员成员严格遵守各类自治规范。自治权的行使应该严格按照法律规定的程序，努力将国家法律的规定和党组织的政策与乡村社会民众普遍遵守的行为准则相结合，使法律政策在乡村平稳实施。在村庄民众参与的各类村庄自治活动开展过程中，村党组织承担着更重的指导责任，一方面将国家法律规定村民自治的法治建设理念和措施以及上级党组织的指示精神贯彻到村民群体中，动员和鼓励党员干部运用法治意识和法治思维领导村民自治过程的民主选举、管理、决策以及监督各环节的依法运行；另一方面将村民的合法利益和要求向上反映，为上级党委和政府针对乡村法治化治理的科学决策提供依据。

三、乡（镇）政府的依法行政：乡村社会法治化治理的主要彰显

国家治理现代化战略目标和乡村振兴战略的提出和实施，要求乡（镇）基层政府具有更高的治理能力和水平，并在新时代、新要求下全面践行依法行政。乡村社会是“拥挤社会”，由于资源获取方面竞争激烈，资源分配难度大，乡村社会的权力配置通常缺乏明确性和绝对性，[①] 因此，乡镇政府依法行政显得尤为重要。依法行政要求乡（镇）政府成为有限责任政府，这主要反映在其所承担的有限职能方面，并且这些有限职能是由国家法律法规确定的，是法定的职能。乡（镇）政府作为乡村社会治理法治化建设中的主要责任主体，体现在其本身的法治建设责任首先是依法行政。

（一）明确乡（镇）政府的法定行政职权

有限政府的主要含义在于乡（镇）政府的职权由法律制度明确规定，乡（镇）政府只能在“法律规定的笼子”里行使有限职权。保证乡（镇）政府依法行政的首要前提是乡（镇）政府明确自身的法定职权，明确在乡村社会治理活动中相关行为的法律界限。因此，在对国家法律规范、各部门规章、各地方性法规以及各级党和政府的各种规范性文件进行全面梳理的基础上，严格按照法律制度的规定，制定出明确的乡（镇）政府行政职权范围清单。根据相关法律制度的规定，明确乡（镇）政府各项法定行政权力的名称及其法律制度依据以及具体行使的法定程序。法律制度规定的乡（镇）政府所拥有的行政权力大致包括行政确认、征收、处罚、强制、裁决、监督以及指导等方面，并且相关的法律制度规范对于基层政府行使

---

① 参见陈柏峰：《乡村基层执法的空间制约与机制再造》，载《法学研究》2020 年第 2 期。

行政权力都有明确的程序要求。乡（镇）政府在法律规定的范围内，严格以法律制度规定的程序行使行政权力，不能超越权力行使、滥用权力，也不能行政不作为。例如，浙江省Q市K区H镇就制定了乡（镇）政府行政职权清单，一共76项，其中，涉及行政权力行使各具体领域的法律法规依据67部，每一项都有明确行政权力的具体类型、实施内容和权力行使所依据的具体法律制度规范。乡（镇）政府的法定行政职权清单不但是乡（镇）政府相关部门及其工作人员依法行政的重要依据，也是广大乡村社会民众对乡（镇）政府的行政行为进行依法监督的依据。因此，乡（镇）政府应该将法定行政职权清单利用各种媒介和手段广为公布，让乡村社会居民普遍知晓和了解。

在实践中，乡（镇）政府履行法律制度规定职权的行为只是日常工作较小的组成部分，乡（镇）政府日常工作的相当部分内容是县级政府在制度范围以外增加的原本属于县级政府的法定职权。伴随农村税收改革，县级政府对之前属于乡（镇）政府的一些职权进行上收。但是，县级政府在为乡村社会提供公共服务和进行社会管理时，对于乡村社会的实际信息并不能很好地掌握，需要乡（镇）政府的实际参与。县级政府做得更多的是制定相关政策、进行行政审批、提供财政支持或专业技术服务。而乡（镇）政府就不得不承担大量因为政策执行而产生的工作，如相关信息确认、人员安排、现场工作的监督等。乡（镇）政府因承接县级政府非制度性强加的乡村社会治理工作时，也应该在法律的轨道内运行。由于县级政府强加给乡（镇）政府的类似行政任务数量大、涉及面广，因此，依法行政目标的追求使乡（镇）政府工作人员的法律素养面临更高标准的挑战。乡（镇）政府工作人员首先需要了解与其履行行政职权相关的法律制度，其次需要具备较高的法治理念，能够运用法治思维和方式依法行政。

（二）加强对乡（镇）政府依法行政的监督

对行政权力的监督是避免专制和腐败的必要手段，同理，乡（镇）政府的行政行为也必须在有效的监督下才能保证依法进行。此类行政行为包括抽象以及具体两类行政行为，对于不同表现形式的行政行为进行有效监督具有不同的更为合适的方式和途径。

1. 乡（镇）政府抽象行政行为合法性监督

乡（镇）政府的抽象行政行为主要表现形式为制定各类规范性文件。乡（镇）政府在乡村社会治理过程中，常常需要根据国家法律法规和上级党政机关的各类规范性文件，按照本行政区划实际情况，制定本地区相关规范性文件。这些规范性文件的制定和实施对于国家法律法规以及党和政府关于乡村社会治理政策的落实发挥着重要的作用。制定规范性文件是乡（镇）政府的法定职权，但前提是乡（镇）政府确立的文件本身符合国家法律规定。如果乡（镇）政府制定的规范性文件违反国家法律的规定或者与上级党政机关相关规范性文件冲突，就可能对乡村社会民众的合法权益造成损害。在实践中，乡（镇）政府为规避法律监督出台违法的或与上级机关所作的不一致的规范性文件的情况大量存在。这种违法或违规抽象行政行为所造成的不良后果远远大于一个违法性具体行政行为所产生的影响，只要是违法规范性文件出台，在废止之前，它对乡村社会居民合法权益和党与政府的形象所造成的损害就是持续性的。

有权对乡（镇）政府抽象行政行为进行监督的主体包括其同级人大与司法部门以及上级机构。县级政府作为乡（镇）政府的直接上级政府，应该成为乡（镇）政府规范性文件合法性的第一个把关者。无论是从横向同级各党政机构，还是从纵向政府各层级之间的关系来看，县级和乡（镇）两级政府之间关系都更为密切。这种密切关系的存在从根本上说是由于两者之间存在财政方面的控制与被控制。县级政府要加强对乡（镇）政府确立的文件的备案和审查管理工作，要求乡（镇）政府确立的一切规范性文件都必须及时向县级相关部门进行备案。所有乡（镇）政府报备的文件县级主管部门必须进行严格的合法性和适当性审查，对于审查结果必须作出结论。对于经审查认定违法或存在不当的规范性文件，县政府必须进行纠正，或撤销，或修改。乡（镇）人大作为乡（镇）级权力机构，有权也有责任对乡（镇）政府制定的规范性文件展开审查监督活动，对于违法部分必须及时予以纠正督办。2018 年 2 月，全国人大向多个省市人大常委第一次发出督办函，要求各地各级人大对违法文件进行纠正督办，而且重点是部门和政府规章。① 司法部门对乡（镇）政府抽象行政行为也具有监督权，并且在行政诉讼制度的完善过程中不断得以加强。2017 年，行政诉讼法修正案将公民或法人提起诉讼的受案范围从过去对机关及其工作人员“具体行政行为”修改为“行政行为”。该修改使公民或法人既可以直接对造成自身合法权益损害的具体行政行为，也可以因为政府确立违法或不当文件的抽象行政行为而对其提起诉讼，这种修改一方面为公民权益提供了更为完善的制度保障，另一方面大大促进了政府依法行政的建设。乡（镇）政府确立的规范性文件出现违法或不适当是所有层级出问题规范性文件中占比最高、数量最多的。司法机构作为县级政府和人大机关以后最后一类代表国家对乡（镇）政府抽象行政行为实施监督权的机构，应该依法充分履行职责，为乡村社会居民合法权益的实现发挥重要作用。新修改的《行政诉讼法》还赋予各类社会主体直接针对抽象行政行为行使的诉求权，使乡（镇）政府的抽象行政行为完全置于社会民众的直接监督之下，成为促进依法行政的重要有效方式之一。

2. 乡（镇）政府依法行使具体行政行为的监督

在乡村社会治理过程中，作为主要主体的乡（镇）政府的治理活动多数情况下以具体行政行为的形式表现出来，具体行政行为一般与乡村社会民众权利义务直接关联，多数行政纠纷也因其而起。因此，对乡（镇）政府具体行政行为进行规范和监督在乡村社会法治化治理中显得尤为重要。乡（镇）政府具体行政行为能否依法行使直接决定其整体依法行政程度及状态。除了与抽象行政行为所共有的各类监督主体外，乡（镇）党委对于

① 参见《全国人大常委会首次对违法文件发出纠正“督办函”合宪性审查已箭在弦上》，载搜狐网，https://www.sohu.com/a/224542479_161795，访问时间：2024 年 9 月 21 日。

其本级政府依法行使具体行政行为具有不可推卸的监督义务。

乡（镇）党委是全面推进依法治国在乡村基层社会实践的领导核心力量，对于本级政府的依法行政具有重要的监督责任。与乡（镇）政府共享同一工作环境的优势使得乡（镇）党委比任何其他主体都更有利于实现对乡（镇）政府依法行使具体行政行为的监督。就当前乡村社会治理的实践而言，按照法律和党内法规的规定，乡（镇）党委领导乡（镇）政府，但是事实上乡（镇）党政合一的现象并不少见。很多内部结构，如乡（镇）政府和党委都挂牌子，事实上是同一班人员，并不存在组织界限。特别是在很多地区存在的乡（镇）镇长和党委书记“一肩挑”的情况，党委和政府的工作更加难以区分。因此，乡（镇）基层法治型党组织完善程度和党委整体的法治素养是依法行使具体行政行为的重要保障；乡（镇）人大依法享有对本级政府作出的违法或不适当的具体行政行为进行严格监督的权力。乡（镇）人大是否能够依法行使对政府具体行政行为的合法监督关键在于其产生和运行机制的完善。保证乡（镇）人大代表真正由乡村社会民众选举产生，使具有强烈代表意识及议政水平的乡村社会成员成为民众代表。通过各种法定程序的落实保证乡（镇）人大会议召开次数和会期长度，使代表真正参与议政，提升会议质量；从法律制度的设置上看，县级政府对乡（镇）政府的具体行政行为监督最全面、彻底。在严格审查及管理乡（镇）政府抽象行政行为的基础上，构建经常化且规范化的具体行政行为监督运行机制。县级政府所设置的法制机构对于其下级政府的依法行政行为具有监督职责，因此，应该健全县级法制机构建设，从编制人员和具体监督职能的行使等方面进行加强。同时，从法律和制度上明确规定对乡（镇）政府行政行为的监督权限、手段、途径和程序等，以实现经常性和规范性监督。乡（镇）政府通过行政命令等方式随意对村委会下达任务导致村民自治权受到侵害的现象相当普遍。在该领域，司法机关能够对乡（镇）政府的干涉行为进行监督可为村民自治权的保护提供有效途径。宪法确定村民自治组织的群众性组织性质决定了其与乡（镇）政府之间不存在行政隶属关系。因此，实践中常见的乡（镇）政府通过行政行为对村民自治事项进行包办与控制都属于违法行为。在目前宪法和法律还未对乡（镇）政府与村民自治组织关系再进行完善规定的情形下，从司法上实现对乡（镇）政府违法具体行政行为的诉讼救济是保障其依法行政与村民自治依法顺利进行的有效途径。

社会公众实施监督是对乡（镇）政府依法行政，特别是依法行使具体行政行为的有效促进形式。乡村社会民众对乡（镇）政府进行的监督活动主要体现在对乡（镇）政务公开的监督方面。乡（镇）政府政务公开是其依法行政监督机制得以发挥作用的前提基础。党和国家对于乡（镇）政务公开向来非常重视，2000 年中央和国务院就下发了专门规范乡（镇）政务公开的《中共中央办公厅、国务院办公厅关于在全国乡镇政权机关全面推行政务公开制度的通知》，2007 年国务院通过了《政府信息公开条例》，将乡（镇）政务公开正式纳入法治轨道。但该条例对乡（镇）政务公开的相关规定过于原则，缺乏可操作性，造成实践中乡（镇）政府政务公开多数流于形式，所公开的内容或者是乡村社会民众都已经知晓的，或者是与民众具体利益没有太大关系的。因此，加强乡（镇）政务公开制度建设成为依法行政的必然任务。国务院条例中明确规定与乡村社会民众的“切身利益”相关的信息应该公布，但“切身利益”的内容还需要各地政府进行具体化。各乡（镇）政府应该根据法律法规的规定，结合行政区划的实际情况，制定出更为具体、明确可操作的政务公开范围和内容，使得到的公开信息是乡村社会居民真心希望了解的，与广大民众切身利益直接相关的。同时，加强对乡（镇）政务公开各方面的监督，以保证应该公开的信息得到及时、主动、真实、全面的公布。现代互联网技术在乡村社会的普及对于民众参与政府监督起到很大的推动作用。全国很多地方的乡村建立了民众监督政府的网络平台，乡（镇）政务公开也成为其中重要的内容。对于乡（镇）政府不主动、不及时或不真实的政务公开，普通村民可以通过平台向相关部门直接反映。民众的监督反映经查证以后的结果对乡

（镇）政府绩效考核具有重要影响，这种监督机制对于乡（镇）政府政务公开、依法行政具有很大促进作用。2019 年，修订并实施的《政府信息公开条例》（以下简称《条例》）对政务信息公开的主体、范围、监督、年报发布等方面均作了修改。《条例》明确规定了人民政府应当主动公开的 15 类信息。同时规定，除了以上 15 类信息之外，基层人民政府还应当主动公开的各类信息，其中包括设区市级、县级以及乡（镇）人民政府需要公开的信息。[①] 在“依申请公开”部分，取消了 2008 年《条例》关于“根据自身生产、生活、科研等特殊需要”的限定条件，行政机关不再具有酌定的审核权限，使“行政相对人的权利和行政机关的权力处于平衡的状态”[②]。这种废除以“自身特殊需要”为前提的申请公开制度，所引发的体系性调整将辖及对整个政府信息公开立法的结构转型，体现出以“知情权”概念建构的政府信息公开立法体系的趋向。[③]

四、村民自治组织的依法自治：乡村社会法治化治理的核心要素

当前村民自治实践主要体现在民主选举阶段，即自治组织的依法产生方面，而民主制度运行的其他三个环节几乎形同虚设，流于形式。所以才有一种普遍说法，即村民自治就是选举，这也是乡村社会治理实践中基层民众的切实体会。实现村民自治在法治轨道内运行，需要村庄民众真正参与法律规定的所有自治环节及切实行使所有权利。具体来说，首先需要确定作为村民自治组织的村委会应该履行的法定职责，特别是明确区分村民

① 2019 年修订实施的《政府信息公开条例》第 21 条规定，设区的市级、县级人民政府及其部门还应当根据本地方的具体情况，主动公开涉及市政建设、公共服务、公益事业、土地征收、房屋征收、治安管理、社会救助等方面的政府信息；乡（镇）人民政府还应当根据本地方的具体情况，主动公开贯彻落实农业农村政策、农田水利工程建设运营、农村土地承包经营权流转、宅基地使用情况审核、土地征收、房屋征收、筹资筹劳、社会救助等方面的政府信息。

② 参见扬大越：《我国政府信息公开申请法律保障之探究——以〈中华人民共和国政府信息公开条例〉第十三条修改为视角》，载《行政与法》2020 年第 2 期。

③ 参见蒋红珍：《面向“知情权”的主观权利客观化体系建构：解读〈政府信息公开条例〉修改》，载《行政法学研究》2019 年第 4 期。

自治组织自身法定职责与协助乡（镇）政府的活动，因为这两类工作具有完全不同的法律性质；其次在村委会法定职责范围内开展村庄治理行为，按照相关法律制度的规定，村民真正进行民主决策、管理及监督活动。

（一）厘清村委会承担的行政性事务与自治性事务

村民自治组织在村庄治理的实践中事实上承担着两类事务的处理职责，即行政性和自治性事务的处理职责。依法自治需要对村委会所处理的两种事务性质进行区分。

1. 村委会承担两类事务的困境

作为国家行政机构组成部分的乡（镇）政府对本行政区域具有行政管辖权，区域内的村庄及其村民当然是其行政管辖的对象。乡（镇）政府与村庄虽然不是行政上的上下级关系，但从国家治理权的行使关系上，两者之间治理主体和治理对象的关系还是存在的，村庄社会治理显然不可能脱离作为国家政权代表的乡（镇）政府提供的支持与指导。一方面，法律确定乡（镇）政府对村委会开展村庄自治活动具有指导的权力及职责；另一方面，更为重要的是在实践中，尤其是在当前乡村振兴战略实施过程中，乡（镇）政府对村庄的发展和建设发挥着比以往更为关键的影响。国家以项目形式大量反哺乡村社会的投入，无论是从项目在具体村庄确定落地方面，还是在项目的实施方面，都离不开乡（镇）政府对村民自治组织的指导和协调。但是，即便是乡村振兴战略实施使乡（镇）政府在乡村社会治理中的影响力增加了，其与村庄之间仍旧不存在领导与被领导的关系。村庄自治事务与乡（镇）政府下派事务还是具有本质区别的：下派行政事务是国家意志的具体表现形式，具有强制力保障其得以切实施行；而村庄事务是村庄共同体的利益和村民意愿的体现，是群众自治性质的公共事务，一般只能靠教育激励的方式保障实施。

在村庄治理实践中，村委会在面对因行使自治权而开展的村庄事务管理活动与协助乡（镇）政府而进行的行政事务处理活动进行协调过程中，往往左右为难，很多时候自治权为行政权让路。造成这种局面的根本原因在于《村民委员会组织法》一方面规定村庄自治组织有义务协助乡（镇）政府开展行政事务管理活动，另一方面确定乡（镇）政府不得随意干预原属村庄自治范围的事务。但是具体哪些是村民自治组织应该协助的内容，哪些是乡（镇）政府不得干预的内容，法律又未予以明确。因此，实现村庄的法治化治理首先要对以上两项内容进行明确的界定，既防止村庄自治事务被行政权力非法干预，又避免村庄自治组织懈怠协助行政事务在村庄开展或自治权逾越法律界限。

2. 村委会承担的义务性政府事务

对于乡（镇）政府的职权范围，法律具有明确的规定，它是负责国家法律、政策决策在本行政区域贯彻执行的机构，具体承担本行政区域内经济、社会等各领域发展和管理的职能。[①] 乡（镇）政府很多职能行使的场域主要是村庄，因此行政事务必然延伸至村庄，包括普通村民。

从法律性质上来说村委会是群众自治性组织，然而从其法定职责的承担层面看则不仅仅体现自治功能。根据《村民委员会组织法》的相关规定，村委会应该承担的法定职责首先是执行以国家政权行使为表现方式的党和国家关于乡村社会治理的制度政策在村庄的落实。这些制度政策落实以乡（镇）政府对村庄下达的行政事务工作的形式在村庄出现，村民自治组织有义务承担。虽然《村民委员会组织法》中没有明确村庄自治组织应该依法执行国家行政事务的具体内容和范围，但是全国人大作出的相关解释[②]对常见的村庄行政事务进行过列举。具体包括以下几个方面：一是来自国家或社会的到村款物管理。[③] 二是村庄土地征收以后出现的相关管理

---

① 《地方各级人民代表大会和地方各级人民政府组织法》第61条规定了乡、民族乡、镇的人民政府行使七个方面的职责。

② 即《全国人民代表大会常务委员会关于〈中华人民共和国刑法〉第九十三条第二款的解释》。

③ 来自国家的主要有抢险、救灾、防汛、移民、扶贫、救济和优抚等款物；来自社会的主要是社会对公益事业所捐助的款物。

及补偿处理。在农村集体土地被征收后，其性质便出现变化，集体土地变成国有土地，在国有土地投入开发使用之前仍然需要所在村庄进行相关管理。同时，土地征收过程中产生的各种补偿费用的数额的确定、管理和在农户之间的分配都得需要村庄自治组织具体执行。三是为乡（镇）政府代征、代缴各种农业税费。该项职能由于层层叠加大大增加了农民的负担而广受诟病，因此在2006年国家全面取消农业税费以后就被废除了。四是关于政府在村庄开展的户籍、征兵和计划生育工作。计划生育政策在村庄的落实曾经是村级治理主体主要的也是具有很大难度的行政任务，当前国家关于生育政策已经发生巨大变革，加上当前乡村社会居民生育观念的转变，村庄自治组织基本不存在这方面的工作压力。五是人民政府需要在村庄开展的其他管理工作。可见，当前乡村社会状况与该项法律解释制定时的情况有了很大的变化，除了第一、第二部分内容外，当初给村庄自治组织带来很大压力的税款代征代缴和计划生育的行政任务已经不存在。在乡村振兴战略实施过程中，第一、第二部分所产生的行政事务仍然是村庄自治组织的主要行政任务，特别是近些年的农村扶贫工作，给村庄自治组织带来很大的工作压力。贫困户的识别确定、对驻村扶贫工作小组工作的协助配合等实质上都属于行政事务。在这些工作执行过程中，资金一般由政府提供，但是村庄也需要投入一定的人力和物力进行协助，包括对村民进行国家政策宣传，为村民提供相关信息，教育、动员村民参与国家机关在村庄内的行政管理活动。村民自治组织在履行法定的“协助”义务时，并不具备独立承担相关责任的能力，其实际执行的行政事务一般由乡（镇）政府承担相应的责任。

3. 村委会的自治职责性事务

村委会作为自治组织，其最主要也是最重要的职责是通过行使各项民主权利对村庄事务进行管理，真正实现村庄自我管理、教育和服务。《村民委员会组织法》规定村委会的自治职能包括以下几个方面：一是负责村庄公共事务的办理、村庄治安维护，村庄纠纷的调解等。二是对村庄经济与生产活动的组织及服务。具体包括对村庄集体经济组织自主权的尊重、家庭承包经营体制的维护以及村庄各类生产经营主体合法权益的保护等。三是对村庄财产、资源及生态环境的保护。具体包括对集体土地和村庄其他财产进行管理、引导村庄民众对自然资源与生态环境进行科学利用及保护等。四是开展村庄精神文明建设。包括教育并推动村民遵守国家法律和政策、推动村庄文化科技教育、促进村庄之间团结互助等。五是维护村庄和村民的合法权益。以上村庄自治法定职责主要是村庄民众通过村民代表会议以及村委会下设的各委员会进行决策并具体执行。而全体村民可以通过政务公开等各种形式对村委会及其所设机构进行监督。这些村庄自治组织的法定职责职能只能由村民自治组织行使，乡（镇）政府不能进行非法干预，包括不得强迫和包办。

虽然相关法律对政务和村务进行了一定程度上的界定，但是实践中这种划分并不是绝对的。例如，虽然《村民委员会组织法》明确规定村庄内部公共事务属于自治范围，但事实上，由于村庄集体经济组织基本处于虚置状态，村庄自治组织基本无力承担公共事务的办理。随着国家对乡村社会反哺力度的增大，很多村庄的公共事务以及公益事业由国家承担。在乡村振兴战略中，村庄公共设施及公共服务是乡村振兴的重要领域，国家对此投入越来越多，国家资金下达村庄以后，村庄负责具体实施相关项目，这些事务在具体执行过程中很难再明确区分其行政性或自治性。

（二）充分发挥村民自治权力机构的法定功能

从1988年《村民委员会组织法（试行）》开始施行以来，村民自治制度在我国农村已经实践了30多年，《村民委员会组织法》经过历次修正，其中民主权利实施的四个环节的相关规定构成了我国村民自治法律制度最主要的内容。在村民自治实践过程中，全国大部分地区农村虽然基本上能实现民主选举，但是依法切实开展民主决策、管理及监督活动的村庄却极少出现。造成以上问题的原因非常复杂，但作为村民自治权力机关的村民会议或代表会议在实践中处于虚置状态，并未发挥其真正价值是非常重要的原因之一。要使民主决策、管理及监督程序在村民自治实践中得到切实依法实施，就必须复活村民自治最高权力机关，使其真正行使职责，发挥价值。

1. 村民自治权力机构的内在价值

村民会议与村民代表会议由大部分村庄民众本身或民众通过依法选举产生的代表组成，因此其具有作为最高权力机关本身的特有价值。

首先，夯实乡村社会民主政治建设基础。对于乡村社会民主建设发展水平的衡量，其中一个重要的标准是村民对村庄事务的自主决策以及实现当家作主的状况。过去，无论是村民的民主政治意识还是组织化程度，都使农民的群体利益很难在国家政治生活中得到主动的反映。而村庄自治的权力机构或者是全体或大多数村民组成，或者是全体村民选举代表组成，以直接或间接地表达农民的利益和意愿。村民会议或村民代表会议既为农民提供了表达意志的平台，培育了村民的民主参与意识，又从某种意义上实现了农民的组织化。为农民群体参与更高级别的民主政治生活奠定了思想和组织基础。同时，村民通过自治权力机构表达意愿，按照法定程序形成决议。这种决议由于其较强的民意基础具有权威性，村民自治组织必须依法执行，乡（镇）政府不能任意干预，也得依法尊重。因此，广大村民通过村民自治权力机构的平台表达意愿，形成决议并且得以实施的整个过程，对于村民群体的主体观念和自主意识的培养具有促进作用，从而推动了乡村基础民主政治的进步。

其次，形成村庄内部的权力制衡体制。从法律机制上说，村委会是村庄民众通过依法选举而成立的代表全体村民处理村庄事务的机构。但是，村民委员会对村庄事务所作的决策或直接行使的村庄治理行为并不能保证都符合村民的意愿。其中原因一方面是村民委员会权力在很多情况下由个别主要领导控制，个人决策本身不可避免的缺陷或领导出于自身利益考虑的结果都极有可能造成村庄公共利益的损害；另一方面即便是能够实现组织集体决策的，出于对政绩的追求目标，也可能作出村庄公共利益被牺牲、群众实际需求被抛弃的决策。当村民委员会的决策或村庄治理活动背离大部分村民意愿或者村庄公共利益时，分散的村民个体很难具备足够力量对其产生制衡作用，同时缺乏其他有效途径表达利益诉求。一方面，村民会议有权对村庄重大事项的决策进行决定，包括村庄土地使用权处置、村集体财产及村集体经济收益的处分；另一方面，村民会议可以直接也可以通过授权代表会议对村委会作出的不适当决定进行变更或撤销。村民自治权力机构的权力行使有效地制约了村委会的执行权，在村庄内部形成权力制约体制，对村干部的行为进行有效的规范。

2. 提升村民自治权力机构的价值实现

村民自治权力机构具有其性质所决定的本身价值，但是这种价值的实现还需要各地农村根据社会、经济发展情况和民主政治基础的实际状况，以国家法律法规为基础，进行积极探索，确定具有地方特色的运行模式和路径，以促进村民会议或村民代表大会的价值实现。

首先，明确村民自治权力机构的权能。在实践中，村民对村庄事务治理权利的虚化从根本上说是法律缺乏对村民自治权力机构职权的明确。从立法上对村自治权力机构的地位和职能进行确定，实践中切实实现法定职能是村民自治制度推进和发展的重要内容和保障。“严密监督政府的每项工作，并对所见到的一切进行议论，乃是代议机构的天职。”① 村民会议和村民代表会议作为村民自治权力机构也应该具备这样的功能。《村民委员会组织法》对自治权力机构的法律地位、组成和职责作了明确规定。在对权力机构职权进行阐述时，自然不可能脱离其与执行机构之间的关系。因此，一方面，法律规定对于应该由村民会议作出决策的事项，村委会不能非法自行作出决策，并且其应该依法执行村民会议的决策；另一方面，对于村委会履行职权的所作行为，村庄自治权力机构有权进行监督并作出纠

① ［美］威尔逊：《国会政体：美国政治研究》，熊希龄、吕德本译，商务印书馆1985年版，第167页。

正。具体来说，关于村民会议的地位和职权，《村民委员会组织法》第22条、第23条、第24条明确规定了村民会议召开及决定通过的程序、对村委会工作的监督及撤销或变更村委会决定的权力，以及必须经过村委会讨论才能决定的村庄重大事项。《村民委员会组织法》的相关规定对村庄自治权力机构的职权进行明确规定，在设立村民代表会议的村庄，其基本上与村民会议在村庄社会治理过程中具有同等的权力。《村民委员会组织法》对村民自治权力机构的职权规定总体而言比较原则和笼统，实践中还是造成自治权力机构的权力被搁置的问题。全国各地大部分省市区制定了《村民委员会组织法》的实施办法或细则，都对自治权力机构的职权及其行使作了进一步的具体化，但是，还是存在立法效力较低、区域间立法发展不平衡的现象，需要进一步完善。

其次，完善村民代表会议的代表资格条件及相关议事程序。村民自治权力机构价值实现的一个关键阻滞因素是村民代表职权行使机制存在缺陷。根据现有法律规则，在村委会不主动召集的情况下，村民会议的召开一般很难实现。村庄民众行使自治及监督村委会等权利的实现只能通过村民代表会议进行。无论是提议召开村民代表会还是在代表会上对提案的讨论、表决，村民代表是否能够依法行使职权都是关键问题。各村民代表是否具备充分的代表性及其素质的高低程度决定了村民代表会议本身能否履行其作为代议机构的天职。《村民委员会组织法》规定村民代表由各村民小组在组内或以个人或以家庭为单位推选若干人产生，但其他法律并没有规定村民代表推选的具体程序。实践中村民代表的产生多数是村委会按照法律规定的比例自行确定，一般村民也并不关心谁当选，甚至不知道村民代表有什么作用。如此产生的代表当然不会对村委会本身或其组成干部提出任何异议。因此，要从根本上解决村民代表产生环节存在的问题，首先需要让村庄民众普遍了解村民代表会议的实质和功能，充分提高对代表推选的重视程度，使那些议事能力强、在群众中享有较高个人威信、敢为村庄民众公共利益说话的村民成为代表。同时，还要对村民代表组织学习培训，充分提高代表的法律意识、参政议政意识和水平，真正履行代表职责，为村庄治理提供较好治理服务。无论是对普通村民还是对村民代表的民主政治意识和法律意识的培育，村委会显然不会积极主动，主要还是依靠政府自上而下的民主和法律宣传教育输入。在充分保证代表质量和广泛代表性的基础上，还应该采取有效举措以加强村民代表会议的权威及独立性。有些地区通过制定地方规章规定，在村民代表会议内部设置专门职位，并由选举产生的人员就任负责会议的召集和主持，以保证定期召开会议。这就使村民代表会议从召集环节就不再依赖于村委会，由原来的临时性民意组织转变为常设性的议事、决策和监督组织。有些地区在保证村民代表会议常态召开的前提下，改进会议的审议、评议及表决等具体工作形式，使村庄民众的意见和愿望通过村民自治得以真正实现。

最后，加强乡（镇）立法机关对村民代表会议机制运行的监督。乡（镇）人大是我国国家立法机关在最基层的机构设置，依法监督和保障国家法律、各上级人大决议在本行政区得以遵守和执行。村民自治制度在各村庄的贯彻与执行情况是各乡（镇）人大保障监督权的重要内容。《村民委员会组织法》明确规定了地方立法机关对《村民委员会组织法》的实施和村民自治权的依法行使所承担的保障职责。① 在地方立法机关中，有些地区为落实《村民委员会组织法》规定的职责，专门对乡（镇）人大的监督权作出具体规定。在实践中，有些地区乡（镇）人大通过组织人大代表定期对村民自治制度的运行进行视察和执法检查，对村民代表会议的运行进行调研监督。乡（镇）人大的调查研究与执法检查在很大程度上触及村民自治制度运行过程中的根本问题，了解了村民在自治制度推行过程中普遍关心的问题。乡（镇）人大的类似监督行为有利于了解真实情况，有针对性地对具体问题提出意见建议和解决方案，对于村民代表会议的常态运行具有重大的支持作用。另外，相对于其他主体而言，乡（镇）人大在对

① 《村民委员会组织法》第39条规定："地方各级人民代表大会和县级以上地方各级人民代表大会常务委员会在本行政区域内保证本法的实施，保障村民依法行使自治权利。"

村民及村民代表的普遍民主政治和法治意识的培育方面具有更加鲜明的优势和便利。

（三）健全运行机制，保障村民依法进行村务治理

中国特色社会主义法治保障公民依法行使法定权利。从群体而言，农民是我国总人口所占比例最高的群体，该群体不仅为十几亿人口提供粮食和农副产品，还是其他各行各业主要劳动力的组成部分，农民群体的合法权益保护是我国公民权利保护的重要内容。村民自治制度赋予农民对村庄事务的依法治理权是法律赋予我国农民享受基本权利的重要组成部分。彭真曾经指出："涉及全村村民利益的事情，都依法由村民直接行使民主权利，按照民主集中制的原则，自己决定，自己办理。"① 我国村民自治制度经过30多年的实践，其建设的重点已经从最初的组织重建转为保障自治权利。影响村民自治权利实现的主要因素在于村庄治理体制本身不够完善，因此，应该从治理机制的内部和外部同时健全保障村民对村庄事务的治理权利。

1. 完善村民对村庄事务治理权利的内部保障机制

首先，扩大村民对村庄事务治理的参与度。"民主的广度是由社会成员是否普遍参与来确定的，而民主的深度则是由参与者参与时是否充分，是由参与的性质来确定的。"② 从国家法律法规、地方性法规以及党与政府的各类规范性文件层面为村民参与村庄民主政治管理建构制度机制。使尽可能多的村庄民众直接参与村庄社会治理的全部环节，从形式到内容实现全方位的权利实施保障。健全和完善村民代表会议机制，使其成为村庄民众表达意愿、参与决定村庄重大事务和实现监督村委会职权的平台。其次，健全村务公开制度。完善和健全村务公开制度，对于村庄治理中与村民利益关系最为密切的信息内容进行及时且真实的公开，具体包括：贫困

---

① 参见《彭真文选》，人民出版社1991年版，第610页。

② ［美］科恩：《论民主》，聂崇信、朱秀贤译，商务印书馆1988年版，第21页。

户的确定与脱贫、低保户的确定、村集体经济收益的处分、进村国家项目款项的管理及使用、土地征收补偿、宅基地利用等村民关心的问题。同时，利用现代先进科技，特别是网络技术对需要公开的村务信息进行及时、真实的发布。对村民就具体村务反映的意见和建议进行及时反馈，并以适当的方式公开反馈意见和后续处理结果。县乡两级主管部门对村庄信息公开实施情况进行严格检查，使村务公开真正实现标准化和规范化。再次，完善村务议事协商机制。村庄地域不大、人口不多的社会和自然条件适合协商民主的有效运行，协商民主的平等、包容和公开性也能得到较好的体现。村庄协商民主方式的采用能够促进农民群体的组织化，鼓励农民积极主动参与村庄社会治理，保障农民有效行使村务治理权利。从协商民主的主体层面，应该更多鼓励村庄各类组织以及现代新乡贤通过协商民主方式参与村庄治理。落户在村庄的各类社会经济组织及其负责人和回乡的新乡贤在信息、见识、资源等方面具有其独特的优势，这在村庄生活的现实也增加其参与村庄治理的积极性。因此，应该借助各种协商民主形式充分发挥这些“非村民”主体在村庄治理中的应有功能。同时，要保证村庄内不同阶层、不同利益群体都能通过协商民主方式表达自己及其所代表的团体利益，在充分沟通的基础上通过博弈最终实现各方利益群体之间的协调。最后，大力强化村务权力监督。村民自治框架内的村务权力监督原本应该只针对村委会，基于当前村庄治理中主任书记“一肩挑”的比例越来越高，村两委交叉任职的情况越来越普遍，因此，对村务权力的监督也包括对村党组织的监督。其中包括每年对村两委工作的审议及其成员的评议、以村务公开方式对村庄内部重要事务运行过程、各种款项使用的村庄财务状况等重要内容。在乡村振兴战略实施过程中，落地村庄的项目越来越多，项目的发包、项目款项的使用等问题都是村庄群众最关心的事项。村两委应该主动对相关事项进行公开，上级部门可以对专门事项的实施制定专门的运行规则，以便村民进行有效监督。例如，浙江 Q 市政府通过文件规定乡村建设中国家各级入村项目，村两委干部一律不允许参与投标承揽建设工程，并且鼓励村民积极举报违规干部，一经查证立即处分。这类制约规则一方面可防止村干部利用职务之便谋私利，另一方面可提高国家投入产生的绩效。

2. 健全村民村务治理权利的外部保障机制

除了完善村民自治制度本身对自治权保障的机制外，从外部保障机制的健全也是有效实现村民村庄治理权利的重要途径。外部机制主要来自国家立法、执行及司法机构对村民自治权利的保障。

首先，国家立法机关对村民自治权利的保障。《村民委员会组织法》第39条明确规定，地方各级立法机关都具有依法保障村民自治权利得以依法行使的职责；第17条规定，针对各种不正当手段妨碍或破坏村庄民众自治权利行使的行为，县乡两级立法机构可以根据村民举报进行依法处理。法律对于立法机关赋予主动或依举报保障村民自治依法进行的权力和职责。其次，县与乡（镇）两级政府对于村民村庄治理权利的行使具有保障责任。《村民委员会组织法》第17条针对村民对以不正当手段破坏或妨碍村民选举的行为向县乡两级人民政府举报的情况，规定两级人民政府必须进行依法处理。《村民委员会组织法》第31条规定，村庄民众举报村委会对相关信息公开不及时或不真实的，县乡两级人民政府或相关主管部门应该进行依法处理。最后，司法机构对村民村庄自治权利的救济。诉讼途径是公民权利受到侵害时人们惯常使用的手段，随着乡村社会居民法律意识的提高，当村民对村庄治理的权利受到非法侵害时，通过诉讼方式对权利实现救济也开始成为村民的选择之一。国家法律也为村庄民众通过司法途径进行自治权利救济确立了相关依据。《民法典》以及《村民委员会组织法》分别规定，对于村民的合法权益因村委会及其工作人员所作决定受到损害的侵权事件属于人民法院的立案管辖范畴。

五、完善的农村公共法律服务建设

公共法律服务建设是法治社会建设不可或缺的内容，其完善程度也是判断一个社会法治化程度的重要标准之一。农村公共法律服务的发展和完善是乡村社会法治化的重要组成。乡村社会公共法律服务水平整体低于城市社区，因此，应该从其整体体系、服务队伍的完善以及充分发挥传统因素在其中的积极功能等方面提高农村公共法律服务普遍水平。

（一）完善的公共法律服务是乡村社会法治化治理的应有之义

乡村社会的“结构混乱”，内生性权威和地方性规则的日渐式微，使乡村社会有了巨大的法律服务需求……为适应这种状况，我国需要建设全面覆盖的公共法律服务体系。[①] 建构完备的公共法律服务体系是在党的十八届四中全会确定的关于法治社会板块内容的重要组成部分，完备的法律服务体系不仅要求加强其重点领域即民生方面的服务、法律援助相关机制以及司法救济体制的建设，还要求公共法律服务体系覆盖面的扩展涵盖所有城乡社会居民。相对而言，城市公共法律服务整体水平远高于乡村社会，农村公共法律服务由于其薄弱基础而具有更大的发展完善空间。2015年中央一号文件提出对城乡法律服务资源进行统筹，要建设能够将全体城乡居民都覆盖在内的公共法律服务体系，[②] 对农民加强司法救助和法律援助成为2015年和2016年中央一号文件共同强调的内容。2018年中央一号文件[③]对乡村振兴所作出的各种举措安排中，明确提出健全农村公共法律服务体系，并鼓励各类人才下乡通过包括法律服务在内的各种方式实际参与到乡村振兴的宏伟事业中。农村公共法律服务体系的建构及完善、服务水平的提升，不仅能够为乡村广大居民的合法权益保护提供专业、充足的法律服务，还可以大大促进乡村社会纠纷解决，以最终助力乡村秩序稳定。公共法律服务体系的完善能够保障乡村社会群众在面对纠纷时方便得

---

① 参见陈柏峰：《送法下乡与现代国家建构》，载《求索》2022年第1期。

② 参见《中共中央　国务院关于加大改革创新力度　加快农业现代化建设的若干意见》，载《人民日报》2015年2月2日，第1版。

③ 参见《中共中央　国务院关于实施乡村振兴战略的意见》，载《人民日报》2018年2月5日，第1版。

到专业性援助或救助，从而培养乡村民众选择法律手段解决纠纷的思维方式和行为习惯。特别是国家机构提供的公共法律服务由于成本低、权威性高，广受乡村社会居民的欢迎，为民众提供具体法律服务的同时还培育和提升了乡村社会民众整体法律意识水平。因此，在乡村社会法治化治理过程中，公共法律服务的建设和完善不仅是其中的重要内容，也是提高乡村法治的重要途径之一。

（二）完善农村公共法律服务体系的基础性建设

农村公共法律服务体系整体底子薄、起点低，因此，基础建设成为关键内容。基础性建设具体包括公共法律服务机构、队伍以及产品等方面的建设和完善。

1. 建构以需求导向为中心的多层次法律服务机构体系

在农村法律公共服务体系的建设和完善中，政府是主导性主体，特别是在当前我国农村法律服务市场不成熟时期，政府应该在各方面承担主要责任。在法律服务机构设置层面，首先应以乡村社会对法律服务的需求确定需要设置的机构类型以及数量。政府对本行政区域内的法律服务市场进行摸底，根据不同乡（镇）的法律需求设置不同类型和层级的法律公共服务机构。对于经济发展水平较高、法律服务需求旺盛的乡（镇），设置包括人民调解机构、公证处、律师事务所、法律服务中心等多层次的法律服务供给主体体系。对于具有基本需求但无法支撑整个主体系统的乡（镇），可以在保证一村一个人民调解委员会、一镇一个法律服务机构的基础上，通过政府提供优惠政策，引导专业人员进入服务主体体系。例如，鼓励高校法学专业师生定期对乡村社会民众提供服务，包括接受咨询、代书等；专业律师、法律工作者成为特定对口村庄的法律义务咨询工作人员，或者政府提供购买服务的方式实现“一村一律师”、人民调解等村庄法律服务。

2. 加强多元化农村公共法律服务队伍建设

党的十八届四中全会中提出要加强法律服务队伍建设，其中专门强调对欠发达地区和基层的法律服务队伍建设，以解决这些地区存在的资源欠缺问题。[①] 在当前乡村基层社会公共法律服务队伍中，普遍存在人员素质差别大、专业人员比例较小的现象。特别是对于人民调解员，国家没有明确的资格准入条件，因此，相对于律师来说，人民调解员群体的普遍法律专业素质较低。人民调解员在当前乡村社会是公共法律服务的重要提供主体，他们在解决乡村社会民众间纠纷时常常依靠熟人关系进行诱导规劝，对于纠纷涉及的法律知识了解不多，很难保证其提供的是真正的法律服务。乡村社会居民整体法律素质在不断提高，这对于公共法律服务工作人员的专业素质提出更高的要求。因此，对服务队伍进行专业化、正规化建设成为完善农村公共法律服务制度的迫切任务之一。政府是法律服务队伍建设的主导者，依靠政府力量对相关资源进行整合，形成多元化的农村公共法律服务供给主体体系，其中主要包括专职的乡村法律服务工作者、志愿者、律师、法律专家团体等多层次的队伍。专职法律服务工作者由政府统一负责招录、工资给付、服务范围及程序确定等事宜。对于乡村社会民众生产生活中遇到的简单法律问题，乡村专职公共法律服务工作者可以按照政府制定的职责范围提供服务，包括咨询、调解、立案代理等。案情较为复杂的交由专业律师进行处理，其中包括专业律师以志愿者身份提供服务。法律服务志愿者团体主要由法律专业高校学生、已退休的法律工作者、律师等主体组成，直接参与乡（镇）法律服务所的日常工作。接纳具有法律专业学习背景的主体进入农村公共法律服务队伍，并对提供专业服务的相关人员要求统一的入门资格标准是提升服务队伍整体素质的有效途径。

3. 提高农村公共法律服务产品质量

首先，加大产品供给。随着乡村振兴战略的进一步推进，乡村社会居民对公共法律服务需求总量上升的同时，需求种类也越来越多。政府在主

---

① 参见《中共中央关于全面推进依法治国若干重大问题的决定》，载《人民日报》2014 年 10 月 29 日，第 1 版。

导农村公共法律服务完善的进程中，应该深入群众，充分了解群众需求，制定具体的公共服务产品清单目录。按照民众实际需求提供服务种类和统筹配置相关服务资源。运用以政府购买为主、市场供给充分和社会贡献补充的多种形式满足乡村社会民众的公共法律服务需求。丰富公益性法律服务产品种类，包括预约办证、在线办证、法律文书查询、公证遗嘱等。拓展法律援助资格主体范围、扩大援助事项范围，让更多条件有限的农民通过政府提供的免费法律服务实现合法权益的有效保护。其次，对农村公共法律服务体系进行标准化和信息化完善。公共法律服务整体质量很大程度上由服务程序及组织管理等重要环节的运行所决定。对公共法律服务制定质量评判标准体系以及服务标准化管理体系，使服务过程与管理都有明确章程可依。信息化是助力服务标准化的一个有效途径。近些年，网络信息技术在我国快速发展的过程中，乡村社会也是重要的受益者。当前，我国广大乡村区域已经基本具有信息化管理所需要的客观条件。网络技术平台应该在乡村社会公共法律服务领域发挥其显而易见的优势。我国东部经济发达地区在农村公共法律服务方面对互联网技术的应用大大增加了公共法律服务辐射区面积以及覆盖面的广度和深度。

（三）发挥传统资源对农村公共法律服务建设的助力功能

农村社会公共法律服务体系运行过程中，往往会遇到乡村社会传统因素的阻滞，如何抑制这种阻滞，得从乡村社会传统治理机制中挖掘与现代治理相契合的因素。借助乡村内生力量搭建公共法律服务体系与乡村社会的有效连接点，为法律服务进入乡村开辟通道。[①] 传统治理机制中存在现代治理能够传承的有益价值主要体现在两个方面，一是传统社会赋予乡村社会的某些人在治理中所能发挥的特殊积极作用，二是传统规则在乡村社会关系调整中所具有的特殊的功能优势。农村公共法律服务也需要从这两

---

① 参见王亚丰、黄春蕾：《乡村公共法律服务体系建设的价值、困境与优化——基于社会治理的视角》，载《安徽行政学院学报》2021 年第 1 期。

个方面进行探索。

1. 传统村治主体助力公共法律服务在乡村社会落地

当前乡村社会法律服务的消费对象和情境大部分与纠纷相关。而传统乡土社会纠纷的解决往往依赖族长、乡贤、村庄精英等村庄治理主体。当前我国村庄社会治理主体主要由以村干部为主的现代乡村社会精英组成。人们在遭遇纠纷时往往需要权威的人物介入调和，而村委会下设的人民调解委员会的成员一般情况下也是村干部，而且是主要干部。既然现实中相当一部分纠纷由村干部进行解决，而以维护村民合法权益为根本目的的乡村法治化治理要求法律规则在纠纷处理过程中的适用，那么将村庄治理的直接主体，即村干部纳入乡村公共法律服务供给者队伍，无形之中大大增加了公共法律服务的覆盖面。农村公共法律服务的主体原本就是以政府为主导、多元化的体系，村干部或村庄内部有威望的其他现代乡村精英的加入使离农民最近的权威人群都成为主体体系的组成部分。我国“八五”普法提出推进普法与基层依法治理相融合、深化法治乡村（社区）建设。作为政府代理人的村庄基层干部在加大乡村（社区）普法力度、实施乡村（社区）“法律明白人”培养工程等相关工作中能够发挥重要作用。只要各级政府认真落实国家法治宣传教育工作，使原本熟悉村民情况的村干部和村庄精英掌握法律知识，提高法治素养，能够为村民提供法律服务，将能取得其他主体所做工作不可能产生的良好社会效益。

2. 吸收中华传统法文化对当前乡村社会治理有益的价值

以乡村社会习惯法和村规民约等形式表现的传统法文化在现代社会的有益传承对于农村法律服务的功能发挥具有诸多益处。习惯法及村规民约等传统规则在乡村社会法治化治理中与国家立法一起发挥着各自特有的功能。总体来说，乡村社会的传统法规范与国家法在根本价值以及目标上都存在共性，但在乡村社会公共法律服务提供的具体运行中，两者难免会出现不和谐之处。在两者出现冲突时，应该在作出仔细甄别的基础上，具体情况具体分析。对于传统法资源中积极的因素应该予以保留，因为传统法资源在乡村社会治理中具有特殊的价值。以现代乡村社会习惯法或村规民约方式出现的传统法资源被乡村社会民众广泛认可和接受，在调整村民关系和村庄和谐秩序维护方面发挥着重要的积极作用。因此，乡村社会公共法律服务应该为其留有具有特色的平台和载体；对于显然有悖于现代法治精神的乡村传统法规范要坚决予以摒弃，如违背男女平等原则和基本人权保护的规定要进行纠正。总体来说，要创制出适合农民、方便农民的具有乡村特色的公共法律服务制度体系，在严格遵循国家法精神的基础上，对现代法理念进行经过传统乡土逻辑编辑的“地方性表达”，使农村公共法律服务与村民的服务需求具有更高的契合性。

六、小结

乡村社会法治化治理是一个系统的有机工程，需要思想意识、领导力量、主要执行主体、基本实现形式和服务体系等各方面的建设和完善。加强法治宣传教育，提高乡村社会普遍法治意识水平是实现乡村社会法治化治理的思想意识基础；中国共产党是我国乡村社会法治化治理的领导力量，其领导功能的发挥关键在于基层党组织的依法执政；乡村基层政府是国家公权力对乡村社会法治化治理的主要执行者，依法行政是乡村社会法治化治理的典型表现，也是国家权力在乡村社会依法运行的彰显；村民自治是我国乡村社会治理的基本形式，法治化治理的基本内容是村民实现依法自治的权利。社会法治化治理需要健全的公共法律服务体系，我国农村公共法律服务体系的完善可为乡村社会居民的权利保护提供全面的服务保障。

结语

在党的十八届三中全会提出国家治理现代化的重大战略目标之后，党的十八届四中全会提出全面推进依法治国。法治途径是实现国家治理现代化必须选择的道路。我国是一个传统农业大国，改革开放以后的乡村社会发展取得了巨大进步，但是，与城市相比，乡村社会各方面发展仍然相对落后。在未来的几十年中，仍将有几亿人生活在乡村社会。国家治理现代化实现的最艰巨的任务是对乡村社会实现现代化治理，而法治是现代化治理的必然选择方式，因此，乡村社会法治化是国家治理现代化建设和全面推进依法治国的重要内容。

治理是多元主体共同协作对一定范围内的公共事务进行管理的活动，以实现公共利益的最大化增进。乡村社会的法治化的实践也是如此，多元主体参与乡村社会的治理，并且在法治化进程中发挥着不同的功能。其中基层党组织和乡（镇）政府是乡村社会法治化的关键，村庄群众自治是乡村社会法治化的基本内容。治理的多元主体必然决定治理规范的多样化，我国各地乡村社会存在实际情况差异的客观事实也要求乡村社会法治化的规则体系由形式多样，效力具有层级的规则构成。法治机制在治理中的运行需要所有参与治理活动的主体具有一定的法治素养，乡村社会居民普遍法治意识的培育和提升是实现社会治理法治化的思想基础。同时，完备的农村公共法律服务体系为乡村社会居民生产生活提供充足、便捷的法律服务是乡村社会治理法治化的重要表现形式。

乡村社会法治化的研究涉及治理、法治和农村工作思想等多方面理论。治理和法治理论虽然都发源于西方国家，但现代治理和法治理论的一些价值追求是人类文化共有的优秀因素，与马克思主义关于国家治理、法律思想具有共同的价值表达。中国特色社会主义国家治理、法治以及“三农”工作思想是以马克思主义基本原理为基础，在继承和发扬中国传统治国理政文化中优良成分的同时，对人类文化中的有益成分进行借鉴，并与中国实际国情相结合进行实践过程中发展而成的。在对以上理论进行研究过程中，由于本人理论基础有限，对相关理论之间逻辑关系的理解以及理论应用感觉力不从心，有待进一步对理论知识，特别是对马克思主义原理进行深入学习和研究。

参考文献

一、学术著作

1.《马克思恩格斯文集》（全十卷），人民出版社2009年版。

2.《毛泽东选集》（全四卷），人民出版社1991年版。

3.《邓小平文选》（全三卷），人民出版社1994年版。

4.《彭真文选（1941—1990）》，人民出版社1991年版。

5.《习近平谈治国理政》，外文出版社2014年版。

6.《习近平谈治国理政》（第二卷），外文出版社2017年版。

7.《习近平谈治国理政》（第三卷），外文出版社2020年版。

8.《习近平谈治国理政》（第四卷），外文出版社2022年版。

9.《十八大以来重要文献选编》（上），中央文献出版社2014年版。

10.《十八大以来重要文献选编》（中），中央文献出版社2016年版。

11. 《十八大以来重要文献选编》（下），中央文献出版社 2018 年版。

12. 《十九大以来重要文献选编》（上），中央文献出版社 2019 年版。

13. 《十九大以来重要文献选编》（中），中央文献出版社 2021 年版。

14. 《十九大以来重要文献选编》（下），中央文献出版社 2023 年版。

15. 俞可平：《中国治理变迁 30 年》，社会科学文献出版社 2008 年版。

16. 俞可平：《国家治理评估》，中央编译出版社 2009 年版。

17. 俞可平：《国家底线——公平正义与依法治国》，中央编译出版社 2014 年版。

18. 王浦劬：《国家治理现代化：理论与策论》，人民出版社 2016 年版。

19. 燕继荣：《国家治理及其改革》，北京大学出版社 2015 年版。

20. 燕继荣：《国家治理评估研究——理论、方法、经验及指标体系构建》，商务印书馆社 2024 年版。

21. 许耀桐：《中国国家治理体系现代化总论》，国家行政学院出版社 2016 年版。

22. 周雪光：《中国国家治理的制度逻辑》，生活·读书·新知三联书店 2024 年版。

23. 刘须宽：《国家治理体系和治理能力现代化》，人民日报出版社 2019 年版。

24. 李捷：《国家治理的思想变迁》，生活·读书·新知三联书店 2024 年版。

25. 梁漱溟：《乡村建设理论》，商务印书馆 2015 年版。

26. 费孝通：《江村经济》，北京大学出版社 2012 年版。

27. 费孝通：《乡土中国》，北京大学出版社 2016 年版。

28. 吕德文：《基层中国：国家治理的基石》，东方出版社 2021 年版。

29. 吕德文：《大国底色：巨变时代的基层治理》，东方出版社 2021 年版。

30. 杜飞进：《中国的治理——国家治理现代化研究》，商务印书馆2017年版。

31. 梁晓声：《中国社会各阶层分析》，文化艺术出版社2017年版。

32. 徐勇：《国家治理的中国底色与路径》，中国社会科学出版社2018年版。

33. 贺雪峰：《治村》，北京大学出版社2017年版。

34. 贺雪峰：《乡村治理的社会基础》，生活·读书·新知三联书店2020年版。

35. 陈锡文、罗丹、张征：《中国农村改革40年》，人民出版社2018年版。

36. 韩俊：《实施乡村振兴战略五十题》，人民出版社2018年版。

37. 农业农村部农村合作经济指导司：《全国乡村治理典型案例（三）》，中国农业出版社2021年版。

38. 农业农村部农村合作经济指导司、国家乡村振兴局政策法规司：《全国乡村治理典型案例（四）》，中国农业出版社2022年版。

39. 张静：《基层政权：乡村制度诸问题》（2018年修订版），社会科学文献出版社2019年版。

40. 温铁军、张俊娜、邱建生：《居安思危：国家安全与乡村治理》，东方出版社2020年版。

41. 李培林：《村落的终结：羊城村的故事》，生活·读书·新知三联书店2019年版。

42. 李坤轩：《社会治理法治化研究》，中国政法大学出版社2020年版。

43. 陈明：《现代乡村治理基层》，当代中国出版社2024年版。

44. 高其才：《走向乡村善治：乡村治理体系研究》，中国政法大学出版社2022年版。

45. 陈寒非：《中国乡村治理法治化的实践路径研究》，中国政法大学出版社 2023 年版。

46. 兰婷、吴宜男、王世友：《乡村治理理论与实践》，西南交通大学出版社 2024 年版。

47. 张浩：《新乡贤与乡村基层社会治理法治化研究》，中国政法大学出版社 2024 年版。

48. 任军：《中国古代乡村治理理念、制度与习俗》，上海社会科学院出版社 2024 年版。

49. 张文显：《法治的中国实践和中国道路》，人民出版社 2017 年版。

50. 季卫东：《大变局下的中国法治》，北京大学出版社 2013 年版。

51. 季卫东：《通往法治的道路：社会的多元化与权威体系》，法律出版社 2014 年版。

52. 季卫东：《法治秩序的建构》（增补版），商务印书馆 2019 年版。

53. 苏力：《送法下乡：中国基层司法制度研究》，中国政法大学出版社 2000 年版。

54. 苏力：《法治及其本土资源》，北京大学出版社 2022 年版。

55. 王利民：《法治：良法与善治》，中国人民大学出版社 2015 年版。

56. 王利明：《法治是一种生活方式》，北京大学出版社 2022 年版。

57. 罗豪才：《软法与治理评论》，法律出版社 2013 年版。

58. 罗豪才：《为了权利与权力的平衡——法治中国建设与软法之治》，五洲传播出版社 2016 年版。

59. 马长山：《法治国家的公民文化基础》，知识产权出版社 2021 年版。

60. 汪岳：《法治信仰的中国建构》，中国社会科学出版社 2022 年版。

61. 李林、莫纪宏：《全面依法治国　建设法治中国》，中国社会科学出版社 2019 年版。

62. 李忠：《法治中国的制度建构》，中国社会科学出版社 2023 年版。

63. 梁治平：《论法治与德治》，九州出版社 2020 年版。

64. 冯玉军：《法治中国：中西比较与道路模式》，北京师范大学出版社 2017 年版。

65. 夏锦文：《传承与创新：中国传统法律文化的现代价值》，中国人民大学出版社 2012 年版。

66. 李林：《中国法治变革》，中国社会科学出版社 2019 年版。

67. 何跃军：《社会治理创新地方样本法治化研究》，中国社会科学出版社 2019 年版。

68. 刘小妹：《基层自治的法治之维》，中国社会科学出版社 2018 年版。

69. 田禾、吕艳滨：《法治建设的中国路径》，中国社会科学出版社 2018 年版。

70. 杨方圆：《中国特色社会主义法治政府建设史论》，中国社会科学出版社 2023 年版。

71. 鄢晓实：《中国传统法治文化的再认识及其当代价值》，中国政法大学出版社 2021 年版。

72. 胡建华：《农村民主管理制度——法理分析与法治保障》，中国社会科学出版社 2016 年版。

73. 熊文钊：《文化法治体系的建构》，中国社会科学出版社 2021 年版。

74. 薛刚凌：《法治视野下的政府权力结构和运行机制研究》，中国人民大学出版社 2021 年版。

75. 许庆永：《乡村治理法治化进程中的人民调解员群体研究》，中国社会科学出版社 2019 年版。

76. 徐铜柱：《乡村廉政治理法治化》，中国社会科学出版社 2022 年版。

77. 卓泽渊：《法治国家论》（第四版），法律出版社 2018 年版。

78. ［古希腊］亚里士多德：《政治学》，商务印书馆 1965 年版。

79. [英] 波特兰·罗素:《权力论》,商务印书馆 2014 年版。

80. [英] 洛克:《政府论》,商务印书馆 2014 年版。

81. [法] 托克维尔:《论美国的民主》,商务印书馆 2013 年版。

82. [法] C. L. 孟德斯鸠:《论法的精神》,当代世界出版社 2008 年版。

83. [美] 德隆·阿西莫格鲁、[美] 詹姆斯·A. 罗宾逊:《国家为什么会失败》,湖南科学技术出版社 2015 年版。

84. [美] 杜赞奇:《文化、权力与国家》,江苏人民出版社 2010 年版。

85. [美] 费正清:《美国与中国》,商务印书馆 1987 年版。

86. [美] 汉密尔顿、[美] 杰伊、[美] 麦迪逊:《联邦党人文集》,商务印书馆 1980 年版。

87. [美] 黄宗智:《长江三角洲小农家庭与乡村发展》,中华书局 2000 年版。

88. [美] 黄宗智:《华北小农经济与社会变迁》,中华书局 2000 年版。

89. [美] 罗斯科·庞德:《法律与道德》,中国政法大学出版社 2003 年版。

90. [美] 保罗·卡恩:《摆正自由主义的位置》,中国政法大学出版社 2015 年版。

91. [美] 约翰·罗尔斯:《正义论》,中国社会科学出版社 2001 年版。

92. [美] 罗斯科·庞德:《通过法律的社会控制》,商务印书馆 2010 年版。

二、学术论文

1. 俞可平:《中国的治理改革(1978—2018)》,载《武汉大学学报(哲学社会科学版)》2018 年第 3 期。

2. 俞可平：《国家治理的中国特色和普遍趋势》，载《公共管理评论》2019 年第 3 期。

3. 王浦劬：《国家治理、政府治理和社会治理的基本含义及其相互关系辨析》，载《社会学评论》2014 年第 3 期。

4. 王浦劬：《新时代中国政府治理现代化的逻辑主线和实施战略》，载《国家治理现代化研究》（第二辑），中国社会科学出版社 2018 年版。

5. 王浦劬：《推进国家治理现代化的基本理论问题》，载《中国党政干部论坛》2021 年第 11 期。

6. 王浦劬：《新时代乡村治理现代化的根本取向、核心议题和基本路径》，载《华中师范大学学报（人文社会科学版）》2022 年第 1 期。

7. 燕继荣：《条块分割及其治理》，载《西华师范大学学报（哲学社会科学版）》2022 年第 1 期。

8. 燕继荣：《基层治理的理想与现实》，载《探索与争鸣》2023 年第 1 期。

9. 燕继荣：《体系与能力再造：新时代十年国家治理改革》，载《社会科学文摘》2024 年第 3 期。

10. 许耀桐：《当代中国“治理”概念的演进探析》，载《国家现代化建设研究》2023 年第 3 期。

11. 许耀桐：《马克思、恩格斯国家治理理论体系探赜》，载《社会科学文摘》2024 年第 7 期。

12. 张文显：《习近平法治思想的理论体系》，载《法制与社会发展》2021 年第 1 期。

13. 张文显：《习近平法治思想的实践逻辑、理论逻辑和历史逻辑》，载《中国社会科学》2021 年第 3 期。

14. 张文显：《马克思主义法学中国化的百年历程》，载《吉林大学社会科学学报》2021 年第 4 期。

15. 张文显：《论中国式法治现代化新道路》，载《中国法学》2022 年第1期。

16. 张文显：《习近平法治思想的政理、法理和哲理》，载《社会科学文摘》2022年第10期。

17. 张文显：《中国式国家治理新形态》，载《治理研究》2023年第1期。

18. 张文显：《中华法系的独特性及其三维构造》，载《东方法学》2023年第6期。

19. 张文显：《法治现代化的"共同特征"和"中国特色"》，载《政治与法律》2024年第2期。

20. 张文显：《"中国式法治现代化"的语义和意义分析》，载《东方法学》2024年第4期。

21. 江必新、王红霞：《论现代社会治理格局——共建共治共享的意蕴、基础与关键》，载《法学杂志》2019年第2期。

22. 江必新：《习近平全面依法治国新理念新思想新战略对法治理论的发展》，载《法学杂志》2020年第5期。

23. 江必新：《习近平法治思想的逻辑体系与理论特征》，载《求索》2021年第2期。

24. 江必新：《习近平法治思想对法治基本价值理念的传承与发展》，载《政法论坛》2022年第1期。

25. 江必新：《走中国式法治现代化之路》，载《国家治理》2024年第14期。

26. 姜明安：《论新时代中国特色法治政府建设》，载《北京大学学报（哲学社会科学版）》2018年第1期。

27. 姜明安：《党内法规制度建设与依法执政、依法治国、依规治党关系的理论阐释》，载《党内法规研究》2022年第1期。

28. 姜明安：《推进依规治党的关键环节与保障措施》，载《中共中央党校（国家行政学院）学报》2023年第1期。

29. 姜明安：《完善行政程序法治是建设法治政府的必由之路》，载《行政法学研究》2023 年第 1 期。

30. 汪习根、陈骁骁：《习近平关于中国特色社会主义法治重要论述的科学构成》，载《中共中央党校学报》2018 年第 6 期。

31. 汪习根：《论习近平法治思想的时代精神》，载《中国法学》2021 年第 1 期。

32. 汪习根：《论中国式法治现代化的理论体系》，载《政法论坛》2022 年第 6 期。

33. 马怀德：《迈向"规划"时代的法治中国建设》，载《中国法学》2021 年第 3 期。

34. 马怀德：《法治政府建设存在的问题与主要任务》，载《理论学习与探索》2021 年第 6 期。

35. 马怀德：《法治与国家治理》，载《社会科学》2022 年第 8 期。

36. 马怀德：《加快转变政府职能　扎实推进依法行政》，载《中国行政管理》2022 年第 12 期。

37. 马怀德：《新时代法治政府建设的使命任务》，载《政法论坛》2023 年第 1 期。

38. 马怀德：《法治政府的时代面向》，载《中国行政管理》2024 年第 8 期。

39. 宋功德：《党内法规的百年演进与治理之道》，载《中国法学》2021 年第 5 期。

40. 宋功德：《党规之治的自信与理性》，载《党内法规研究》2022 年第 1 期。

41. 付子堂、张燕：《习近平法治思想的人民立场与实践要义》，载《法学》2021 年第 6 期。

42. 付子堂：《中国共产党创造法治文明新形态的历史叙事》，载《中国社会科学》2022 年第 12 期。

43. 刘作翔：《当代中国的规范体系：理论与制度结构》，载《中国社会科学》2019 年第 7 期。

44. 王利明：《新时代中国法治建设的基本问题》，载《中国社会科学》2018 年第 1 期。

45. 徐汉明、邵登辉：《新时代枫桥经验的历史地位与时代价值》，载《法治研究》2019 年第 3 期。

46. 何勤华：《法治现代化：中国式现代化的基本蕴意》，载《探索与争鸣》2022 年第 11 期。

47. 何勤华、周小凡：《"中国特色社会主义法治理论"考》，载《中国社会科学》2022 年第 12 期。

48. 何显明：《推动基层社会治理制度体系成熟化定型化》，载《治理研究》2020 年第 6 期。

49. 何显明：《中国现代国家制度的建构及其治理效能——基于国家意志聚合与实现的视角》，载《中国社会科学》2022 年第 9 期。

50. 何显明：《探索和建构中国式现代社会治理体系》，载《治理研究》2024 年第 5 期。

51. 夏志强：《国家治理现代化的逻辑转换》，载《中国社会科学》2020 年第 5 期。

52. 莫纪宏：《"制度之治"是法治的内在逻辑述要》，载《现代法学》2020 年第 3 期。

53. 莫纪宏：《论习近平法治思想的内在理论逻辑》，载《广东社会科学》2021 年第 3 期。

54. 莫纪宏：《论地方性法规的空间效力》，载《东方法学》2024 年第 1 期。

55. 莫纪宏：《论法治改革的底层逻辑——党的二十届三中全会精神的法学解读》，载《中国法律评论》2024 年第 5 期。

56. 王伟国：《国家治理体系视角下党内法规研究的基础概念辨析》，

载《中国法学》2018 年第 2 期。

57. 李龙：《坚持马克思主义法学在深化依法治国实践中的指导作用》，载《法治现代化研究》2018 年第 1 期。

58. 李林：《现代化中华法治文明及其世界意义》，载《中国社会科学》2022 年第 12 期。

59. 周尚君：《地方政府的价值治理及其制度效能》，载《中国社会科学》2021 年第 5 期。

60. 吕忠梅：《习近平法治思想的生态文明法治理论》，载《中国法学》2021 年第 1 期。

61. 周佑勇：《推进国家治理现代化的法治逻辑》，载《法商研究》2020 年第 4 期。

62. 张清、武艳：《包容性法治框架下的社会组织治理》，载《中国社会科学》2018 年第 6 期。

63. 李周等：《加快推进农业农村现代化："三农"专家深度解读中共中央一号文件精神》，载《中国农村经济》2021 年第 4 期。

64. 温铁军：《去依附：亿万农民救中国》，载《政治经济学报》2019 年第 1 期。

65. 温铁军：《以"三新"思想全面引领乡村振兴》，载《重庆行政》2021 年第 2 期。

66. 温铁军：《农民现代化是中国式现代化的关键》，载《中国合作经济》2023 年第 2 期。

67. 刘守英、王一鸽：《从乡土中国到城乡中国——中国转型的乡村变迁视角》，载《管理世界》2018 年第 10 期。

68. 刘守英：《农村土地制度改革：从家庭联产承包责任制到三权分置》，载《经济研究》2022 年第 2 期。

69. 刘守英、陈航：《马克思主义乡村转型理论及其对中国的启示》，载《中国农村观察》2023 年第 3 期。

70. 刘守英：《城乡中国格局下城乡融合实现的有效路径》，载《中国乡村发现》2023 年第 3 期。

71. 徐勇：《“政党下乡”：现代国家对乡土的整合》，载《学术月刊》2007 年第 8 期。

72. 徐勇：《政权下乡：现代国家对乡土社会的整合》，载《贵州社会科学》2007 年第 11 期。

73. 徐勇：《“行政下乡”：动员、任务与命令——现代国家向乡土社会渗透的行政机制》，载《华中师范大学学报（人文社会科学版）》2007 年第 5 期。

74. 徐勇：《“政策下乡”及对乡土社会的政策整合》，载《当代世界与社会主义》2008 年第 1 期。

75. 徐勇：《“宣传下乡”：中国共产党对乡土社会的动员与整合》，载《中国党史研究》2010 年第 10 期。

76. 徐勇：《民主与治理：村民自治的伟大创造与深化探索》，载《当代世界与社会主义》2018 年第 4 期。

77. 徐勇：《中国式基层治理现代化的方位与路向》，载《政治学研究》2023 年第 1 期。

78. 李培林：《乡村振兴与中国式现代化：内生动力和路径选择》，载《社会学研究》2023 年第 6 期。

79. 李培林：《农民的终结是选择还是命运》，载《社会发展研究》2020 年第 3 期。

80. 项继权、张含梅：《融合与分离：农民生产与生活空间关系的变迁及其逻辑》，载《江汉论坛》2020 年第 3 期。

81. 项继权、王春艳：《党建何以引领基层治理效能提升——基于“整合—回应—参与”的动态分析模型》，载《湖湘论坛》2024 年第 2 期。

82. 贺雪峰：《论中坚农民》，载《南京农业大学学报（社会科学版）》2015 年第 4 期。

83. 贺雪峰：《乡村治理现代化：村庄与体制》，载《求索》2017 年第 10 期。

84. 贺雪峰：《改革开放以来国家与农民关系的变迁》，载《南京农业大学学报（社会科学版）》2018 年第 6 期。

85. 贺雪峰：《论农村宅基地中的资源冗余》，载《华中农业大学学报（社会科学版）》2018 年第 4 期。

86. 贺雪峰：《农民组织化与再造村社集体》，载《开放时代》2019 年第 3 期。

87. 贺雪峰：《行政还是自治：村级治理向何处去》，载《华中农业大学学报（社会科学版）》2019 年第 6 期。

88. 贺雪峰：《未来十五年乡村振兴的时空维度、社会条件及预判》，载《党政研究》2020 年第 5 期。

89. 贺雪峰：《村级治理的变迁、困境与出路》，载《思想战线》2020 年第 4 期。

90. 贺雪峰、田舒彦：《资源下乡背景下城乡基层治理的四个命题》，载《社会科学研究》2020 年第 6 期。

91. 贺雪峰：《如何达到村庄善治》，载《中国乡村发现》2021 年第 4 期。

92. 贺雪峰：《乡村治理中的公共性与基层治理有效》，载《武汉大学学报（哲学社会科学版）》2023 年第 1 期。

93. 贺雪峰：《东西中国：中国区域差异的经济视角》，载《开放时代》2023 年第 2 期。

94. 贺雪峰：《村级治理现代化与治理有效》，载《武汉大学学报（哲学社会科学版）》2023 年第 6 期。

95. 贺雪峰：《论农村基层治理现代化 2.0 版》，载《理论月刊》2024 年第 1 期。

96. 贺雪峰：《中国式现代化视野下的乡村振兴战略》，载《广东社会科学》2024 年第 2 期。

97. 贺雪峰：《基层乡村治理中的责任共同体——从“上面千条线”到“上面千把刀”》，载《西北师大学报（社会科学版）》2024 年第 4 期。

98. 贺雪峰：《农民与中国现代化》，载《社会科学》2024 年第 10 期。

99. 陈柏峰：《乡村振兴战略背景下的村社集体：现状与未来》，载《武汉大学学报（哲学社会科学版）》2018 年第 3 期。

100. 陈柏峰：《中国法治社会的结构及其运行机制》，载《中国社会科学》2019 年第 1 期。

101. 陈柏峰：《乡村基层执法的空间制约与机制再造》，载《法学研究》2020 年第 2 期。

102. 陈柏峰：《基层治理在法治社会建设中的格局与布局》，载《法治现代化研究》2020 年第 6 期。

103. 陈柏峰：《习近平法治思想中的法治社会理论研究》，载《法学》2021 年第 4 期。

104. 陈柏峰：《促进乡村振兴的基层法治框架和维度》，载《法律科学（西北政法大学学报）》2022 年第 1 期。

105. 陈柏峰：《社会诚信建设与基层治理能力的再造》，载《中国社会科学》2022 年第 5 期。

106. 陈柏峰：《基层执法能力建设的中国经验——以第三世界国家为参照》，载《法学评论》2023 年第 2 期。

107. 陈柏峰：《中国式法治现代化的中国特色》，载《法制与社会发展》2023 年第 2 期。

108. 陈柏峰、马乐瑶：《论健全覆盖城乡的公共法律服务体系》，载《中共中央党校（国家行政学院）学报》2024 年第 5 期。

109. 王露璐：《中国式现代化进程中的乡村振兴与伦理重建》，载《中国社会科学》2021 年第 12 期。

110. 董磊明、郭俊霞：《乡土社会中的面子观与乡村治理》，载《中国社会科学》2017 年第 8 期。

111. 陈军亚：《韧性小农：历史延续与现代转换——中国小农户的生命力及自主责任机制》，载《中国社会科学》2019 年第 12 期。

112. 马华：《村治实验：中国农村基层民主的发展样态及逻辑》，载《中国社会科学》2018 年第 5 期。

113. 陆益龙：《乡村民间纠纷的异化及其治理路径》，载《中国社会科学》2019 年第 10 期。

114. 朱冬亮：《农民与土地渐行渐远——土地流转与“三权分置”制度实践》，载《中国社会科学》2020 年第 7 期。

115. 欧阳静：《简约治理：超越科层化的乡村治理现代化》，载《中国社会科学》2022 年第 3 期。

116. 郑方辉：《全面乡村振兴：政府绩效目标与农民获得感》，载《中国社会科学》2023 年第 3 期。

117. 蔡文成：《基层党组织与乡村治理现代化：基于乡村振兴战略的分析》，载《理论与改革》2018 年第 3 期。

118. 韩俊：《关于实施乡村振兴战略的八个关键性问题》，载《中国党政干部论坛》2018 年第 4 期。

119. 蒲实、孙文营：《实施乡村振兴战略背景下乡村人才建设政策研究》，载《中国行政管理》2018 年第 11 期。

120. 霍军亮、吴春梅：《乡村振兴战略下农村基层党组织建设的理与路》，载《西北农林科技大学学报（社会科学版）》2019 年第 1 期。

121. 原超：《新“经纪机制”：中国乡村治理结构的新变化——基于泉州市 A 村乡贤理事会的运作实践》，载《公共管理学报》2019 年第 2 期。

122. 吕宾：《乡村振兴视域下乡村文化重塑的必要性、困境与路径》，载《求实》2019 年第 2 期。

123. 钱再见、汪家焰：《“人才下乡”：新乡贤助力乡村振兴的人才流入机制研究——基于江苏省 L 市 G 区的调研分析》，载《中国行政管理》2019 年第 2 期。

124. 唐鸣：《从试点看以村民小组或自然村为基本单元的村民自治——对国家层面 24 个试点单位调研的报告》，载《中国农村观察》2020 年第 1 期。

125. 秦中春：《乡村振兴背景下乡村治理的目标与实现途径》，载《管理世界》2020 年第 2 期。

126. 唐皇凤、汪燕：《新时代自治、法治、德治相结合的乡村治理模式：生成逻辑与优化路径》，载《河南社会科学》2020 年第 6 期。

127. 李三辉：《乡村治理现代化：基本内涵、发展困境与推进路径》，载《中州学刊》2021 年第 3 期。

128. 王胜、余娜、付锐：《数字乡村建设：作用机理、现实挑战与实施策略》，载《改革》2021 年第 4 期。

129. 倪咸林、汪家焰、南京财经大学公共管理学院：《"新乡贤治村"：乡村社区治理创新的路径选择与优化策略》，载《南京社会科学》2021 年第 5 期。